Nicolai Scherle

**Gedruckte Urlaubswelten:
Kulturdarstellungen in Reiseführern
Das Beispiel Marokko**

Eichstätter Tourismuswissenschaftliche Beiträge   Band 1

Herausgeber Hans Hopfinger
Lehrstuhl für Kulturgeographie, Katholische Universität Eichstätt

Nicolai Scherle

**Gedruckte Urlaubswelten:
Kulturdarstellungen in Reiseführern
Das Beispiel Marokko**

Profil

Anschriften

Autor
Dipl.-Geograph Nicolai Scherle
Aumühle 1
85072 Eichstätt

Herausgeber
Prof. Dr. Hans Hopfinger
Lehrstuhl für Kulturgeographie
Katholische Universität Eichstätt
Ostenstrasse 18
85072 Eichstätt

Die Deutsche Bibliothek – CIP-Einheitsaufnahme

Gedruckte Urlaubswelten : Kulturdarstellungen in Reiseführern
Das Beispiel Marokko / Scherle, Nicolai – München : Wien : Profil, 2000
(Eichstätter Tourismuswissenschaftliche Beiträge : Band 1)
ISBN: 3-89019-490-7

© 2000 Profil Verlag GmbH München Wien
Gestaltung: Michaela Brüssel, Erlangen
Druck und Herstellung: Verlagsdruckerei Schmidt GmbH, Neustadt an der Aisch
Printed in Germany
ISBN 3-89019-490-7
Dieses Werk ist urheberrechtlich geschützt. Jede Verwertung ausserhalb der engen Grenzen des Urheberrechtsgesetzes ist ohne Zustimmung des Verlages unzulässig und strafbar. Dies gilt insbesondere für Vervielfältigungen, Übersetzungen, Mikroverfilmungen und die Einspeicherung und Verarbeitung in elektronischen Systemen.

„Fremd ist der Fremde nur in der Fremde."

Karl Valentin

„Der Amerikaner hat es mir gesagt.
Er klappt sein Reisehandbuch überhaupt nicht zu.
Er weiß mehr über diesen See als die Fische, die drin sind."

Mark Twain

„Marokko, sagt man, ist ein Land der Gegensätze,
ein Einfallstor nach Afrika und ein Fenster nach Europa...
Ein Ort der Begegnung und des Dialogs
zwischen den Kulturen und Religionen..."

Tahar Ben Jelloun

Vorwort

„Man sieht nur, was man weiß" – mit diesem eingängigen Slogan wirbt einer der großen deutschsprachigen Verlage im Bereich der Reiseführerliteratur für seine Produkte. Ein Slogan, dessen Gehalt so pfiffig wie einleuchtend ist, benötigt doch der Reisende, sofern er sich mit seinem Reiseziel vertraut machen möchte, entsprechende Informationen über Land und Leute. Diese Aufgabe übernehmen nicht selten Reiseführer, die ihre Leser als „geistiges Reisegepäck" (GYR 1988, S. 233) auf Reisen begleiten und dabei als „Wegweiser in die Fremde" fungieren.

Die Idee zur wissenschaftlichen Auseinandersetzung mit dem Medium Reiseführer resultiert aus meinen jahrelangen Erfahrungen mit Reiseführern im persönlichen wie beruflichen Bereich. So begleitete mich dieses Medium – meistens in mehrfacher Ausführung – nicht nur auf zahlreichen Reisen, sondern auch während meiner Lehre und Berufstätigkeit als Buchhändler sowie bei meinen Praktika in einem geographischen Fachverlag und in der Redaktion eines Reisemagazins. Als Buchhändler begegneten mir Reiseführer vor allem als Bestseller, die dem Sortiment lukrative Umsätze bescherten. In der redaktionellen Arbeit dienten sie in erster Linie als begehrte Nachschlagewerke für Recherchen zu Reisefeatures. Besonders bemerkenswert erschien mir jedesmal bei meinem Umgang mit Reiseführern – neben dem ungemein diversifizierten Angebot – der Umstand, daß es so gut wie kaum einen Raum gibt, den diese Literaturgattung noch nicht beschrieben hat. Vermutlich jeder, der einmal einen Blick in den einschlägigen GEO-Katalog geworfen hat, wird diese Einschätzung bestätigen können.

Die breite Palette an Reiseführern und die Vielfalt der in ihr behandelten Destinationen repräsentieren mit Sicherheit die für Leser angenehmen Seiten dieser Literaturgattung. Doch wie sieht es mit den in diesen Publikationen vermittelten Informationen aus? Schon manches „geistige Reisegepäck" hat sich aufgrund dürftiger Darstellungen als ein enttäuschender Fehleinkauf erwiesen, an dem man dann auf Reisen auch physisch viel zu schleppen hatte. Glücklich konnte sich in einer solchen Situation schätzen, wer sich, wie der Volkskundler Lauterbach – allerdings bevor er in die Reiseführerforschung einstieg –, durchringen konnte, die offensichtlich falsch eingekauften Reiseführer wegzuwerfen oder zu verschenken (LAUTERBACH 1991, S. 381).

Keiner der in dieser Monographie, die auf einer im Jahr 1999 erschienenen Diplomarbeit fußt, berücksichtigten Reiseführer muß mit einem ähnlichen Vorgehen wie bei Lauterbach rechnen, auch wenn sämtliche Bände einer kritischen Analyse hinsichtlich ihres Inhaltes unterzogen werden. In den Mittelpunkt der inhaltsanalytischen Untersuchung dieser Arbeit rückt die Darstellung kultureller Aspekte in deutschsprachigen Marokkoreiseführern. Da Reiseführern – zumindest aus Sicht der Reiseführerforschung – auch die zentrale Funktion zufällt, Verständnis für andere Länder und Kulturen zu wecken (STEINECKE 1988), liegt es nahe, sich näher mit ihrem Beitrag zur Interkulturellen Kommunikation auseinanderzusetzen. Die Wahl Marokkos zum räumlichen Bezugspunkt dieser Arbeit begründet sich neben den Primärerfahrungen des Verfassers in diesem Land auch mit den am Eichstätter Lehrstuhl für Kulturgeographie gepflegten regionalen Forschungsschwerpunkten, zu denen explizit der Maghreb gehört.

Danken möchte ich ganz herzlich all jenen, die diese Studie mit kritischer Anteilnahme und großer Sympathie begleitet haben. Besonderer Dank gebührt:

Prof. Dr. Hans Hopfinger, Lehrstuhlinhaber für Kulturgeographie an der Katholischen Universität Eichstätt, der mich entscheidend in meinem Anliegen bestärkte, eine Arbeit im Bereich der Reiseführerforschung zu verfassen. Dies ist umso bemerkenswerter, wenn man sich vor Augen hält, daß geographische Beiträge in diesem Forschungsfeld – leider – nach wie vor eine Seltenheit darstellen. Prof. Hopfinger verdanke ich wertvolle, die einzelnen Themenkomplexe übergreifende Anregungen und zahlreiche Literaturhinweise, die den Fortgang der Untersuchung fruchtbar begleiteten.

Dipl.-Psychologe Heinz Hahn, ehemaliger Leiter des renommierten Starnberger Studienkreises für Tourismus, der mir in diversen Gesprächen instruktive Hinweise, vor allem in den Bereichen Interkulturelle Kommunikation und Reiseführerforschung, gab und mir für die Arbeit aus seiner umfangreichen Privatbibliothek wichtige – teils nur sehr schwer zugängliche – Monographien und Aufsätze zur Verfügung stellte.

Dipl.-Geograph Armin Herb, stellvertretender Chefredakteur des GLOBO-Reisemagazins, der es mir freundlicherweise ermöglichte, einen Teil der für die Studie benötigten Reiseführer als Rezensionsexemplare zu bestellen.

Dr. H. Jürgen Kagelmann, Verlagsleiter des Profil Verlags, der die vorliegende Studie als Band 1 in die neue Reihe der *Eichstätter Tourismuswissenschaftlichen Beiträge* aufgenommen hat. Als einer der ersten Tourismuswissenschaftler hat Dr. Kagelmann bereits frühzeitig die zunehmende Bedeutung des Mediums Reiseführer für Rezipienten und Verleger erkannt. Aufgrund seiner Initiative ist 1996 die Reiseliteratur Fachtagung ins Leben gerufen worden, die sich inzwischen zu einer festen Einrichtung für Autoren, Journalisten und Verleger entwickelt hat.

Vorwort

Ein Wort des Dankes gilt ebenfalls Beate Dittenhauser, Sieglinde Heinzlmeier, Alberta Oschwald, Dr. Frank Zschaler, Prof. Dr. Hubert Kiesewetter und Prof. Dr. Herbert Popp, die wertvolle Anregungen zu diesem Buch beisteuerten. Ihre Namen stehen stellvertretend für die vielen anderen, mit denen es im Laufe dieses Buchprojekts zur instruktiven Zusammenarbeit oder zum Gedankenaustausch gekommen ist. Ebenso herzlich bedanken möchte ich mich bei Sandra Pfeifer, Sekretärin am Lehrstuhl für Kulturgeographie, die das Manuskript in die vorliegende ansprechende Form gebracht hat.

Ich widme dieses Buch meinen Eltern. Sie eröffneten mir die Welt des Reisens und der Literatur.

Nicolai Scherle   Eichstätt, im Januar 2000

Vorwort		7
1	Einführung in die Arbeit	12
1.1	Problemstellung	12
1.2	Vorgehensweise	15
1.3	Forschungsstand	21
1.4	Quellen	24
2	Die untersuchte Thematik: Kultur und Interkulturelle Kommunikation	26
2.1	Der Kulturbegriff	26
2.2	Kulturraumspezifische Konzepte unter besonderer Berücksichtigung des Kulturerdteilansatzes in der Geographie	31
2.3	Interkulturelle Kommunikation	35
2.4	Stereotype Systeme: Image, Stereotyp und Vorurteil	42
3	Der unteruschte Raum: Marokko	49
3.1	Allgemeine Strukturdaten	49
3.2	Geschichte	49
3.3	Politische Systeme	52
3.4	Wirtschaft	54
3.5	Bevölkerung	56
3.6	Tourismus	59
4	Das untesuchte Medium: Reiseführer	62
4.1	Zum Begriff des Reiseführers	62
4.2	Die Geschichte der Reiseführerliteratur	64
4.3	Die Typologie von Reiseführern	68
4.4	Zur Rezeption von Reiseführern	71
4.5	Der aktuelle Markt deutschsprachiger Marokkoreiseführer	75
5	Inhaltsanalyse ausgewählter kultureller Aspekte in aktuellen deutschsprachigen Marokkoreiseführern	80
5.1	Mentifakte	80
5.1.1	Das Menschenbild	80
5.1.2	Die Religion	90
5.2	Soziofakte	99
5.2.1	Die Geschichte	99
5.2.2	Die Politik	109

Inhaltsverzeichnis

5.3 Artefakte	119
5.3.1 Die marokkanische Stadt	119
5.3.2 Kunst und Architektur	127
6 Resümee	138
Tabellenverzeichnis	144
Abbildungsverzeichnis	144
Literaturverzeichnis	145

1 Einführung in die Arbeit

1.1 Problemstellung

Der Reiseführermarkt boomt! Kontinuierlich hohe Auflagezahlen und eine zunehmende Diversifizierung des Angebots bestimmen seit Jahren die Entwicklung des deutschsprachigen Reiseführermarkts. Die Buchhandelssortimente können ihren Kunden ein Spektrum unterschiedlichster Reiseführer anbieten, das so gut wie keine Wünsche offen läßt. Reiseführer haben in der heutigen Zeit längst den Status eines Massenartikels erlangt: „In der industrialisierten Welt des Tourismus, der Medien und der interkulturellen Kommunikation sind Reiseführer schon seit zwei Jahrzehnten zum Massenartikel geworden." (WIERLACHER/WANG 1996, S. 279).

Die Basis für die Popularität von Reiseführern fußt auf der prosperierenden Entwicklung des modernen Tourismus in den letzten Jahrzehnten. Die Zahlen sprechen für sich: Bereits heute steuert der Tourismus nach optimistischen Schätzungen 10% zum Bruttosozialprodukt der Weltwirtschaft bei, die Reisebranche hat sich mit einem jährlichen Umsatz von 3,5 Billionen DM zum größten Wirtschaftszweig der Welt entwickelt und die Prognosen für das jährliche Wachstum liegen bei satten 6,1% (OPASCHOWSKI 1996, S. 26/SCHERER 1995; S. 21). Charakteristisch für das Erscheinungsbild des modernen Tourismus ist, wie Bausinger treffend formuliert, seine Grenzenlosigkeit, die sich jedoch nicht nur in eindrucksvollen volkswirtschaftlichen Kennzahlen widerspiegelt (BAUSINGER 1991, S. 344). So rücken auch die Tourismusdestinationen immer weiter in die Ferne. Selbst peripherste Orte, die bis vor kurzem nur ausgewiesene Geographen auf der Landkarte zu entdecken vermochten, erobern zunehmend die Hochglanzprospekte der Reiseveranstalter. Ermöglicht hat die Diffusion touristischer Ströme vor allem die rasante Entwicklung im Bereich der Verkehrs- und Kommunikationssysteme, die die Entfernungen zunehmend schrumpfen lassen.

Im Zeitalter müheloser Fortbewegung und globaler Verflechtung ist die Möglichkeit eines temporären Ortswechsels so selbstverständlich geworden, daß die Berührung mit einer anderen Kultur kein Problem mehr darzustellen scheint. Das Wort „scheint" ist in diesem Kontext wichtig, denn häufig basieren – zumal die touristischen – Kontakte mit anderen Kulturen weitgehend auf der Verdrängung des Fremden (von GAGERN 1994, S. 5). Fremdkulturelles Verstehen, insbesondere der Menschen einer fremden Kultur, bedingt jedoch auch die Bereitschaft des Reisenden, sich auf das Fremde einzulassen. Sich auf eine fremde Kultur einzulassen, erfordert vom Touristen gleichfalls die Motivation, vertrautes touristisches Terrain, etwa die heile Welt der Hotelanlage, zu verlassen und mit Aufgeschlossenheit die neuartigen Eindrücke, die Land und Leute bieten, aufzunehmen.

Reiseführer als „Wegweiser in die Fremde", die in die historische Dialektik des Verständnisses von Eigenem und Fremdem eingebunden sind (WIERLACHER/WANG 1996, S. 278), können dem Touristen beim fremdkulturellen Verstehen eine wertvolle Hilfe sein. Dies gilt insbesondere dann, wenn die Primärerfahrung, sprich die direkte Umweltbeobachtung bzw. das unmittelbare Erleben vor Ort, noch nicht vorhanden ist. Nicht so sehr das alphabetische Abhandeln von Sehenswürdigkeiten oder das Aufzeigen einschlägiger Touristikrouten ist für das Verständnis einer fremden Kultur von Relevanz, sondern vielmehr eine kritische und verständnisfördernde Auseinandersetzung mit der fremden Kultur.

„Verständnis für andere Länder und Kulturen" wecken, wie Steinecke in seiner Studie über den bundesdeutschen Reiseführermarkt konstatiert (STEINECKE 1988, S. 37), und somit einen aktiven Beitrag zur Interkulturellen Kommunikation zwischen Reisenden und Bereisten leisten, zählt zweifelsohne zu einer, wenn nicht der zentralen Funktion eines qualitativ hochwertigen Reiseführers. Das Sujet Interkulturelle Kommunikation erlangt vor allem dann einen besonders hohen Stellenwert bei Reiseführern, wenn diese einen Raum behandeln, dessen Kultur sich in wichtigen Gesichtspunkten von der eigenen unterscheidet (POPP 1997, S. 175). Auf Marokko, dem in dieser Arbeit thematisierten Raum, trifft dies mit Sicherheit zu, wird doch das Land, das sich seit Anfang der siebziger Jahre zunehmender Beliebtheit bei deutschen Touristen erfreut, dem islamisch-orientalischen Kulturkreis zugeordnet.

Die vorliegende Studie setzt sich mit der Darstellung von ausgewählten kulturellen Aspekten in aktuellen deutschsprachigen Marokkoreiseführern auseinander. Sie berücksichtigt dabei die vermittelten Informationen aus dem allgemeinen Teil der Reiseführer, die dem Rezipienten einen landeskundlichen Überblick vermitteln möchten, sowie aus dem praktischen Teil, der mit Tips für das Reisen vor Ort aufwartet. Der regionale Teil, der in der Regel aus einer alphabetischen Auflistung und Beschreibung von touristisch interessanten Orten respektive ihrer dazugehörigen Sehenswürdigkeiten bzw. aus vorgeschlagenen Routen besteht, wird nicht thematisiert, da es in dieser Arbeit nicht um eine Auseinandersetzung mit dem „Fetisch Sehenswürdigkeit" (LAUTERBACH 1992, S. 64) geht, über den Enzensberger in den fünfziger Jahren pointiert schrieb: „Denn die Sehenswürdigkeit ist der Besichtigung nicht nur würdig, sie verlangt nach ihr auf gebieterische Weise. Sehenswürdig ist, was man gesehen haben muß." (ENZENSBERGER 1958, S. 9).

Verständnis für andere Länder und Kulturen zu wecken, impliziert als unerläßliche Voraussetzung, den Leser möglichst umfassend und differenziert über die fremde Kultur zu informieren, da die Konfrontation mit fremdkulturellen Aspekten in der Regel für den Reisenden mit erheblichen Anforderungen verbunden ist (BRENNER 1989, S. 14), auch wenn nicht jede Auslandsreise mit einem Kulturschock einhergehen muß. Je größer die interkulturelle Distanz zwischen Reisenden und Bereisten, desto wichtiger sind Informationen über die bereiste Destination und desto wichtiger wird selbstverständlich der Aspekt der Interkulturellen Kommunikation: So erfordert ein Urlaub in Skandinavien von einem deutschen Urlauber bei weitem nicht die interkulturelle Kompetenz wie ein Urlaub in Marokko, da die kulturellen Unterschiede nicht so gravierend sind.

Seriöse Informationen über das Reiseziel können dem Touristen, der sich einer fremden Kultur annähern möchte, eine wertvolle Stütze bei der Überschreitung kultureller Grenzen sein. Rezipienten, in diesem Fall die Leser von Reiseführern, die bereit sind, sich mit einer fremden Kultur auseinanderzusetzen und auf Reiseführer zurückgreifen, sollten deshalb über relevante kulturelle Aspekte ihres jeweiligen Reiselandes informiert werden, um dann ihre eigenen Eindrücke und Erfahrungen vor Ort besser einordnen zu können. Insbesondere auf die essentielle Bedeutung von Länderkenntnis für Touristen als Voraussetzung für das Verstehen einer fremden Kultur hat Hartmann im Rahmen seiner Studie über die Wirkungen von Auslandsreisen explizit hingewiesen (HARTMANN 1981, S. 14).

Intention der vorliegenden Studie ist eine eingehende kritische inhaltsanalytische Auseinandersetzung mit der Darstellung ausgewählter kultureller Aspekte in aktuellen deutschsprachigen Marokkoreiseführern. Die thematisierten Aspekte werden im nachfolgenden Unterkapitel, das auf die Vorgehensweise der Arbeit eingeht, vorgestellt. Inwieweit es den in dieser Arbeit untersuchten Marokkoreiseführern gelingt, einen Beitrag zur Interkulturellen Kommunikation zu leisten, wird insbesondere davon abhängen, ob die Informationen über Land und Leute, die dem Rezipienten in den jeweiligen Darstellungen der Reiseführer vermittelt werden, möglichst ausgewogen und differenziert sind, oder ob sich die Darstellungen vor allem in stereotypen Systemen erschöpfen, die das interkulturelle Verstehen der fremden Kultur eher behindern als erleichtern. Ein zentrales Augenmerk liegt somit bei der inhaltsanalytischen Untersuchung der einzelnen Reiseführer in der Aufdeckung entsprechender stereotyper Systeme.

Fremdkulturelles Verstehen kann aber nicht nur durch ein Übermaß an stereotypen Systemen beeinträchtigt werden, sondern auch durch eine selektive Standardisierung der kulturellen Wirklichkeit (GYR 1988, S. 233f.). In dieses Problemfeld fallen vor allem das Reduzieren und Ausklammern, aber auch das besondere Hervorheben einzelner Informationen bei der Darstellung einer fremden Kultur. Auf entsprechende Defizite wird bei den jeweiligen Darstellungen in der inhaltsanalytischen Untersuchung ebenso hingewiesen.

1.2 Vorgehensweise

Die Studie gliedert sich in einen theoretischen Teil, der wichtige Gesichtspunkte der behandelten Thematik, des thematisierten Raums und des untersuchten Mediums vorstellt, sowie einen angewandten empirischen Teil, der aus einer Inhaltsanalyse aktueller deutschsprachiger Marokkoreiseführer besteht. Bevor auf die Inhaltsanalyse respektive ihrer untersuchten Aspekte eingegangen wird, sollen zunächst die theoretischen Themenkomplexe vorgestellt werden.

Zu Beginn der Arbeit steht eine eingehende Auseinandersetzung mit dem komplexen Kulturbegriff. Eine Thematisierung dieses „Schlüsselbegriffs" (GREVERUS 1987) stellt bei einer Auseinandersetzung mit kulturellen Aspekten eine *conditio sine qua non* dar. Der Schwerpunkt dieses Unterkapitels liegt in der Darstellung von Kulturdeutungen, die zahlreiche Wissenschaftler unterschiedlichster Disziplinen unternommen haben; dabei wird auch explizit auf den deutschen Sonderweg in bezug auf den Kulturbegriff eingegangen.

Das darauffolgende Unterkapitel setzt sich mit kulturraumspezifischen Konzepten auseinander. Es behandelt den in der Geographie entwickelten Kulturerdteilansatz und integriert die in letzter Zeit viel diskutierten Arbeiten Huntingtons und Rufins. Da das in dieser Arbeit thematisierte Land Marokko einem Raum angehört, dessen Kultur sich in vielen Gesichtspunkten beträchtlich von westlich geprägten Kulturen unterscheidet, ist die Zuwendung zu dieser Thematik von besonderer Tragweite, vor allem auch deshalb, wenn man die pessimistischen Äußerungen Huntingtons bezüglich des islamisch-orientalischen Kulturkreises in Betracht zieht.

Das nachfolgende Unterkapitel geht dezidert auf den Aspekt der Interkulturellen Kommunikation ein. Thematisiert werden unter anderem Bedeutung, Bereiche und Begrifflichkeit der Interkulturellen Kommunikation in der heutigen Zeit. Darüber hinaus wird in prägnanter Form das Phänomen des Ethnozentrismus sowie das ambivalente Verhältnis von Tourismus und Interkultureller Kommunikation angesprochen. Letzteres ist hauptsächlich deshalb von Relevanz, da der Tourismus in der Regel als Grundlage für die Popularität von Reiseführern angesehen wird. Daß das Medium Reiseführer in der heutigen Zeit als Gegenstand fremdkultureller Literatur auch einen Beitrag zur Interkulturellen Kommunikation leisten sollte, indem es Verständnis für fremde Kulturen weckt, stellt inzwischen eine vielfach artikulierte Forderung dar. Diese normative Forderung an die „Wegweiser in die Fremde" (WIERLACHER/WANG 1996, S. 278) wird uns zum Abschluß dieses Unterkapitels beschäftigen.

Das abschließende Unterkapitel setzt sich mit der Problematik stereotyper Systeme auseinander, die unmittelbar mit dem Aspekt der Interkulturellen Kommunikation verbunden sind. Vorgestellt werden die Begriffe Image, Stereotyp und Vorurteil, die den Blick auf eine fremde Kultur entscheidend beeinflussen können.

Das dritte Kapitel ist dem in den Reiseführern untersuchten Raum Marokko gewidmet. Die in diesem Kapitel behandelten Themenkomplexe sollen das Land in wichtigen Grundzügen vorstellen, um eine bessere Einordnung der in dieser Arbeit durchgeführten Inhaltsanalyse zu ermöglichen. Überblicksartig werden allgemeine Strukturdaten, die historische Entwicklung, das politische System, ökonomische Strukturen, die Bevölkerung und der Tourismus Marokkos vorgestellt. Die einzelnen Unterkapitel vermitteln in prägnanter Form Landeskenntnis, sie können und sollen aber auch nicht einschlägige Landeskunden ersetzen. Vielmehr geht es in diesem Kapitel um eine Berücksichtigung von wissenschaftlichen Abhandlungen in Form von Monographien und Fachaufsätzen, die sich mit diesem Raum beschäftigt haben. Ein großer Stellenwert wurde gleichfalls der Integration aktuellster Daten wichtiger statistischer Informationsquellen eingeräumt.

Das vierte Kapitel stellt das untersuchte Medium vor. Zunächst einmal wird auf die schwierige Problematik der Begriffsbestimmung bei Reiseführern eingegangen, bevor dann wichtige Etappen der historischen Entwicklung dieses Literaturgenres aufgezeigt werden. Die Geschichte der Reiseführerliteratur ist insbesondere deshalb von Interesse, da sich in ihrer Entwicklung auch die Anpassungen an die jeweiligen Reisebedürfnisse bzw. Verkehrslagen widerspiegeln. Nachfolgend wird auf die von Steinecke entwickelte Typisierung von Reiseführern eingegangen (STEINECKE 1988). Von wissenschaftlicher Seite stellt sie nach wie vor die gängigste und brauchbarste Typisierung ihrer Art dar, um die komplexe Vielfalt des Reiseführerangebots zu strukturieren.

Im Anschluß an die Typologie wird im darauffolgenden Unterkapitel die Rezeption von Reiseführern aufgegriffen; es beschäftigt sich mit der Rolle dieses Mediums bei der Reiseentscheidung und nimmt die Rezipienten, die Leser von Reiseführern, hinsichtlich ihrer soziodemographischen Merkmale und ihrer jeweiligen Urlaubsaktivitäten unter die Lupe. Das abschließende Unterkapitel gewährt einen Einblick in den aktuellen Markt deutschsprachiger Marokkoreiseführer und stellt in tabellarischer Form wichtige bibliographische Strukturdaten der 23 untersuchten Marokkoreiseführer vor.

Der angewandte empirische Teil der Arbeit besteht aus einer Inhaltsanalyse von 23 aktuellen deutschsprachigen Marokkoreiseführern. Intention ist eine inhaltlich-reflexive Charakterisierung dieser Reiseführer mittels Textdeskription und Textinterpretation in bezug auf deren Darstellung ausgewählter kultureller Aspekte. Die Inhaltsanalyse integriert dabei zahlreiche – teilweise recht ausführliche – Zitate und eröffnet somit einen hermeneutischen Zugang zum Medium Reiseführer. Einerseits kommt somit das Untersuchungsmedium selbst zu Wort, andererseits wird man in die Lage versetzt, sich ein

Urteil über die Darstellung in ihrem Sachgehalt respektive ihrer möglichen emotionalen und wertenden Dimensionen zu bilden.

Da sich die Untersuchung entsprechend der Thematik dieser Arbeit mit kulturellen Aspekten auseinandersetzt, wurde der komplexe Kulturbegriff für die Matrix der Inhaltsanalyse in drei Komponenten aufgeteilt. Diese Aufteilung basiert auf einem von Huxley entwickelten Modell, das den Kulturbegriff in die Komponenten Mentifakte, Soziofakte und Artefakte gliedert (HUXLEY 1948/1950). In diesem Kontext sei auf das Kapitel 2.1 verwiesen, in dem die Bedeutung der einzelnen Komponenten näher erklärt wird. Innerhalb dieser drei Komponenten werden jeweils zwei kulturelle Aspekte, die sowohl für die Thematik als auch für den behandelten Raum von besonderer Bedeutung sind, herausgegriffen. Im folgenden seien die thematisierten Aspekte innerhalb der Komponenten und ihre Relevanz für die Untersuchung kurz vorgestellt:

Mentifakte

1. Das Menschenbild

„Die aufregendste Sehenswürdigkeit für Menschen ist immer noch der Mensch." (MÜLLENMEISTER 1988, S. 102); diese Einstellung scheint sich auch zunehmend bei Verlegern und Reiseführerautoren durchzusetzen. Erschöpften sich frühere Reiseführergenerationen vornehmlich in der Beschreibung von materieller Kultur und Landschaften, so gehen heutige Reiseführer zunehmend auch auf die Bevölkerung des jeweiligen Landes ein. So gibt es auf dem deutschsprachigen Buchmarkt inzwischen sogar Reiseführer, die nicht primär die Sehenswürdigkeiten, sondern die Menschen in den Mittelpunkt ihres Konzeptes rücken, um einen aktiven Beitrag zur interkulturellen Kompetenz von Touristen zu leisten.

2. Die Religion

Im Falle Marokkos handelt es sich um einen islamischen Staat, in dem der Islam Staatsreligion ist. Die Religion bestimmt in hohem Maße das soziale, politische, wirtschaftliche und kulturelle Denken und Handeln der in diesem Land lebenden Menschen. Außerdem weist die marokkanische Bevölkerung, bei aller Unterschiedlichkeit hinsichtlich ihrer ethnischen Struktur, in religiöser Hinsicht die größte Einheitlichkeit auf. Da der Islam in unserer westlichen Welt, insbesondere in den Massenmedien, leider viel zu oft simplifizierend mit religiösem Fundamentalismus in Verbindung gebracht und teilweise sogar gleichgesetzt wird, gewinnt dieser Aspekt zusätzlich an Bedeutung, gilt es doch, Verständnis für diese komplexe Religion zu wecken und mögliche Vorurteile abzubauen.

Soziofakte

3. Die Geschichte

Es gibt so gut wie kaum einen Reiseführer, der auf die Darstellung der historischen Entwicklung eines Landes verzichtet; der historische Abriß gehört gewissermaßen zum Standardprogramm von Reiseführern und nimmt in der Regel auch einen vergleichsweise umfangreichen Platz ein. Dieser Aspekt ist insbesondere deshalb von besonderer Tragweite, da ein Land ohne seine Geschichte und dem daraus resultierenden kulturellen Erbe nicht vorstellbar ist (THUM 1985, S. XVff.).

4. Die Politik

Ähnlich wie der historische Aspekt zählt auch die Thematisierung von Politik in der Regel zum Standardprogramm von Reiseführern. Ein Umstand, der nicht weiter erstaunt, kreiert doch die Politik entscheidend die Rahmenbedingungen einer Gesellschaft. Dabei unterscheidet sich das politische System Marokkos in vielerlei Hinsicht, etwa durch seine theokratische Struktur, deutlich von politischen Systemen westlicher Prägung.

Artefakte

5. Die marokkanische Stadt

Der Aspekt der marokkanischen Stadt ist für diese Untersuchung von besonderem Interesse, da für zahlreiche Marokkourlauber, gerade Rundreisetouristen, der Besuch marokkanischer Städte einen wichtigen Bestandteil ihres Reiseprogramms darstellt. Dies gilt in erster Linie für die bekannten Königsstädte Fès, Marrakech, Meknès und Rabat, die in nahezu allen touristischen Publikationen als „Highlights" gepriesen werden. Die Beliebtheit marokkanischer Städte fußt auf einer differenzierten städtischen Tradition und Kultur, die, wie Popp in bezug auf die Königsstädte Marrakech und Fès skizziert, „Assoziationen von städtebaulicher Kultur, orientalischer Pracht und quirlig-lebendigen Basargassen" evozieren (MÜLLER-HOHENSTEIN/POPP 1990, S. 124).

6. Kunst und Architektur

Der „Fetisch Sehenswürdigkeit" (LAUTERBACH 1992, S. 64) huldigt primär der Kunst und Architektur eines Landes. Verständnis für die Kunst und Architektur eines Landes kann ein Reiseführer beim Leser jedoch nur dann wecken, wenn er nicht nur das jeweilige „sight", das „genormte Grundelement", wie Enzensberger formuliert (ENZENSBERGER

1958, S. 713), im regionalen Teil eines Reiseführers beschreibt, sondern wenn er den Leser bereits im allgemeinen Teil mit wichtigen Grundzügen der Kunst und Architektur eines Landes vertraut macht.

Die Inhaltsanalyse der sechs oben vorgestellten kulturellen Aspekte erfolgt in Anbetracht der konzeptionellen und zielgruppenspezifischen Unterschiede der einzelnen Reiseführer anhand von vier für diese Untersuchung gebildeten Reiseführertypen. Das Sample der 23 berücksichtigten Marokkoreiseführer gliedert sich in die Typen *„Einsteiger"* Reiseführer, *„Generalist"* Reiseführer, *„Alternativ"* Reiseführer und *„Spezial"* Reiseführer, deren Charakteristika in Kapitel 4.5 dargelegt werden. Diese Typisierung bietet nicht nur den pragmatischen Vorteil einer größeren Übersichtlichkeit bei der inhaltsanalytischen Untersuchung, sie berücksichtigt insbesondere die erwähnten konzeptionellen und zielgruppenorientierten Unterschiede der einzelnen Reiseführer, die ansonsten übergangen würden.

Der Inhaltsanalyse zu den sechs Aspekten geht jeweils ein einleitender Text voraus, der eine kurze thematische Einführung in den untersuchten Aspekt bietet. Ergänzt wird die jeweilige Inhaltsanalyse durch tabellarische Bestandsaufnahmen, die dokumentieren, welche der 23 Marokkoreiseführer innerhalb der vier Reiseführertypen die untersuchten Aspekte berücksichtigen bzw. – falls die Aspekte Berücksichtigung finden – in welcher Form sie dargestellt werden. Die Tabellen differenzieren bei ihrer jeweiligen Bestandsaufnahme zwischen den Kategorien „eigenständiges Kapitel", „Fließtext" und „Nichtberücksichtigung":

- Weist der Reiseführer in bezug auf den untersuchten Aspekt ein eigenständiges Kapitel auf, so wird dies in der Tabelle durch die Angabe der entsprechenden Seitenzahlen gekennzeichnet.
- Weist der Reiseführer in bezug auf den untersuchten Aspekt kein eigenständiges Kapitel auf, wird der Aspekt aber im Fließtext eines Kapitels mit einer anderen thematischen Ausrichtung angesprochen, so wird dies in der Tabelle durch die Bezeichnung Fließtext gekennzeichnet.
- Weist der Reiseführer in bezug auf den untersuchten Aspekt keine dezidierte Darstellung auf, so wird dies in der Tabelle durch einen Strich gekennzeichnet.

Mit dieser Kategorisierung ist in erster Linie eine orientierende tabellarische Übersicht über die Darstellungen zu den einzelnen Aspekten in den jeweiligen Reiseführern beabsichtigt. Die Kategorisierung kann jedoch nicht Auskunft über die Qualität der jeweiligen Darstellungen in den Reiseführern geben; dies bleibt Aufgabe der Inhaltsanalyse. Dennoch kann ein eigenständiges Kapitel durchaus als Indiz für die Wertschätzung des Autors bzw. des Reiseführers bezüglich des untersuchten Aspekts ausgelegt werden. Es handelt sich jedoch um einen Trugschluß, ginge man von der pauschalen Annahme aus, ein eigenständiges Kapitel impliziere auch automatisch eine qualitativ hochwertigere Darstellung als eine Thematisierung des Aspekts im Fließtext. Hierzu sind die Kapitel in den einzelnen Reiseführern sowohl vom Umfang als auch von der Qualität zu unterschiedlich. Häufig wird den untersuchten Aspekten in den Reiseführern kein eigenständiges Kapitel eingeräumt, die Thematik aber in einem Kapitel aufgegriffen, das eine andere thematische Ausrichtung aufweist. Diese Darstellungen können durchaus eine ebenbürtige, mitunter sogar bessere Qualität als Darstellungen in eigenständigen Kapiteln aufweisen. Wird in der Inhaltsanalyse auf eine Darstellung im Fließtext eines Reiseführers Bezug genommen, so befinden sich entsprechende Hinweise auf die jeweiligen Seiten zu Beginn der Charakterisierung dieses Reiseführers. Anzumerken bleibt, daß im Rahmen dieser Arbeit bei der Inhaltsanalyse der einzelnen Aspekte nicht sämtliche der 23 untersuchten Reiseführer vorgestellt werden können. Das umfangreiche Sample zwingt, eine exemplarische Auswahl zu treffen, wenn eine kritische und in die Tiefe gehende Auseinandersetzung mit den Reiseführern gewährleistet sein soll; dies ist insbesondere bei den acht *„Einsteiger"* und neun *„Generalist"* Reiseführern der Fall, bei denen die jeweils angesprochenen Reiseführer am Anfang der Inhaltsanalyse erwähnt werden.

Selbstverständlich muß eine Inhaltsanalyse aus methodischen Gründen Prioritäten setzen, soll der quantitative Rahmen der Untersuchung nicht gesprengt werden. Wie bereits in der Problemstellung skizziert, erstreckt sich die Inhaltsanalyse in bezug auf die Darstellungen kultureller Aspekte nicht auf den kompletten Inhalt der untersuchten Reiseführer, sondern auf den allgemeinen und praktischen Teil. Der praktische Teil der Reiseführer ist vor allem auch deshalb mit in die Untersuchung einbezogen worden, als einige Autoren ihren Lesern in diesem Teil landeskundliche Informationen vermitteln sowie die praktischen Hinweise in Hinblick auf den Aspekt Menschenbild eine wahre Fundgrube darstellen. Auch die für die Matrix der Inhaltsanalyse ausgewählten kulturellen Aspekte, deren jeweilige Relevanz für die Arbeit bereits vorgestellt wurde, ließen sich zweifelsohne um weitere interessante Aspekte ergänzen, die lohnenswert wären, einer näheren inhaltlich-reflexiven Charakterisierung zu unterziehen. Doch auch in diesem Fall war eine Beschränkung auf die sechs ausgewählten Aspekte sinnvoll, um einen der Arbeit angemessenen Umfang zu gewährleisten. Es bleibt zu hoffen, daß Popps Aufruf zu einer kritischen Analyse vorhandener Reiseführer durch Geographen zukünftig verstärktes Gehör finden wird (POPP 1997, S. 178), da gerade dieses Literaturgenre insbesondere für die Angewandte Geographie ein sehr interessantes Forschungsfeld darstellt. Diese Studie möchte hierzu einen Beitrag leisten.

1.3 Forschungsstand

Noch Anfang der neunziger Jahre stellte der Volkskundler Lauterbach in einem Thesenaufsatz hinsichtlich der kulturwissenschaftlichen Reiseführerforschung resigniert fest: „Zum Forschungsgebiet Reiseführer gibt es so gut wie keine Sekundärliteratur" und ergänzte anschließend in einer weiteren These: „Wissenschaftliche Auseinandersetzung mit dem Reiseführer findet in Relation zur Tourismusforschung insgesamt – und zwar gleich in welcher Disziplin – nur marginal statt..." (LAUTERBACH 1992, S. 59f.). Ende der neunziger Jahre hat sich die Lage zwar ein wenig verbessert, doch verglichen mit dem zahlenmäßig fast erdrückenden Angebot von Reiseführern auf dem Buchmarkt nimmt sich die wissenschaftliche Forschung in diesem Bereich nach wie vor recht bescheiden aus. Einige besonders relevante Werke, die sich mit dem Medium Reiseführer auseinandersetzen, seien in der Reihenfolge ihres Erscheinens kurz vorgestellt:

Nach wie vor ein grundlegendes Standardwerk stellt Steineckes Untersuchung *Der bundesdeutsche Reiseführer-Markt* dar (STEINECKE 1988), die einen hervorragenden Einblick in Leser- und Angebotsstruktur sowie Wachstumsperspektiven des bundesdeutschen Reiseführermarkts vermittelt. Fast keine Arbeit, die sich in irgendeiner Form mit der Reiseführerthematik auseinandersetzt, verzichtet auf die Darstellung der von Steinecke entwickelten Reiseführertypologie nach Zielgruppen und Funktionen. Der von der „Thomas-Morus-Akademie" in Bensberg herausgegebene Sammelband *Wegweiser in die Fremde? Reiseführer, Reiseratgeber, Reisezeitschriften* beschäftigt sich unter anderem mit der kulturgeschichtlichen Entwicklung von Reiseführern sowie unterschiedlichen Reiseführerkonzepten (Thomas-Morus-Akademie 1990). Popps Sammelband *Das Bild der Mittelmeerländer in der Reiseführer-Literatur* aus dem Jahr 1994 vereinigt im Rahmen einer 1993 an der Universität Passau gehaltenen Vortragsreihe mehrere literarisch-textliche Charakterisierungen von Reiseführern, die sich mit touristischen Destinationen im Mittelmeerraum auseinandersetzen (POPP 1994). 1995 erschien von Pretzel das Werk *Die Literaturform Reiseführer im 19. und 20. Jahrhundert*, welches seinen Schwerpunkt insbesondere auf die historisch-genetische Entwicklung dieses Genres legt. Die 1995 publizierte Dissertation Gorsemanns *Bildungsgut und touristische Gebrauchsanweisung* setzt sich unter anderem mit der Konzeption, der Rezension und der Produktion von Reiseführern auseinander (GORSEMANN 1995).

Neben den oben genannten Monographien gibt es noch einige bemerkenswerte Aufsätze zu dieser Thematik vor allem aus der Volkskunde, der Interkulturellen Germanistik und der Geographie, etwa von Lauterbach (1989 und 1992), Wierlacher/Wang (1996), Pinkau (1997) und Popp (1997). Besonders interessant sind der Aufsatz von Popp, der auf die gemeinsamen inhaltlichen Anliegen von Reiseführerliteratur und geographischen Landeskunden hinweist, sowie der Aufsatz von Wierlacher und Wang, der für eine verstärkte analytische und praktische Thematisierung dieser vernachlässigten Textsorte plädiert.

Ferner sind in den letzten zehn Jahren in der Geographie, der Germanistik und in Touristikstudiengängen einige Diplom- und Magisterarbeiten verfaßt worden, die sich der Reiseführerthematik aus unterschiedlichen Blickwinkeln angenommen haben. Zu nennen sind hier insbesondere die Arbeiten von Kobernuss (1989), Schultzen (1993), Wiese (1995), Kühlewind (1996), Alparslan (1996), Jung (1997) und Kuhr (1997).

Während die wissenschaftliche Erforschung der Reiseführerthematik noch verhältnismäßig am Anfang steht, kann die Auseinandersetzung mit dem Kulturbegriff auf eine lange Tradition zurückblicken. Die Fülle an deutsch- und fremdsprachigen Publikationen, die sich mit dem Kulturbegriff beschäftigen, ist immens. Kultur, das „abgeschirmte Mysterium", wie Bausinger formuliert (BAUSINGER 1980, S. 57), stellt ein Forschungsobjekt fast aller geistes- und gesellschaftswissenschaftlicher sowie einiger naturwissenschaftlicher Disziplinen dar, und somit ist es nicht verwunderlich, daß die Anzahl der Definitionsversuche kaum mehr überblickbar ist. Deutschland steht in einer langen Tradition eines sehr engen und wertbetonten Kulturbegriffs; erst in den letzten drei Jahrzehnten konnte sich sukzessive ein erweiterter Kulturbegriff durchsetzen, der einen integrativen Charakter annahm. Aus der quantitativ kaum mehr überschaubaren Anzahl von Wissenschaftlern, die sich mit Kulturbegriff bzw. Kulturkonzepten befaßt haben, seien hier unter anderem Bausinger (1980), Geertz (1987), Goodenough (1970), Greverus (1987), Huxley (1948/1950), Kroeber und Kluckhohn (1952), Marcuse (1937/1968), Steinbacher (1976) und Wierlacher (1989) erwähnt.

Einen regelrechten Boom erlebt momentan die Forschung in bezug auf Interkulturelle Kommunikation. Die Disziplin bildete sich zuerst während der fünfziger Jahre in den Vereinigten Staaten heraus, zu einem Zeitpunkt, in dem interkulturelle Begegnungen noch nicht so selbstverständlich waren wie in der heutigen Zeit. Die erste explizite Thematisierung der „Kommunikation zwischen zwei Kulturen" stellen die Arbeiten Halls Ende der fünfziger, Anfang der sechziger Jahre dar. In Deutschland etablierte sich die Forschung zur Interkulturellen Kommunikation erst etwa Mitte der achtziger Jahre. Das Spektrum interkultureller Studien ist Ende der neunziger Jahre äußerst diversifiziert und enthält unter anderem Themen wie Interkulturelle Lebensläufe, Interkulturelle Marktforschung, Menschenrechte im interkulturellen Dialog, Interkulturelle Wirtschaftskommunikation, Perspektiven und Verfahren interkultureller Germanistik und Interkulturelles Lernen im Schüleraustausch. Interkulturelle Studien werden von verschiedenen Wissenschaftsdisziplinen betrieben, etwa der Anthropologie, der Ethnologie, der Psychologie, der Soziologie, der Kommunikationswissenschaft und der Germanistik. Das Forschungsfeld Interkulturelle Kommunikation weist somit einen interdisziplinären Charakter auf, der zu einer produktiven Konkurrenz der einzelnen Disziplinen führt (HINNENKAMP 1994, S. 3). Wichtige deutschsprachige Standardwerke stellen die Monographien des Kommunikationswissenschaftlers Maletzke *Interkulturelle Kommunikation: zur Interaktion zwischen Menschen verschiedener Kulturen* (MALETZKE 1996), des Psychologen Thomas *Kulturvergleichende Psychologie, Psychologie und multikulturelle Gesellschaft* und *Psychologie interkulturellen Handelns* (THOMAS 1993/1994 und 1996), des Soziologen Vester *Kollektive Identitäten und Mentalitäten* (VESTER 1996), des Volkskundlers Roth mit seinem Sammelband *Mit der Differenz leben* (ROTH 1996) und des Germanisten Wierlacher mit seinem Sammelband *Kulturthema Fremdheit* dar (WIERLACHER 1993). Einen hervorragenden Überblick über die im Bereich Interkulturelle Kommunikation erschienenen deutschsprachigen wie internationalen Forschungsarbeiten vermittelt die von Hinnenkamp erstellte Studienbibliographie zur Interkulturellen Kommunikation (HINNENKAMP 1994).

In einem engen Kontext mit der Interkulturellen Kommunikation steht die Thematik stereotyper Systeme, die bei der Auseinandersetzung mit einer fremden Kultur eine wichtige Rolle spielt. Grundlegend sind hier vor allem die Arbeiten angelsächsischer Wissenschaftler wie etwa Bouldings über Images (BOULDING 1969), Lippmanns über Stereotype (LIPPMANN 1922) und Allports über Vorurteile (ALLPORT 1954).

Was die in dieser Arbeit angesprochenen kulturraumspezifischen Konzepte anbelangt, so läßt sich konstatieren, daß vor allem Huntingtons Aufsatz *The Clash of Civilizations?* (HUNTINGTON 1993), aber auch Rufins Monographie *Das Reich und die neuen Barbaren* (RUFIN 1993) erneut das wissenschaftliche Interesse für kulturraumspezifische Fragestellungen geweckt haben. Daß kulturraumspezifische Arbeiten eine lange Tradition insbesondere in der (deutschen) Geographie besitzen und ideengeschichtlich betrachtet Ähnlichkeiten mit den oben genannten Werken aufzeigen, beweisen die Arbeiten deutscher Geographen; in diesem Zusammenhang sind vor allem die Arbeiten Hettners (1929), Schmitthenners (1951) und Kolbs (1963) zu nennen.

Wie steht es abschließend betrachtet um den Forschungsstand des behandelten Raumes Marokko? Das Literaturangebot ist äußerst breit gefächert, wie ein Blick in die von Anne und Allan Findlay erstellte *Morocco* Bibliographie der *World Bibliographical Series* (FINDLAY/FINDLAY 1995) beweist. Die wichtigsten deutschsprachigen Landeskunden sind die Arbeiten von Mensching *Marokko. Die Landschaften im Maghreb* (MENSCHING 1957) und von Müller-Hohenstein bzw. Popp *Marokko. Ein islamisches Entwicklungsland mit kolonialer Vergangenheit* (MÜLLER-HOHENSTEIN/POPP 1990). Letztere ist von besonderer Relevanz, da sie vor allem die Entwicklung des postkolonialen Marokko berücksichtigt. Darüber hinaus findet man zahlreiche Monographien und Aufsätze, die sich mit einzelnen Themenblöcken wie etwa Religion (GEERTZ 1988), Tourismus (BERRIANE 1992), Politik (FAATH 1987) und Geschichte (ABUN-NASR 1971) beschäftigen.

1.4 Quellen

Die wichtigste Quelle dieser Studie stellen die für die Inhaltsanalyse herangezogenen Reiseführer dar. Die ausgewertete Primärliteratur besteht aus 23 aktuellen deutschsprachigen Marokkoreiseführern, die bis zum 2. Quartal des Jahres 1998 publiziert wurden und über den deutschsprachigen Buchhandel zu beziehen waren; integriert wurde das vom Starnberger Studienkreis für Tourismus und Entwicklung e.V herausgegebene Sympathie Magazin *Marokko verstehen*, das in der Regel über Reiseveranstalter an den Rezipienten gelangt.

Die untersuchten Marokkoreiseführer wurden über die jeweils aktuellsten bibliographischen Hilfsmittel recherchiert. Zu Rate gezogen wurden das VLB (Verzeichnis lieferbarer Bücher), der GEO-Katalog, der die umfangreichste Spezialbibliographie auf dem Gebiet der Reiseliteratur bietet, und die quartalsmäßig aktualisierte Deutsche Nationalbibliographie auf CD-Rom. Letztgenannte Bibliographie ist nicht nur die aktuellste, sondern auch die zuverlässigste, da die Verleger laut Einigungsvertrag von September 1990 gesetzlich verpflichtet sind, Neuerscheinungen umgehend zu melden sowie ein Pflichtexemplar an die Deutsche Bibliothek in Frankfurt am Main abzuliefern. Regelmäßige Recherchen in den genannten Bibliographien ermöglichen die Berücksichtigung der jeweils neuesten Auflagen für das Sample der untersuchten Marokkoreiseführer, um eine aktuelle Reiseführeruntersuchung durchführen zu können.

Für den theoretischen Teil der Arbeit wurde Literatur aus den unterschiedlichsten Wissenschaftsdisziplinen herangezogen. So berücksichtigt die Sekundärliteratur vor allem Werke aus der Geographie, der Tourismusforschung, der Psychologie, der Soziologie, der Volkskunde bzw. Empirischen Kulturwissenschaft, der Anthropologie, der Kommunikationswissenschaft und der Interkulturellen Germanistik.

Insbesondere die Beschäftigung mit der Interkulturellen Kommunikation sowie der komplexen Thematik des Kulturbegriffs im zweiten Kapitel erfordert die Einbeziehung wichtiger Werke verschiedenster Arbeitsfelder, will man den Sachverhalt berücksichtigen, daß die Interkulturelle Kommunikation die Frucht mehrerer Disziplinen ist, und es bei der Auseinandersetzung mit dem Kulturbegriff – zumindest in den Geistes- und Gesellschaftswissenschaften – so gut wie keine Disziplin gibt, die sich mit diesem Begriff nicht beschäftigt hat. Die Berücksichtigung von Beiträgen aus anderen wissenschaftlichen Disziplinen stellt somit nicht nur eine *conditio sine qua non* dar, sie unterstreicht gleichzeitig den interdisziplinären Charakter dieser Arbeit.

Bei der Auseinandersetzung mit dem behandelten Raum im dritten Kapitel wurde darauf geachtet, daß die angegebenen Strukturdaten möglichst aktuell sind. Es sei in diesem Zusammenhang jedoch explizit darauf hingewiesen, daß bei statistischen Angaben von Entwicklungsländern, zu denen auch Marokko zählt, die Aussagefähigkeit der Daten teilweise mit Vorsicht zu genießen ist; internationale Vergleiche sind in der Regel nur mit Vorbehalt möglich. Als wichtige Informationsquellen dienten in diesem Kapitel – neben ausgewählten Standardwerken und Fachaufsätzen zu den einzelnen *topics* – insbesondere der aktuelle Weltwirtschaftsbericht, der vom Statistischen Bundesamt herausgegebene Länderbericht Marokko sowie der Länderbericht Marokko des Munzinger-Archivs. Letzterer ist als regelmäßig aktualisierte Loseblattsammlung durch besondere Aktualität gekennzeichnet.

Das fünfte Kapitel, das sich mit dem untersuchten Medium befaßt, stützt sich neben einschlägigen Fachpublikationen zur Reiseführerthematik besonders auf interessante Artikel aus dem „Börsenblatt des Deutschen Buchhandels" und der Wochenzeitung „Die Zeit", die immer wieder in unregelmäßigen Abständen informative Artikel über Reiseführer veröffentlichen. Der Boom auf dem Reiseführermarkt hat bis dato kaum zu einer eingehenderen Untersuchung dieses Genres von wissenschaftlicher Seite geführt, auch wenn die Arbeiten in den letzten Jahren erfreulicherweise zugenommen haben. Aus diesem Grund sind die Publikationen zu dieser Thematik, verglichen mit den anderen Themenkomplexen, nach wie vor vergleichsweise spärlich.

2 Die untersuchte Thematik: Kultur und Interkulturelle Kommunikation

2.1 Der Kulturbegriff

„Wir alle setzen voraus, daß es Kultur gibt; Kulturbesitz und Kulturverhalten unterscheiden den Menschen vom Tier. Was Kultur aber genau bedeutet, läßt sich nicht von vornherein und ein für alle Male bestimmen, sondern gewinnt aus jeder Betrachtungsweise andere Akzente. Kultur erscheint darum eher als ein offenes Erkenntnisfeld denn als abgrenzbarer Gegenstand. Kein Forschungsobjekt, ein Forschungsfeld fordert unser Interesse." (GERNDT 1986, S. 11).

Das Phänomen Kultur weckt seit jeher das Interesse zahlreicher wissenschaftlicher Disziplinen. Ohne Anspruch auf Vollständigkeit seien einige Wissenschaften genannt, die sich um die Erkenntnis von Kultur bemühen: die Ethnologie, die Volkskunde (neuerdings auch als empirische Kulturwissenschaft bezeichnet), die Soziologie, die Politikwissenschaft, die Psychologie (in erster Linie die Sozialpsychologie), die Kommunikationswissenschaft, die Germanistik sowie die Geographie. Eines sollte man sich auf alle Fälle bei der Beschäftigung mit dem Kulturbegriff vergegenwärtigen: Eine einheitliche und allgemein anerkannte Definition von Kultur gibt es nicht, da die Bedeutung – wie bei fast allen abstrakten Begriffen – je nach Kontext und Benutzer variiert (MALETZKE 1996, S. 15).

Kultur ist in den Kulturwissenschaften kein scharf abgegrenzter, analytischer Begriff, vielmehr handelt es sich um lockere Umschreibungen für Arbeitsfelder bzw. um allgemeine Verständigungsbegriffe (GERNDT 1986, S. 11). Nichtsdestotrotz gibt es insbesondere in der soziologischen, sozialpsychologischen, anthropologischen und volkskundlichen Literatur eine nahezu unüberschaubare Fülle an Definitionen. In diesem Kontext sei auf das in den fünfziger Jahren von Kroeber und Kluckhohn publizierte Werk *Culture: A critical review of concepts and definitions* hingewiesen, welches über 160 Definitionsversuche auflistet (KROEBER/KLUCKHOHN 1952). Abgesehen von einigen naturwissenschaftlichen Disziplinen gibt es wohl kaum eine Wissenschaft, die sich nicht mit dem Phänomen Kultur auseinandersetzt. Steinbacher zufolge, der sich intensiv mit der Problematik des Kulturbegriffs beschäftigt hat, gibt es „fast mehr Kulturdefinitionen als Wissenschaftsdisziplinen samt ihren Unterdisziplinen zusammengenommen." (STEINBACHER 1976, S. 23).

Viel problematischer als die immense Anzahl von Definitionen und die Bandbreite ihrer einzelnen Bedeutungen ist der Umstand, daß die Verwendung des Kulturbegriffs im deutschsprachigen Raum uneinheitlich ist. Stellt der Begriff Kultur in allen anderen Sprachen eine *beschreibende* Kategorie dar, gibt es in den deutschsprachigen Ländern eine lange Tradition des Kulturbegriffs als *wertende* Kategorie (THIEM 1994, S. 29). Dabei wird der traditionelle Kulturbegriff, der im wesentlichen in der nachaufklärerischen Zeit entstanden ist, durch drei Dichotomien charakterisiert (KRETZENBACHER 1993, S. 172ff.):

- Hochkultur versus Massenkultur
- Kultur versus Natur
- Kultur versus Zivilisation

Die erste Dichotomie „Hochkultur versus Massenkultur" unterscheidet zwischen (positiv bewerteter) Hochkultur und (negativ bewerteter) Massenkultur. Kultur wird bei dieser Dichotomie mit Elite gleichgesetzt, die sich von der „Unkultur" der Masse absetzt.

Die zweite Dichotomie „Kultur versus Natur" unterstreicht die Unterscheidung zwischen *cultura* und *status naturale*, also zwischen Kultur und Natur. Diese Dichotomie betont insbesondere den kulturellen Fortschritt menschlicher Handlungen über die Naturkräfte.

Bei der dritten Dichotomie „Kultur versus Zivilisation" handelt es sich um eine spezifisch deutsche Entwicklung, die in ihrer ausgeprägtesten Form bei Spengler anzutreffen ist (SPENGLER 1923). In dieser Dichotomie stellt man typologisierend Zivilisation der Kultur gegenüber: Zivilisation als das Nützliche, Kultur als das Schöne; Zivilisation als verwaschene Allgemeinheit, Kultur als nationale Prägung; Zivilisation als materiell, Kultur als immateriell; Zivilisation als quasi physische Erscheinung, Kultur als Produkt des Geistes; Zivilisation als das Niedrige, Kultur als das Hohe (BAUSINGER 1980, S. 58).

Insbesondere über die dritte Dichotomie, die den Antagonismus zwischen Kultur und Zivilisation betont, ist in den Kulturwissenschaften lange Zeit debattiert worden, stellt doch die Hervorhebung des Gegensatzes beider Begriffe ein deutsches Phänomen dar, wie man es so in keinem anderen Land kennt. Elias zeichnet diese soziogenetische Sonderentwicklung Deutschlands in bezug auf die Verwendung der Begriffe Kultur und Zivilisation nach (ELIAS 1969, S. 1ff.). Kultur repräsentiert in erster Linie die geistigen Errungenschaften einer Zeit bzw. eines Volkes, während der Begriff Zivilisation lediglich mit der materiell-technischen Lebensgestaltung in Verbindung gebracht wird. Die Gründe für diesen deutschen Sonderweg werden in der Regel in der historisch-politischen Entwicklung Deutschlands gesucht; so konstatiert Greverus in diesem Zusammenhang: „Diese Entwicklung des Kulturbegriffes in Deutschland wird funktional als Versuch zum Aufbau eines nicht vorhandenen nationalen Selbstbewußtseins erklärt. Kulturnation ist die Kompensation einer nicht existenten

Staatsnation; deutsche Kultur, das heißt, die sichtbaren geistigen Leistungen, soll das Wertbewußtsein stärken. Die Tendenz, Kultur auf die ‚höheren' Leistungen zu beschränken, wird durch die Gegenüberstellung von Kultur- und Naturvölkern unterstützt, die der anthropologischen Konzeption der Aufklärung entgegensteht, daß auch die ‚rohesten Völker' Anteil an der Kultur haben, daß die Art der Umweltaneignung durch Kultur nur in der Entwicklung und Gradation, nicht aber in der Motivation einer Lagebewältigung verschieden ist. Schließlich hat die kulturpessimistische mittelständische und damit auch wissenschaftsdominant werdende Phase seit der Wende des 19. zum 20. Jahrhundert den Antagonismus zwischen Kultur und Zivilisation endgültig verhärtet und festgelegt." (GREVERUS 1987, S. 53).

Eine intensive Kulturdiskussion wurde auch bei den Vertretern der „Frankfurter Schule" geführt. Obwohl sich die Vertreter dieser Schule der Eingeschränktheit des traditionellen Kulturbegriffs bewußt waren, vor allem was die Dichotomie „Kultur versus Zivilisation" betrifft, gelang es ihnen nicht, sich vom elitären Kulturbegriff zu trennen und die Dichotomie der Begriffe aufzuheben. Noch Ende der sechziger Jahre stellte Marcuse in seinem Werk *Kultur und Gesellschaft* die Begriffe Kultur und Zivilisation gegenüber (MARCUSE 1968, S. 150):

Zivilisation	**Kultur**
materielle Arbeit	geistige Arbeit
Arbeitsalltag	Feiertag
Arbeit	Muße
Natur	Geist
operationelles Denken	nichtoperationelles Denken

Diese Polarisierung der Begriffe durch Marcuse ist umso erstaunlicher, wenn man seinen Aufsatz *Über den affirmativen Charakter der Kultur* aus dem Jahre 1937 zu Rate zieht, in dem er von einer Einheit von Kultur und Zivilisation ausgeht: „Es gibt einen Kulturbegriff, der ein für die Sozialforschung wichtiges Werkzeug darstellen kann, weil in ihm die Verflochtenheit des Geistes in den geschichtlichen Prozeß der Gesellschaft ausgesprochen wird. Er meint das jeweilige Ganze des gesellschaftlichen Lebens, sofern darin sowohl die Gebiete der ideellen Reproduktion (Kultur im engeren Sinne, als die „geistige Welt") als auch der materiellen Reproduktion (der „Zivilisation") eine historisch abhebbare und begreifbare Einheit bilden." (MARCUSE 1937, S. 59f.).

Wesentlich fortschrittlicher, darauf weist Popp in seinem Aufsatz *Kulturgeographie ohne Kultur?* hin, ist der bereits in den zwanziger Jahren von dem deutschen Geographen Hettner in bezug auf Kultur publizierte Definitionsansatz (POPP 1993, S. 124). In diesem Aufsatz distanzierte sich Hettner explizit von einer Trennung zwischen Kultur und Zivilisation, indem er auf Zusammenhang und Wechselwirkung von geistiger und materieller Kultur hinwies: „Ich gebrauche hier das Wort Kultur in seiner umfassendsten Bedeutung und verstehe darunter die Gesamtheit des Besitzes an materiellen und geistigen Gütern sowie an Fähigkeiten und Organisationsformen. Ich setze es also nicht, wie man das Wort in engerem Sinne gebrauchen kann, in Gegensatz zu Volkstum und Staat, sondern schließe diese in die Betrachtung ein. Ich nehme auch nicht die modische Unterscheidung zwischen Kultur und Zivilisation an; denn ganz abgesehen davon, daß sich das Wort Kultur ursprünglich gerade auf den Ackerbau bezieht, den man jetzt der Zivilisation zurechnet, stehen alle Erscheinungen der Kultur und Zivilisation oder, anders ausgedrückt, der materiellen und der geistigen Kultur so sehr in Zusammenhang und Wechselwirkung, daß man sie nicht auseinanderreißen kann; bei der Unterscheidung der beiden Begriffe verfällt man leicht in den Fehler, die geistige Kultur von ihren materiellen Bedingungen loszulösen. Ich beschränke die Betrachtung auch nicht auf die Kulturvölker im Gegensatze zu den sog. Naturvölkern, sondern gebrauche das Wort neutral für höhere und niedere Kulturformen; denn solange man einen scharfen Schnitt zwischen Kultur- und Naturvölkern macht, verschließt man sich das volle Verständnis für die Enwickelung und den Zusammenhang." (HETTNER 1929, S. 4).

Die heutige Wissenschaft geht im allgemeinen von einem erweiterten Kulturbegriff aus, der die Dichotomie zwischen Kultur und Zivilisation überwindet (THIEM 1994, S. 30). Noch in den achtziger Jahren plädierte Greverus, die zu den engagiertesten Verfechtern eines erweiterten Kulturbegriffs zählt: „Solange Kultur nur als Überschreitung der Grenzen des Notwendigen, als Gegenpart oder als Voraussetzung dieses Bereiches oder als Überwindung von Unkultur (sei diese „Natur", Zivilisation, Massenkultur oder „imperialistische Unkultur") definiert wird, werden nicht nur ganze Menschengruppen, sondern auch weite Bereiche menschlichen Verhaltens aus einer Kulturforschung ausgeklammert." (GREVERUS 1987, S. 57).

Die Erweiterung des Kulturbegriffs stellt nicht nur eine Ausweitung des kulturellen Kanons über die Hochkultur in Richtung Zivilisation dar; vielmehr impliziert sie auch eine qualitative Veränderung des Begriffs, die ihm einen integrativen Charakter verleiht. Kultur wird nicht mehr einzig als Produkt menschlicher Kulturfähigkeit gesehen, sondern rückt auch das Verhalten in das Interesse der Forschung (KRETZENBACHER 1992, S. 176). Der erweiterte Kulturbegriff erscheint gegenüber dem traditionellen Kulturbegriff als unlösbarer Bestandteil des individuellen Lebens wie der sozialen Beziehungen sowie der dynamischen gesellschaftlichen Entwicklung. Kultur steht, wie Kretzenbacher in diesem Kontext schreibt, „dem Menschen nicht gegenüber, sondern ist Teil seines Menschseins." (Ders. 1992, S. 177).

Bausinger erinnert ausdrücklich daran, daß Menschen beim Phänomen Kultur „Reiter und Tragende zugleich" sind (BAUSINGER 1980, S. 9). Kultur repräsentiert somit nicht nur das Vorgegebene oder Produkt Weniger, sondern immer auch das Ergebnis gesellschaftlicher Akte eines jeden einzelnen (WIERLACHER 1989, S. 400). Dies stellt eine explizite Distanzierung vom traditionell elitär geprägten deutschen Kulturbegriff dar, wie es auch Wagner in einen Referat über Reiseführer auf einer Tagung der Thomas-Morus-Akademie forderte: „Freilich müssen wir uns da von einem Kulturbegriff lösen, der immer nur die Hochkultur meint, die Poesie, die subventionierten Theater, Beethoven und Richard Wagner, Rembrandt und Michelangelo. Zu diesem erweiterten Kulturbegriff gehören alle Überhöhungen unseres menschlichen Daseins, unseres Alltags beim Wohnen, beim Genießen von Freizeit und nicht zuletzt beim Reisen und Urlaubmachen." (WAGNER 1990, S. 12).

Das für diese Studie zentrale Forschungsfeld der Interkulturellen Kommunikation geht explizit von einem erweiterten Kulturbegriff aus. Der erweiterte Kulturbegriff bildet die Grundlage der Interkulturellen Kommunikation und umfaßt neben den sichtbaren Objektivationen, wie sie sich insbesondere in Artefakten widerspiegeln, auch die unsichtbaren Subjektivationen, etwa Werte und Normen, Denkweisen und Wahrnehmungsmuster. Kulturen werden als historisch entstandene, komplexe und hochdifferenzierte Systeme betrachtet, die einem dynamischen Wandel unterliegen (ROTH 1996, S. 20). Während die Vertreter der sogenannten kognitiven Anthropologie von einem kognitiven System ausgehen, in dem Kultur als mentales System angesehen wird (GOODENOUGH 1970), spricht Geertz in seinem vielbeachteten Werk *The Interpretation of Cultures* von einem symbolischen System (GEERTZ 1973). Heute wird in der Forschung eine mittlere, beide Ansätze umspannende Position bezogen (ROTH 1996, S. 20).

Die vorliegende Arbeit orientiert sich gleichfalls an einem erweiterten Kulturbegriff, wie ihn Wierlacher, einer der führenden Vertreter der Interkulturellen Germanistik, geprägt hat: „Dementsprechend definieren wir den leitenden Kulturbegriff des Faches gemäß den Anforderungen, die an ihn gestellt werden, als mehrdimensionalen Begriff: er umfaßt im Sinne einer Kulturanthropologie die cultura humana, die Makro-Kultur, die es in ihrer Komplexität, einschließlich der Alltagskultur(en) und künstlerischen Leistungen, zu thematisieren gilt, und den Bereich der persönlichen (Fremd-) Verhaltenskultur." (WIERLACHER 1989, S. 400). Die Mehrschichtigkeit dieses Kulturbegriffs öffnet nicht nur einen interdisziplinären Zugang zur Anthropologie, zur Kulturanalyse und zu den Verhaltenswissenschaften, sondern rückt auch dezidiert von der in Deutschland beim traditionellen Kulturbegriff beinhalteten elitären Konnotation ab.

Die der Inhaltsanalyse zugrunde liegende Matrix basiert auf einer Kategorisierung des Kulturbegriffs durch Huxley in drei Komponenten: *Mentifakte*, *Artefakte* und *Soziofakte* (HUXLEY 1948/1950). Während Mentifakte stets abstrakter und geistiger Natur sind, stehen die Artefakte für die *manmade objects,* den materiellen Bestandteil einer Kultur. Soziofakte umfassen in erster Linie die *interpersonal relations,* welche einerseits auf der individuellen, andererseits auf der überindividuellen Ebene stattfinden können. Das

Modell von Huxley stellt – wie jedes Modell – nur eine Annäherung an die Wirklichkeit dar; in der Praxis finden sich immer wieder Beispiele für die Überschneidung der einzelnen Komponenten.

2.2 Kulturraumspezifische Konzepte unter besonderer Berücksichtigung des Kulturerdteilansatzes in der Geographie

Mit der Auflösung der früheren Sowjetunion und dem Auseinanderdriften der Staaten des Warschauer Pakts zerbrachen Weltbilder, die jahrzehntelang das politische Denken und Handeln entscheidend bestimmten. An die Stelle eines festen – und in gewissem Grade auch kalkulierbaren – Weltbilds ist eine Weltgemeinschaft getreten, deren politische Zuordnungen und Wertmaßstäbe bis dato nicht definiert erscheinen (EHLERS 1996, S. 338).

In dieser Phase publizierte der US-amerikanische Politologe Samuel P. Huntington im Jahr 1993 einen Aufsatz mit der provokanten – als Frage titulierten – Überschrift *The Clash of Civilizations?*, der eine weltweite über die Politikwissenschaft hinaus reichende Resonanz evozierte. Diese Resonanz erfaßte auch die Geographie, die auf eine lange Tradition in bezug auf kulturraumspezifische Weltbilder zurückblicken kann. Dieses Kapitel stellt den aus der Kulturgeographie entwickelten Ansatz der Kulturerdteile vor, der, ideengeschichtlich betrachtet, Ähnlichkeiten mit den nach wie vor viel diskutierten Arbeiten Huntingtons und Rufins aufweist, auf die in Grundzügen gleichfalls eingegangen werden soll. Besonders das Werk Huntingtons, so stellte Ute Wardenga, Mitarbeiterin am Leipziger Institut für Länderkunde, auf einer im Dezember 1997 von der Thomas-Morus-Akademie zum Thema *Identitäten, Mentalitäten, Kulturdiskurse* veranstalteten Studienkonferenz fest, weckte in der Geographie erneut das Interesse an der Kulturerdteilsproblematik.

Die auch heute noch bekannteste Definition des Terminus Kulturerdteil stammt von Kolb, der sich in seiner breit angelegten Monographie über Ostasien ausführlich mit dem Begriff auseinandergesetzt hat. Kolb definiert Kulturerdteil als einen „Raum subkontinentalen Ausmaßes (...), dessen Einheit auf dem individuellen Ursprung der Kultur, auf der besonderen einmaligen Verbindung der landschaftsgestalteten Natur- und Kulturelemente, auf der eigenständigen, geistigen und gesellschaftlichen Ordnung und dem Zusammenhang des historischen Ablaufs beruht. Es kommt dabei also auf den einmaligen Zusammenhang aller Kulturelemente an, auch jener, die nicht landschaftswirksam werden, aber zum Wesen der betreffenden Kultur gehören." (KOLB 1963, S. 3). Der Autor unterscheidet, wobei er auf die Möglichkeit des „Hinausgreifens" der jeweiligen Kulturerdteile hinweist, zehn Kulturerdteile:

1. Abendländischer Kulturerdteil
2. Russischer oder osteuropäischer Kulturerdteil
3. Sinischer oder ostasiatischer Kulturerdteil
4. Indochinesischer, indopazifischer oder südostasiatischer Kulturerdteil
5. Indischer Kulturerdteil
6. Orientalischer Kulturerdteil
7. Negrider Kulturerdteil
8. Anglo-amerikanischer Kulturerdteil
9. Indio-iberoamerikanischer Kulturerdteil
10. Austral-pazifischer Kulturerdteil

Kolb folgt bei seiner Konzeption der Kulturerdteile einem traditionell eurozentrischen Weltbild. Er geht von zentralen aktiven Kulturräumen aus, denen periphere Räume niederer Kultur, schwächerer wirtschaftlicher Leistungsfähigkeit, geringerer Volksdichte und weniger differenzierter gesellschaftlicher Ordnung gegenüberstehen. Aus dieser Konstellation leitet Kolb nachfolgendes Resümee ab, das seine eurozentrische Sichtweise treffend dokumentiert: „In diese peripheren Räume niederer Kultur dringt nun, dem Kultur-, Wirtschafts-, Bevölkerungs- und Machtgefälle folgend, die höhere, aktivere, überlegenere Kultur kolonisierend und erobernd vor." (KOLB 1963, S. 4). Liest man diese Zeilen, so fühlt man sich unweigerlich in die Blütezeit des Imperialismus um die Jahrhundertwende versetzt.

Ehlers weist in seinem Beitrag *Kulturkreise – Kulturerdteile – Clash of Civilizations*, den er als Plädoyer für eine gegenwartsbezogene Kulturgeographie sieht, darauf hin, daß die ideengeschichtlichen Grundlagen kulturraumspezifischer Weltbilder weit vor die Arbeiten Kolbs und Huntingtons zurückreichen (EHLERS 1996, S. 340f.). Als Paten in der Genealogie des Kulturerdteilkonzepts gelten insbesondere Hettner sowie Schmitthenner mit ihren Werken *Der Gang der Kultur über die Erde* (HETTNER 1923) bzw. *Lebensräume im Kampf der Kulturen* (SCHMITTHENNER 1951), die ihrerseits wiederum wichtige Anregungen von so renommierten Geographen wie Ratzel oder Ritter aufgriffen.

Insbesondere in der Politischen Geographie, die aufgrund ihrer engen Verflechtung mit der nationalsozialistischen Ideologie jahrzehntelang in der Bundesrepublik diskreditiert war und teilweise immer noch ist, stoßen raumspezifische Weltbilder auf reges Interesse. Zwei kulturraumspezifische Konzepte, das eine von Huntington und das andere von Rufin, werden nachfolgend in wichtigen Grundzügen vorgestellt. Beide Konzepte sind gerade deshalb von herausragendem Interesse, da sie die kulturelle Dimension mit ihrem religiösen Untergrund, kulturspezifischen Wertnormen sowie den entsprechenden Verhaltensmustern als Gegenpol zu den weltweiten Vernetzungen in den Mittelpunkt rücken (OSSENBRÜGGE/SANDNER 1994, S. 682).

Der im Sommer 1993 in der Zeitschrift Foreign Affairs von Samuel P. Huntington publizierte Artikel *The Clash of Civilizations?* löste eine Debatte aus, wie sie ein Zeitschriftenartikel seit Jahrzehnten nicht mehr ausgelöst hat. Drei Jahre später erschien unter demselben Titel eine Monographie, in der Huntington noch einmal sehr viel ausführlicher auf seine Thesen einging. Nach Ansicht Huntingtons sind nach dem Ende des Kalten Krieges nicht so sehr politische Ideologien respektive ökonomische Systeme, die jahrzehntelang die Denkmuster der Menschheit bestimmt haben, sondern vielmehr kulturelle Unterschiede Ursache von Konflikten. Insbesondere dem Faktor Kultur schreibt Huntington eine exzeptionelle Bedeutung zu, wie die Ausführungen in seiner Monographie belegen: „In der Welt nach dem Kalten Krieg ist Kultur eine zugleich polarisierende und einigende Kraft. Menschen, die durch Ideologien getrennt, aber durch eine Kultur geeint waren, finden zusammen, wie die beiden Deutschlands zusammenfanden und wie die beiden Koreas und verschiedenen Chinas zusammenzufinden beginnen. Gesellschaften, die durch Ideologie oder historische Umstände geeint, aber kulturell vielfältig waren, fallen entweder auseinander, wie die Sowjetunion, Jugoslawien und Bosnien, oder sind starken Erschütterungen ausgesetzt, wie die Ukraine, Nigeria, der Sudan, Indien, Sri Lanka und viele andere." (HUNTINGTON 1997, S. 24f.). Kulturraumspezifisch teilt Huntington die Welt, ähnlich wie Kolb, in acht *civilizations* (Kulturerdteile) ein. Er unterscheidet eine „western", „confucian", „japanese", „islamic", „hindu", „slavic-orthodox", „latin-american" und eine „african" civilization. An den sogenannten Bruchlinien *(fault lines)* dieser civilizations werden – nach Ansicht Huntingtons – in Zukunft die meisten Konflikte auftreten.

Huntington nennt in seinem Aufsatz sechs Gründe, die zukünftig für den Zusammenprall der Kulturen von Bedeutung sein werden (Ders. 1993, S. 25ff.):

1. First, differences among civilizations are not only real; they are basic. Civilizations are differentiated from each other by history, language, culture, tradition and, most important, religion.
2. Second, the world is becoming a smaller place. The interactions between peoples of different civilizations are increasing; these increasing interactions intensify civilization consciousness and awareness of differences between civilizations and commonalities within civilizations.
3. Third, the processes of economic modernization and social change throughout the world are separating people from longstanding local identities. They also weaken the nation state as a source of identity. In much of the world religion has moved in to fill this gap, often in the form of movements that are labeled „fundamentalist".
4. Fourth, the growth of civilization–consciousness is enhanced by the dual role of the West. On the one hand, the West is at a peak of power. At the same time, however, and perhaps as a result, a return of the roots phenomenon is occuring among non-Western civilizations.

5. Fifth, cultural characteristics and differences are less mutable and hence less easily compromised and resolved than political and economic ones.
6. Finally, economic regionalism is increasing. (...) The importance of regional economic blocs is likely to continue to increase in the future. On the one hand, successful economic regionalism will reinforce civilization-consciousness. On the other hand, economic regionalism may succeed only when it is rooted in a common civilization.

Huntingtons provokantes Schlagwort „The West versus the Rest" impliziert im wesentlichen nichts anderes als die – insbesondere von den nicht diesem Kulturkreis Angehörigen – empfundene und in der Regel kritisch bewertete Dominanz westlicher politischer und ökonomischer Werte. Huntington konstatiert in diesem Zusammenhang: „The West in effect is using international institutions to run the world in ways that will maintain Western predominance, protect Western interests and promote Western political and economic values." (Ders. 1993, S. 40). In dieser Dominanz des Westens sieht Huntington ein enormes Konfliktpotential für die Weltordnung nach dem Zerfall des Ost-West Dualismus. Nicht mehr alle Kulturkreise sind bereit, westliche Werte zu teilen und beschreiten zunehmend ihre eigenen Wege. Vorwiegend Länder, die der orientalischen bzw. konfuzianischen Kultur angehören, schlagen nach Ansicht Huntingtons einen eigenständigen politischen, ökonomischen und – was sich als besonders prekär erweist – militärischen Weg ein. Huntington spricht in diesem Kontext von einer „confucian-islamic connection", die sich anschickt, westliche Interessen, Werte und Macht herauszufordern (Ders. 1993, S. 45f.).

Explizit der islamisch geprägte Kulturraum stellt nach Überzeugung Huntingtons eine Gefahr für die Weltordnung da; so geht er in seinem Aufsatz exemplarisch auf den Golfkrieg sowie die Bosnienkrise ein. Huntington behandelt in einem eigenen Kapitel seiner Monographie den Islam und den Westen (Ders. 1997, S. 334ff.). In diesem Kapitel stellt er in einem chronologischen Überblick die – nicht selten kriegerischen – Beziehungen zwischen Christentum und Islam dar. In Bezugnahme auf die heutige Zeit konstatiert Huntington: „Im Kalten Krieg war für den Westen sein Widersacher „der gottlose Kommunismus"; im Kampf der Kulturen nach dem Kalten Krieg ist für Muslime ihr Widersacher „der gottlose Westen". Dieses Bild vom arroganten, materialistischen, repressiven, brutalen und dekadenten Westen haben nicht nur fundamentalistische Imams, sondern auch Menschen, in denen viele Westler ihre natürlichen Verbündeten und Anhänger erblicken würden." (Ders. 1997, S. 342f.). So interessant die meisten Ausführungen Huntingtons auch sein mögen, umso erschreckender sind die provokativen und nicht selten reißerisch formulierten Thesen, die dem Bemühen um gegenseitiges Kennenlernen und Verstehen der jeweils anderen Kultur eher hinderlich sein dürften.

Ein weiteres vielbeachtetes Werk, das sich mit kulturraumspezifischen Fragen beschäftigt, stellt das Buch *Das Reich und die neuen Barbaren* von Rufin dar (RUFIN 1993). Wie Huntington sieht auch Rufin nach dem Wegfall des Ost-West Dualismus eine neue Gefahr für die politische Weltordnung in Verzug: Der Autor geht von einem neuen Nord-Süd Konflikt aus und spricht in diesem Zusammenhang – in expliziter Analogie zu seinem real existierenden römischen Vorbild – von einem ideologischen Limes, der die wohlhabenden Staaten nördlich dieser Linie von den „Barbaren" der „terra incognita" südlich dieser Linie trennt. Rufin schreibt: „Der heutige neue *Limes* zwischen Nord und Süd markiert den sachten Anbruch einer Moral der Ungleichheit, einer Art von weltweiter Apartheid. Im Gedanken des *Limes* ist, mehr oder weniger deutlich, die Absicht eingeschlossen, die Zivilisation des Nordens zu definieren und zu schützen. Doch dies geschieht durch die gewaltsame Preisgabe des Südens, der mit Barbarei gleichgesetzt wird." (Ders. 1993, S. 26). Als Beispiele für die Preisgabe des Südens nennt Rufin unter anderem die Resignation des Nordens in bezug auf die Bevölkerungsexplosion sowie die selektive ökonomische Unterstützung vor allem jener Staaten, die unmittelbar an der Grenze des Limes liegen.

Wenn geographische Arbeiten mit ihrem Kulturerdteilansatz als ideengeschichtliche Vorbilder für heutige kulturraumspezifische Konzepte fungiert haben, so ist es umso bemerkenswerter, daß von geographischer Seite in diesem Bereich immer noch relativ wenig zu vernehmen ist; Oßenbrügge und Sandner weisen explizit auf dieses Defizit in ihrem Aufsatz *Zum Status der politischen Geographie in einer unübersichtlichen Welt* hin (OSSENBRÜGGE/SANDNER 1994). Sicherlich hängt dies auch mit der problematischen Rezeption der Politischen Geographie innerhalb des Fachs Geographie zusammen. Bei aller Problematik des Kulturerdteilansatzes bietet sich dennoch für eine gegenwartsbezogene Kulturgeographie ein weites Betätigungsfeld. Insbesondere auf den Gebieten der räumlichen Konfliktforschung sowie einer „kritischen Geopolitik", die sich mit Artikulationsformen territorialer Interessen im militärischen, ökonomischen und kulturellen Bereich beschäftigen, liegt angesichts weltweiter Transformationen ein beachtliches Entwicklungspotential.

2.3 Interkulturelle Kommunikation

Eines der signifikantesten Merkmale der heutigen Zeit ist eine zunehmende Intensivierung der direkten wie indirekten Kommunikation zwischen Menschen verschiedener Staaten und Kulturen. Noch nie war die Begegnung von Menschen aus unterschiedlichen Kulturen so ausgeprägt wie an der Schwelle zum 21. Jahrhundert. Der Erlanger Soziologe und ehemalige Vorsitzende der Deutschen Gesellschaft für Soziologie Matthes bemerkte in einer Universitätsrede über die *Verständigung über kulturelle Grenzen hinweg: Gelingen und Scheitern*: „Unsere Welt wächst mehr und mehr zusammen. Die

Zahl derer, die Gelegenheit haben, mit Menschen aus fernen Gegenden und Kulturen zusammenzutreffen, ist heute um ein Vielfaches größer als vor dreißig oder vierzig Jahren. In der Zeit vor dem zweiten Weltkrieg gar hatte die persönliche Begegnung mit einem Ausländer, zumal aus Übersee, für die meisten Menschen noch etwas sensationelles an sich." (MATTHES 1993, S. 5).

Der Anstieg interkultureller Begegnungen manifestiert sich besonders eindrucksvoll in der zunehmenden Internationalisierung des Wirtschaftslebens und der rasant fortschreitenden technologischen Entwicklung, die immer mehr Menschen unterschiedlicher Kulturen zusammenführen (THOMAS 1996, S. 15). In der Ökonomie wird diese Entwicklung beispielsweise an der zunehmenden Exportorientierung zahlreicher Volkswirtschaften oder den transnationalen Konzernen sichtbar. Multikulturell zusammengesetzte Belegschaften und Abteilungen sind – zumindest in transnationalen Konzernen – keine Seltenheit mehr. In diesen Unternehmen werden kulturelle Unterschiede nicht nur hingenommen, sondern vielfach positiv bewertet und als potentieller Wettbewerbsvorteil angesehen (MOOSMÜLLER 1997, S. 38). In der technologischen Entwicklung sind vor allem die Fortschritte in den Bereichen Verkehrs-, Informations- und Kommunikationstechnologien anzuführen. Beispielhaft seien in diesem Kontext der Luftverkehr und die Telekommunikation erwähnt. Der moderne Tourismus, insbesondere der Massentourismus, auf dessen Verhältnis zur Interkulturellen Kommunikation zu einem späteren Zeitpunkt in diesem Kapitel eingegangen wird, ist ohne die Innovationen in diesen Bereichen nicht vorstellbar. Man denke nur an die Entwicklung des Flugzeugs zum Massenverkehrsmittel für den Chartertourismus oder die beachtlichen Fortschritte bei den Reservierungssystemen.

Die geschilderten Modernisierungsprozesse erhöhen die Komplexität des Lebens beträchtlich: So zählt inzwischen für eine beachtliche Zahl von Menschen der Umstand, an vielen Orten zugleich fremd und heimisch zu sein, zu den Grunderfahrungen der heutigen Zeit und somit wird das 20. Jahrhundert nicht zu unrecht als die Epoche der Internationalisierung genannt (WIERLACHER 1993, S. 9). Thomas skizziert in seinem Standardwerk *Kulturvergleichende Psychologie* dieses Phänomen wie folgt: „Die Internationalisierung und Interkulturalität vieler Gesellschaften ist bereits so weit fortgeschritten, daß niemand mehr unbeteiligt sein kann. Jeder, der in einer solchen Gesellschaft lebt, der sich in ihr zurechtfinden will, der ein Mindestmaß an Kontrollbewußtsein behalten und sogar gestaltend eingreifen will, muß bereit und fähig sein, sich über andere Kulturen zu informieren, über seine eigenen kulturellen Merkmale zu reflektieren, ethnozentrisches Denken und Handeln abzubauen, über interkulturelles Lernen zum interkulturellen Verstehen zu kommen und eine interkulturelle Handlungskompetenz zu entwickeln." (THOMAS 1993, S. 378).

Wie bereits aufgezeigt, spielt Interkulturelle Kommunikation eine zunehmend wichtige Rolle und ist aus vielen Bereichen des Alltagslebens nicht mehr wegzudenken. Interkulturelle Kommunikation kann sich auf der Makroebene ganzer Völker bis hin zur Mikroebene der Familie und des Wohnbereichs vollziehen (ROTH 1996, S. 7). Einige zentrale Bereiche, in denen Interkulturelle Kommunikation eine wichtige Rolle einnimmt, stellen Politik, Wirtschaft, Forschung und Lehre sowie Kunst und Kultur dar. Nachfolgende Tabelle zeigt einige Beispiele aus den erwähnten Bereichen, in denen sich Interkulturelle Kommunikation abspielt.

Tabelle 1: Zentrale Bereiche der Interkulturellen Kommunikation sowie ausgewählte Beispiele

Zentrale Bereiche, in denen sich Interkulturelle Kommunikation abspielt	Beispiele
Politik	Außenpolitik, Internationale Organisationen (UN, UNESCO)
Wirtschaft	Transnationale Firmenverflechtungen; Zweigniederlassungen; Firmenentsandte
Forschung und Lehre	Wissenschaftliche Organisationen; Kongresse und Symposien; Gastdozenturen und studentische Austauschprogramme (DAAD, Sokrates, Erasmus)
Kunst und Kultur	Ausstellungen; Gastspiele; Austausch von Zeitschriften und Büchern

Entwurf: N. Scherle 1998 (Quelle: G. Maletzke 1996)

Weitere wichtige Bereiche stellen unter anderem Technik, Kirche, Sport, Militär, Institutionen und Verbände, aber auch der persönliche private Sektor, etwa in Form interkultureller Partnerschaften, dar (MALETZKE 1996, S. 12).

Wer meint, Interkulturelle Kommunikation sei grundsätzlich mit einem Aufenthalt im Ausland verbunden, verkennt, daß interkulturelle Begegnungen auch im eigenen Land möglich und – sicherlich auch – wünschenswert sind. Da gibt es, um nur einige wenige Beispiele zu nennen, den japanischen Touristen, der mit einem in der Warteschlange vor der Münchner Residenz steht, die italienische Austauschstudentin, die sich wie ihre deutschen Kommilitonen auf ein Referat vorbereitet, den US-amerikanischen Firmenentsandten, der für eine bestimmte Zeit das gleiche Großraumbüro mit seinen deutschen Kollegen teilt und den türkischen Nachbarn, der in der Produktion der lokalen Maschinenbaufirma tätig ist.

Nachdem in den einleitenden Ausführungen die (wachsende) Bedeutung und wichtige Bereiche der Interkulturellen Kommunikation vorgestellt wurden, soll in den nachfolgenden Abschnitten auf die Begrifflichkeit des Terminus Interkulturelle Kommunikation eingegangen werden. Interkulturelle Kommunikation als Wissenschaft ist die Frucht mehrerer Disziplinen: Bereits in ihrer Genese ist sie interdisziplinär angelegt und subsumiert Erkenntnisse und Erfahrungen aus der Kulturanthropologie, der Kommunikationswissenschaft, der pragmatischen Linguistik, der interkulturellen Psychologie, der interkulturellen Pädagogik und der Volkskunde (ROTH 1996, S. 20).

Von Interkultureller Kommunikation spricht man, wenn die jeweiligen Begegnungspartner unterschiedlichen Kulturen angehören und wenn sie sich der Tatsache bewußt sind, daß der jeweils andere „anders" ist, die Begegnungspartner sich somit als wechselseitig „fremd" erleben (MALETZKE 1996, S. 37). Interkulturelle Kommunikation impliziert folglich stets eine Überschreitung kultureller Systemgrenzen. Die Fremderfahrung, die auch einen entscheidenden Beitrag zum Verstehen der eigenen Kultur leisten kann, spielt somit in der Interkulturellen Kommunikation eine zentrale Rolle; Hinnenkamp vermerkt in diesem Kontext: „Interkulturelle Kommunikation hat mit Verstehen und Verständigung zu tun: Das Fremde verstehen und sich gleichzeitig mit der Fremde und dem Fremden verständigen." (HINNENKAMP 1994, S. 9). Die Fremderfahrung schließt, so Wierlacher in seinem Werk *Kulturthema Fremdheit*, „immer auch die Möglichkeit der Erfahrung seiner Ambivalenz als Bereicherung und als Gefahr ein." (WIERLACHER 1993, S. 35).

In der Regel jedoch wurde das Fremde nie als das Normale empfunden; es stand für das Abweichende von der eigenen Norm. *Der* Fremde war traditionell eine singuläre und ungewöhnliche Erscheinung, der stilisiert (der Exotische), übersteigert (der Idealisierte), herabgesetzt (der Minderwertige), benutzt (der Ausgebeutete), bekämpft (der Feindliche) oder unterworfen (der Kolonisierte) wurde (HUNFELD 1996, S. 1). In der heutigen Zeit gibt es – zumindest in den modernen westlichen Gesellschaften – so etwas wie eine Normalität des Fremden. Wie bereits in diesem Kapitel angeführt wurde, lassen sich interkulturelle Begegnungen durchaus im eigenen Land erleben und haben gewöhnlich den Status des Singulären bzw. Ungewöhnlichen längst verloren. So skizziert Hunfeld: „Die Realität des modernen Europa hat dagegen faktisch die Normalität des Fremden etabliert und erzwingt deshalb seine entsprechende neue Deutung: Der fremde Andere ist keine außergewöhnliche, sondern alltägliche Erscheinung, die Fremderfahrung im eigenen Kontext ist zur Normalität geworden. Die Nachbarschaft des vielfältig Fremden lässt sich nicht länger dominieren aus der Selbstsicherheit überlegener Distanz, die nicht nur räumlich inzwischen aufgelöst ist. Das Fremde artikuliert sich selbst, fügt sich nicht mehr stellvertretender Rede und will gehört werden." (Ders. 1996, S. 2).

Der Interkulturellen Kommunikation geht es nicht um den Vergleich von Kulturen, sondern um die Interaktionen zwischen ihnen: Kulturkontakt, Kulturkonflikt, Kulturschock, das Verstehen und Mißverstehen zwischen Kulturen stellt somit das zentrale wissenschaftliche Problem der Interkulturellen Kommunikation dar (ROTH 1996, S.

21f.). In den Forschungsmittelpunkt der Interkulturellen Kommunikation rücken vor allem Menschen, die sich vorübergehend in anderen Ländern aufhalten; im Englischen bezeichnet man diese Personengruppe als *sojourner*, während im deutschen Sprachgebrauch ein entsprechender Begriff bis dato fehlt (MOOSMÜLLER 1997, S. 11). Das Spektrum der *sojourner* umfaßt einen Diplomaten, der zwei Jahre nach Bangkok abgeordnet ist, genauso wie einen Touristen, der einen vierwöchigen Marokkourlaub gebucht hat. Beide werden in der Regel mit den kulturellen Differenzen des jeweiligen Aufenthaltlandes konfrontiert und beide sollten über interkulturelles Wissen verfügen, damit sie mit diesen umgehen können. Die Vermittlung interkultureller Kompetenz, sprich die Fähigkeit zu einem angemessenen und möglichst konfliktfreien Umgang mit Menschen einer anderen Kultur, stellt eine der wesentlichen Aufgaben der Interkulturellen Kommunikation dar (ROTH 1996, S. 7). Interkulturelle Kompetenz erfordert selbstverständlich Aufgeschlossenheit gegenüber der fremden Kultur sowie die Bereitschaft, sich über diese zu informieren und über eigene kulturelle Merkmale zu reflektieren. Interkulturelles Lernen, das sich im Idealfall zu einer interkulturellen Handlungskompetenz entwickelt, sollte kulturelle Informationsdefizite, Dominanz- und Überlegenheitsintentionen, Bedrohungsängste, Vorurteile und destruktive nationale und kulturelle Stereotypisierungen, Fremdenfeindlichkeit und Angst gegenüber Fremdkulturellem abbauen helfen (THOMAS 1993, S. 378).

Die Begegnungspartner unterschiedlicher Kulturen müssen lernen, mit der Differenz zu leben, wie es auch Roth mit dem pragmatischen Titel seines Bandes formuliert. Entscheidenden Einfluß auf den Erfolg bzw. Mißerfolg einer interkulturellen Begegnung hat der Umgang mit den kulturellen Differenzen des jeweiligen Gegenübers; Casmir und Asuncion-Lande folgern in diesem Kontext: „Cultural differences will have a negative effect if they impede the flow of communication between participants. They will have a positive effect if they motivate two individuals to work harder at understanding each other. Thus the crux of the whole process is HOW cultural differences are managed by the participants in any act of communication. It is the phenomenon that is used to further distinguish intercultural communication from other forms or contexts of communication." (CASMIR/ASUNCION-LANDE 1989, S. 284).

Der Interkulturellen Kommunikation, die sich als ausgesprochen interpretatives und diskursives Forschungsgebiet versteht, geht es nicht um die Einebnung von *cultural differences* zugunsten kultureller Universalien, sie setzt sich jedoch für eine Überwindung monokultureller und ethnozentrischer Sichtweisen ein (VESTER 1996, S. 102f.). Auch wenn in heutigen Gesellschaften der Ethnozentrismus, dessen Funktion vor allem darin besteht, die Existenz der „Wir-Gruppe" zu bewahren, überholt erscheint, so wirkt er dennoch in der subjektiven Kultur als Überbleibsel weiter. Wie eminent problematisch dieses Phänomen ist, schildert Moosmüller, der auf jahrelange Erfahrung auf dem Gebiet interkultureller Trainings zurückblicken kann, deren Zweck in erster Linie darin besteht, ethnozentrische Denkmuster abzubauen: „Wo immer Menschen mit unterschiedlichen kulturellen Prägungen zusammenarbeiten oder zusammenleben, ist Ethnozentrismus ein Problem und die Praxis zeigt, daß auch interkulturelle Trainings kaum in der Lage sind, dieses Problem zu lösen. Wichtig ist vor allem, die kognitiven und affektiven Aspekte der durch den Ethnozentrismus verursachten Blockaden zu begreifen und in sinnvolle Trainings umzusetzen." (MOOSMÜLLER 1997, S. 63).

Das Phänomen des Ethnozentrismus ist auf das engste mit dem Spannungsverhältnis zwischen der realen Komplexität kultureller Systeme und menschlichen Verhaltens sowie der sicherlich notwendigen Eigenschaft des Menschen, diese Komplexität in seiner Wahrnehmung zu reduzieren, verbunden. Auf der einen Seite haben wir die Komplexität und Dynamik kultureller Systeme, auf der anderen Seite das Bedürfnis des Menschen, diese Komplexität sowohl der eigenen aber noch viel mehr der fremden Kultur zu reduzieren (ROTH 1996, S. 21). Es entstehen die berühmten „pictures in our heads"; in diesem Zusammenhang sei auf das nächste Unterkapitel verwiesen, das sich eingehend mit der Thematik stereotyper Systeme auseinandersetzt.

Wie steht es um das Verhältnis von Tourismus und Interkultureller Kommunikation, wo doch Reisen – wie Richter in seinem Thesenpapier *Tourismus und Kulturkontakt* konstatiert – in der mobilen Gesellschaft „zu einem universalen Medium interkultureller Begegnungsprozesse" (RICHTER 1998) geworden ist? Bietet Tourismus geeignete Voraussetzungen für ein interkulturelles Kennenlernen zwischen Reisenden und Bereisten? Die unkritische Annahme, Tourismus trage automatisch zu einer besseren Verständigung zwischen Menschen unterschiedlicher Kulturen bei, wie sie immer noch von Vertretern der Reiseindustrie und gelegentlich auch in der Politik vertreten wird, ist so nicht mehr aufrecht zu erhalten. Diverse Gründe lassen sich anführen, weshalb – zumindest ein vertieftes – Kennenlernen von Land und Leuten eher die Ausnahme bleibt: eine oft mangelhafte Reisevorbereitung, ungenügende Sprachkenntnisse, touristische Ghettoisierung, das Bemühen vieler Reiseländer, Touristen eine vertraute heimatliche Umgebung zu bieten, das Behaftetsein von Reisenden und Bereisten mit stereotypen Systemen und die Kürze der meisten Reisen (BMZ 1993, S. 36 und MALETZKE 1996, S. 11). Gyr weist zudem darauf hin, daß prä-touristische Erfahrungen, wie beispielsweise Reisekataloge, Reiseführer und mündliche Berichte, die touristische Wahrnehmung des Fremdkulturellen wesentlich, meist selektiv standardisiert, beeinflussen (GYR 1988, S. 233).

Daß Auslandsreisen durchaus positive Effekte aufweisen können, beweisen die vom Studienkreis für Tourismus publizierten Untersuchungen Hartmanns (HARTMANN 1981/1982). Je eher eine Reise ins Ausland zur Selbstverständlichkeit wird, desto größer ist auch die Wahrscheinlichkeit, daß der Tourist differenzierte Wahrnehmungen macht. Eine entscheidende Rolle spielt dabei jedoch auch die Motivation des Touristen, sich auf eine fremde Kultur einzulassen respektive die Bereitschaft, sich mit Land und Leuten vertraut zu machen. Hartmann vermerkt in diesem Kontext: „So ist Länderkenntnis eine unabdingbare Voraussetzung für das Verstehen anderer Völker und Kulturen, jedoch setzt solche Kenntnis eines besuchten Landes und seiner Menschen selbst schon das Interesse an einem tiefergreifenderen Kennenlernen des Reiselandes voraus." (Ders. 1981, S. 14).

Das persönliche Erleben von Land und Leuten vor Ort dürfte nach wie vor die intensivste Form des Kulturkontakts darstellen. Selbstverständlich ist der unmittelbare persönliche Kontakt jedoch nicht der einzige Weg, der einen aktiven Beitrag zur Interkulturellen Kommunikation leisten kann. Dem gleichen Zweck dienlich sein können zum Beispiel Kunst und Literatur, Film, Fernsehen, Informationsschriften, Ausstellungen, Vorträge und Festveranstaltungen (Ders. 1981, S. 11). Von bedeutender Relevanz für die Interkulturelle Kommunikation sind in der heutigen Gesellschaft natürlich die Medien, insbesondere die Massenmedien. Hess-Lüttich schreibt in diesem Zusammenhang: „Interkulturelle Kommunikation ist als Gegenstand und als Praxis eine neue wesentliche Aufgabe der Massenmedien, einer Medienkultur der Aufklärung." (HESS-LÜTTICH 1989, S. 53). Diese Studie greift aus dem vielfältigen Spektrum der touristischen (Massen-)medien, das sind jene Medien, die sich in irgendeiner Weise mit Inhalten zu den Themen Reisen und Urlaub befassen sowie die Einstellungen, Gefühle und Motive von Urlaubern bzw. Urlaubsinteressierten beeinflussen (KAGELMANN 1993, S. 469), die literarische Gattung der Reiseführer heraus.

Die Bedeutung der Textsorte Reiseführer als Gegenstand fremdkultureller Literatur wird vor allem von Vertretern der Interkulturellen Germanistik betont. Das Forschungsinteresse in bezug auf Reiseführer wird in erster Linie vor dem Hintergrund der dringend notwendig gewordenen Verbesserung der Interkulturellen Kommunikation, der Internationalisierung der Wissenschaftskommunikation und des Massentourismus begründet. So sind Reiseführer in die historische Dialektik des Verständnisses von Eigenem und Fremdem eingebunden und fungieren neben ihrer Eigenschaft als normative „Wegweiser in die Fremde" zugleich als Quellen der Fremdheitsbegriffe und Annahmen ihrer Zeit (WIERLACHER/WANG 1996, S. 278).

Der Aspekt der Interkulturellen Kommunikation spielt hauptsächlich bei jenen Reiseführern eine entscheidende Rolle, die Länder anderer Kulturkreise behandeln (POPP 1997, S. 175). Eine fundierte Vermittlung von Kenntnissen über das Reiseland im Sinne Hartmanns als „unabdingbare Voraussetzung für das Verstehen anderer Völker und Kulturen" (HARTMANN 1981, S. 14) gewinnt somit besonders bei denjenigen Ländern eine essentielle Bedeutung, deren Kultur sich von der unsrigen maßgeblich unterscheidet, da auch die Kulturdistanz zunimmt. Daß Reiseführer inhaltlich mehr vermitteln sollten als das reine Abhandeln von Sehenswürdigkeiten, dürfte spätestens seit Steineckes breit angelegter Untersuchung über den bundesdeutschen Reiseführermarkt aus dem Jahr 1988 publik sein. Als zentrale normative Forderung aus der Sicht von Rezensenten führte Steinecke in dieser Studie die Funktion „Verständnis für andere Länder und Kulturen zu wecken" an (STEINECKE 1988, S. 37). Desgleichen gab es aber auch immer wieder Vertreter aus der Praxis, die für neue Wege im Bereich von Reiseführern plädierten. So forderte die Journalistin und Verlegerin Tüting: „Um Verständigungsschwierigkeiten, Ausbeutung, Umweltzerstörung und (rassistischen) Vorurteilen vorzubeugen, müssen Reiseführer im Zeichen des Massentourismus mehr beinhalten als das Aufzeigen von Attraktionen! Man kann Tourismus heute nicht mehr losgelöst von seinem gesellschaftlichen Umfeld, sprich dem Alltag der „Bereisten", darstellen. Wer immer noch behauptet, Umweltschutz, weltwirtschaftliche Zusammenhänge, „Dritte-Welt"-Probleme usw. „hätten mit reisen nichts zu tun", denkt verantwortungslos und sollte besser keine Reiseführer schreiben bzw. verlegen." (TÜTING 1990, S. 108).

In ihrer Eigenschaft als normative „Wegweiser in die Fremde" sollte es für Reiseführer geradezu selbstverständlich sein, im Sinne Steineckes „Verständnis für andere Länder und Kulturen" zu wecken, und dem Rezipienten interkulturelle Kompetenz zu vermitteln. Einen echten Beitrag zur Interkulturellen Kommunikation zwischen Reisenden und Bereisten können Reiseführer jedoch nur dann leisten, wenn sich die fremdkulturellen Beiträge nicht in einer überwiegenden Darstellung von Sehenswürdigkeiten des behandelten Raumes erschöpfen; vielmehr bedarf es einer intensiven Behandlung kultureller Aspekte, um Verständnis für Land und Leute beim Leser zu bewirken. Daß sich die Reiseführer dabei von einem erweiterten Kulturbegriff leiten lassen sollten, der einen integrativen und nicht wertenden Charakter besitzt, sollte im Sinne der Interkulturellen Kommunikation selbstverständlich sein.

2.4 Stereotype Systeme: Image, Stereotyp und Vorurteil

Der besondere Reiz von Reiseführern besteht darin, daß sie sich mit dem Fremden, dem Unbekannten, beschäftigen und dem Rezipienten, in diesem Fall dem Touristen, das Fremde nahe bringen. In diesem Kontext sei noch einmal auf Steinecke verwiesen, der explizit das „Verständnis für andere Länder und Kulturen" wecken zur zentralen Funktion von Reiseführern erhebt (STEINECKE 1988, S. 37). Kulturelle Unterschiede und der Vergleich des Fremden mit dem Eigenen können sowohl neue Einblicke in die eigene Kultur als auch ein tiefgreifenderes Verstehen der fremden Kultur ermöglichen. Unverzichtbare Prämisse dafür ist jedoch für den Reiseführerautor ein verantwortungsbewußter Umgang mit Sprache und Bildern, die das Fremde zeigen und erklären. Im Reiz der Darstellung des kulturell Fremden liegt aber auch die große Gefahr für den Verfasser, egal ob Reiseführerautor oder Reisejournalist, ein verfälschtes Bild des beschriebenen Landes und seiner Bewohner zu vermitteln. Nicht selten werden anstatt differenzierter Informationen Stereotype und Vorurteile präsentiert, die das fremdkulturelle Verstehen für den Rezipienten eher erschweren als fördern. Mit zunehmender Komplexität der Fakten und Probleme sowie mit Anstieg der räumlichen Distanz wachsen auch gleichzeitig die Schwierigkeiten beim Erfassen und Verstehen von Zusammenhängen innerhalb und – viel wichtiger – außerhalb der eigenen Landesgrenzen (HILLERS 1984, S. 26).

Das folgende Kapitel vermittelt wichtige theoretische Überlegungen zur Problematik zentraler Schlüsselbegriffe wie Image, Stereotyp und Vorurteil, die bei der Auseinandersetzung mit fremden Kulturen von besonderer Relevanz sind. Für alle Formen stereotyper Erscheinungen, zu denen die Schlüsselbegriffe Image, Stereotyp und Vorurteil zählen, prägte der Psychologe Bergler den zusammenfassenden Begriff „stereotype Systeme". Bergler zufolge handelt es sich bei stereotypen Systemen um „verfestigte, vereinfachte, gefühlsgesättigte, dynamische, ganzheitlich strukturierte Systeme zur Bewältigung allgemeiner, aber auch spezieller Situationen personaler wie apersonaler Art, in der ständig begegnenden Welt, denen die objektive, notwendige empirische Begründung mangelt." (BERGLER 1966, S. 100). Im folgenden werden die Begriffe Image, Stereotyp und Vorurteil anhand wichtiger Forschungsergebnisse insbesondere aus den Wissenschaftsdisziplinen Psychologie, Soziologie, Volkskunde und Kommunikationswissenschaft konkretisiert.

Der Begriff Image ist aus dem anglo-amerikanischen Sprachgebrauch ins Deutsche übernommen worden; etymologisch geht er auf das lateinische Wort *imago* zurück, was soviel wie Bild bedeutet. In heutiger Zeit versteht man unter dem Begriff Image jedoch keine optische Abbildung, sondern ein kognitiv-psychologisches Konstrukt (WILKE 1989, S. 12). Wissenschaftlich fundiert wurde der Begriff durch Boulding, der die Diskrepanz zwischen objektiver Beschaffenheit der Welt und dem subjektiven Wissen von ihr mit dem Ausdruck „Image" belegte. Boulding definierte den Begriff wie folgt: „The ‚image', then, must be thought of as a total cognitive, affective, and evaluative structure of the behavior unit, or its internal view of itself and its universe." (BOULDING 1969, S. 423). Die Leistung von Images liegt in der Strukturierung von Wert- und Verhaltensbereichen; das Image ist – nach Ansicht Bouldings – somit die spezifische Form des Wissens des Menschen, welches ihm hilft, seine eigene Person sowie die Welt in ihren komplexen Zusammenhängen zu verstehen und aufgrund dieser Einschätzung handeln zu können. Boulding vermerkt in diesem Kontext in seinem Standardwerk *The Image*: „Knowledge, perhaps, is not a good word for this. Perhaps one would rather say my *Image* of the world. Knowledge has an implication of validity, of truth. What I am talking about is what I believe to be true; my subjective knowledge. It is this Image that largely governs my behavior." (Ders. 1977, S. 5f.).

Images sind bildhafte, subjektive Vorstellungen, die das Denken und Handeln von Menschen bestimmen; charakteristisch für sie ist eine eher widerspruchsvoll-assoziative als eine konsistent-logische Struktur (QUANDT 1989, S. 36). Somit handelt es sich beim Image nicht um ein Abbild eines Objektes, sondern vielmehr – wie bereits oben vermerkt – um ein kognitiv-psychologisches Konstrukt, das näher oder weiter vom gemeinten realen Objekt angesiedelt sein kann. Daraus folgt, daß ein Image einen größeren oder einen geringeren Realitätsbezug haben kann (NICKLAS/OSTERMANN 1989, S. 24).

Images kommen auf zwei Wegen zustande: einerseits durch Primärerfahrungen, etwa durch direkte Umweltbeobachtung bzw. unmittelbares Erleben, andererseits durch Sekundärerfahrungen, etwa durch Mitteilung von Beobachtungen und Erlebnissen anderer Menschen (WILKE 1989, S. 16). Gerade der Bereich der Sekundärerfahrungen gewinnt in einer zunehmend komplexer und komplizierter werdenden Welt einen immer bedeutenderen Stellenwert (PÜTZ 1993, S. 33). Zunehmend verhindern in unserer heutigen Massenkommunikationsgesellschaft Rahmenbedingungen, etwa soziale, zeitliche oder räumliche, eine unmittelbare, persönliche Auseinandersetzung mit den jeweiligen Objekten der Umwelt und eine darauf aufbauende, fundierte eigenständige Meinungsbildung. Somit stellt sich die Frage, welche Sekundärerfahrungen für das Entstehen von Images verantwortlich sind.

Da sind zum einen die Familie, die Schule und andere Bezugsgruppen, die die Sozialisation des Menschen entscheidend mitprägen. Insbesondere der Institution Schule kann – früher mit Sicherheit noch mehr als heute – eine beachtliche Rolle bei der Vermittlung von Images zugeschrieben werden. So schreibt Boulding: „One of the main purposes of national education is to distort the image of time and space in the interests of the nation. The school atlases have one's own nation large and others small. The school history books have the history of one's own nation large and of others small. It is the history teachers above all who create the image of the Englishman, the German, the American, or the Japanese." (BOULDING 1977, S. 68). In diesem Kontext sei ausdrücklich auf eine Studie Hillers verwiesen, die in ihrer Dissertation die Behandlung außereuropäischer Völker und Kulturen in europäischen Schulbüchern am Beispiel Afrikas untersucht hat (HILLERS 1984). Hillers Arbeit verdeutlicht eindrucksvoll, wie einseitig – in diesem Fall dargestellt anhand von Geographiebüchern – die Vermittlung von Informationen über den afrikanischen Kontinent ist.

In der heutigen Zeit wird neben den oben genannten Instanzen immer häufiger die exorbitante Rolle der Medien – in hohem Maße der Massenmedien – bei der Vermittlung von Images betont (WILKE 1989, S. 16). Dem Medium Reiseführer – dem in dieser Arbeit behandelten Medium – fällt im Bereich der Sekundärerfahrungen als Vermittler von Informationen über das vom Touristen bereiste Land eine eminent wichtige Rolle zu. Dies gilt umso mehr, wenn dem Rezipienten und späteren Touristen die eigene Anschauung, sprich die Primärerfahrung, fehlt. Gerade mit zunehmender räumlicher Distanz wächst auch für den Rezipienten die Schwierigkeit, Zusammenhänge außerhalb der eigenen Landesgrenzen zu erfassen (PRINZ 1970, S. 195).

Die untersuchte Thematik 45

Während dem Begriff Image eine eher wertneutrale Bedeutung sowie eine Fluktuation zugeschrieben wird, haften dem Begriff Stereotyp ein negativer Beiklang sowie stark verfestigte Einstellungen an, die nur äußerst schwer zu beeinflussen sind (WILKE 1989, S. 12). Ursprünglich entstammt der Begriff Stereotyp aus der Terminologie der Drucktechnik. Dort versteht man unter Stereotypie die Abformung der aus beweglichen Lettern gesetzten Originaldruckplatte in eine Matrize, die mit Blei ausgegossen wird (KLEINSTEUBER 1997, S. 211). In den zwanziger Jahren dieses Jahrhunderts führte Lippmann den Begriff in die Sozialpsychologie ein. In seinem Buch *Public Opinion*, das auch heute noch zu den führenden Arbeiten im Bereich der Stereotypenforschung zählt, geht Lippmann von einer Diskrepanz zwischen der äußeren Welt und den inneren Vorstellungen des Menschen aus; Lippmann spricht in diesem Kontext treffend von „pictures in our heads" (LIPPMANN 1964, S. 9ff). Stereotype stellen – nach Ansicht Lippmanns – von der eigenen Kultur beeinflußte Filter dar, die den Menschen jeweils nur Ausschnitte der Realität sehen lassen. Lippmann skizziert dieses Phänomen wie folgt: „Meistens schauen wir nicht zuerst und definieren dann, wir definieren erst und schauen dann. In dem großen blühenden, summenden Durcheinander der äußeren Welt wählen wir aus, was unsere Kultur bereits für uns definiert hat, und wir neigen dazu, nur das wahrzunehmen, was wir in der Gestalt ausgewählt haben, die unsere Kultur für uns stereotypisiert hat." (Ders. 1964, S. 63).

Wichtige charakteristische Merkmale von Stereotypen faßt Prinz in einem Aufsatz, der sich explizit mit Stereotypen im Massenkommunikationsprozeß beschäftigt, zusammen (PRINZ 1970, S. 198):

1. Stereotype sind gefährlich; sie bereiten unter Umständen den Boden vor, auf dem sich Feindseligkeiten leichter entwickeln können. Sie beeinflussen die Wahrnehmung, das Denken, das Urteilsvermögen und die Handlungsfähigkeit.
2. Stereotype können einen gewissen Wahrheitsgrad haben, sie können aber auch vollständig falsch sein.
3. Stereotype sind „erlernt"; dies geschieht durch die Einflüsse der Kultur, der Familie und Schule, der Massenmedien u. a.
4. Stereotype wandeln sich nur langsam und schwerfällig und stehen in Beziehung zu den herrschenden gesellschaftlichen, ökonomischen und politischen Situationen.
5. Stereotype sollten beeinflußt werden, und zwar sollte der Versuch gemacht werden, sie im Lichte adäquater Information zu modifizieren.

Stereotyp ist jedoch nicht gleich Stereotyp. Stereotype können sowohl die Einstellung zu Menschen der eigenen Kultur, als auch, und dies ist viel häufiger der Fall, die Einstellung zu Menschen einer fremden Kultur bestimmen. Charakteristisch für sie ist die nicht selten unkritische Verallgemeinerung, die sehr häufig gegen Veränderung resistent ist und sich einer kritischen Überprüfung entzieht. Dennoch fallen Stereotypen – positiv betrachtet – eine Orientierungsfunktion zu, da sie diffuses Material ordnen sowie

Komplexität reduzieren und somit zu einer Umweltorientierung im Alltagsleben beitragen. Neben die Orientierungsfunktion tritt eine realitätsstiftende Wirkung, da Stereotype Identifikationsmöglichkeiten anbieten, über die nicht selten neue Realbezüge entstehen können (BAUSINGER 1988, S. 13). Maletzke betont in seinem Werk *Interkulturelle Kommunikation* explizit die Bedeutung von Stereotypen sowohl für die Orientierung als auch für die Identitätsstiftung: „Psychologisch sind Stereotype zu verstehen als Entlastung des Ich; sie reduzieren die Komplexität der Realität auf wenige leicht überschaubare Grundzüge. Mit Hilfe von Stereotypen wird die Welt leichter handhabbar – unter Verzicht auf alle feineren Schattierungen. Außerdem dienen gemeinsame Stereotype der Identifikation mit der Gruppe und dem sozialen Zusammenhalt." (MALETZKE 1996, S. 110).

Die Genese von Stereotypen liegt insbesondere in der persönlichen Sozialisation durch Familie, Schule und Medien. In den Vordergrund von Stereotypisierungen treten vor allem jene Bereiche, die sich der unmittelbaren persönlichen Erfahrung, sprich der Primärerfahrung, entziehen. Somit stereotypisieren Menschen weniger die eigene Nahwelt, da sie in der Regel über sie umfassendere und differenziertere Informationen besitzen, als die Fernwelt, über die meistens nur rudimentäre Kenntnisse vorhanden sind (KLEINSTEUBER 1997, S. 212).

Welcher Tourist kennt sie nicht, die typischen – um mit Lippmann zu sprechen – „pictures in our heads", die uns von touristischen Medien, etwa Reiseführern oder Reisekatalogen, über die jeweilige Destination vermittelt werden? Das „Land der unbegrenzten Möglichkeiten": die USA natürlich, die „grüne Insel": selbstverständlich Irland; tragisch und unverantwortlich jedoch die Umschreibung „schwarzer Kontinent" für Afrika, denn hier werden Reminiszenzen an die Kolonialzeit mit rassistischen Anklängen deutlich. Wie bedeutend die Funktion der Medien beim Transport von Stereotypen sind, illustriert – wenn auch in leicht überspitzter Form – ein Zitat des österreichischen Kommunikationswissenschaftlers Luger: „Die Medien spielen eine ganz wesentliche Rolle in der Produktion von Erwartungshaltungen, Leitbildern, Stereotypen und Klischees. Wie die österreichischen Heimatfilme der Nachkriegszeit liefern Kataloge, Reiseseiten und Sehnsuchtsliteratur behübschte Realitäten und verlogene Bilder. Würden die Urlaubsziele unter dem Kreuz des Südens oder in den Alpen nicht nur als von Katalog-Indios bzw. von sepplhosentragenden Reservatsösterreichern und Alpenhorn-Schweizern besiedelte Disneylands angepriesen, entstünden vielleicht nicht jene falschen Erwartungen, bei deren Einlösung sich Touristen wie „abgekühlte Soldaten" verhalten – so hat Jean Paul Sartre diese Invasion genannt." (LUGER 1994 zitiert bei KLEINSTEUBER 1997, S. 212).

Von den Begriffen Image, Stereotyp und Vorurteil fällt letzterem innerhalb stereotyper Systeme die negativste Bedeutung zu. Die Vorurteilsforschung erhielt wesentliche Impulse aufgrund des Antisemitismus in Deutschland sowie der Diskriminierung dunkelhäutiger Bewohner in den USA. Allport, einer der profiliertesten Vorurteilsforscher, definiert den Begriff wie folgt: „A prejudice is an avertive or hostile attitude toward a person who belongs to a group, simply because he belongs to that group, and is therefore presumed to have the objectionable qualities ascribed to the group." (ALLPORT 1954, S. 21).

Die Begriffe Vorurteil und Stereotyp lassen sich nur schwer voneinander trennen, häufig werden sie – vor allem im umgangssprachlichen Gebrauch – synonym gebraucht. Vorurteile weisen wie Stereotype eine ähnliche Struktur auf: sie vereinfachen, verallgemeinern und neigen zu klischeehaften Vorstellungen. Der Unterschied erklärt sich hinsichtlich ihres Bewertungsaspektes; im Gegensatz zu Stereotypen beinhalten Vorurteile grundsätzlich eine negative Einstellung (GAST-GAMPE 1993, S. 130). Steht bei Stereotypen der kognitive Aspekt im Zentrum, so ist es bei Vorurteilen die emotionale bzw. affektive negative Einstellungskomponente (BERGLER/SIX 1972, S. 1374). Vorurteile stellen die Gegensätzlichkeit zwischen der eigenen und der fremden Kultur heraus. Angehörige der eigenen Kultur bzw. Gruppe werden mit Sympathie bedacht, Angehörige der fremden Kultur bzw. Gruppe hingegen stoßen auf Unverständnis und nicht selten Ablehnung. Bei einer solchen ingroup-outgroup-Konstellation wird oft die eigene Kultur bzw. Gruppe zum Maßstab aller Dinge erhoben, eine Einstellung, für die – insbesondere in der Völkerkunde – der Terminus „Ethnozentrismus" verwendet wird (HILLERS 1984, S. 26f.).

Vorurteile werden im Laufe des Sozialisierungsprozesses erlernt; wie bei Images und Stereotypen sind hierbei Elternhaus, Schule und Medien als Quellen anzuführen. Sie entstehen somit in den meisten Fällen nicht durch interkulturelle Begegnungen, sondern durch die Übernahme bereits existierender Vorurteile (MALETZKE 1996, S. 119). Wer jedoch Vorurteile nur gegenüber Menschen fremder Kulturen vermutet, der vergißt leicht, daß es Vorurteile auch gegenüber Teilgruppen, Subkulturen und Minderheiten der eigenen Gesellschaft gibt. In diesem Kontext sind beispielsweise Obdachlose, Arbeitslose, Juden und Zigeuner zu nennen, die nach wie vor mit zahlreichen Vorurteilen bedacht werden.

Zusammenfassend läßt sich feststellen, daß Images, Stereotype und Vorurteile, die sich in Anlehnung an Bergler unter dem Begriff stereotype Systeme subsumieren lassen, eine nicht zu unterschätzende Rolle bei Vorstellungen über fremde Kulturen spielen. So problematisch stereotype Systeme auch immer sein mögen, dies wird durch die intensive Auseinandersetzung mit den Begriffen Images, Stereotype und Vorurteile in diesem Kapitel evident, so schwierig sind sie meistens auch zu vermeiden. Stereotype Systeme haben eine zentrale Bedeutung für die Orientierung in der Welt, sie machen, wie Nicklas und Ostermann vermerken, „die Welt überschaubar, sie helfen uns, unsere Umwelt zu beurteilen und einzuordnen." (NICKLAS/OSTERMANN 1989, S. 23). Diese

Orientierungsfunktion ist gerade dann besonders wichtig, wenn man sich kein unmittelbares, eigenes Urteil bilden kann. In dieser Orientierungsfunktion liegt aber auch die große Gefahr, nämlich dann, wenn dem Reiseführerautoren bzw. Reisejournalisten der verantwortungsbewußte und kritische Umgang mit stereotypen Systemen abhanden kommt. Dies ist vor allem dann der Fall, sobald Vorurteile auftreten, denn sie sind aufgrund ihrer affektiv-emotionalen Komponente immer fehl am Platz und verhindern eine ausgewogene und differenzierte Information.

3 Der untersuchte Raum: Marokko

3.1 Allgemeine Strukturdaten

Das Königreich Marokko (offiziell: *al-Mamlaka al-Magribiyya*) umfaßt eine Fläche von 458.730 km². Einschließlich der ehemaligen spanischen Kolonie „Spanische Sahara" bzw. „Westsahara", die von Marokko Ende der siebziger Jahre okkupiert wurde, beträgt die Fläche des marokkanischen Territoriums 710.850 km². Marokko, lediglich durch die dreizehn Kilometer breite Straße von Gibraltar vom europäischen Kontinent getrennt, bildet den Nordwestpfeiler Afrikas. Unmittelbare Nachbarländer des Landes sind Algerien, Spanien (an den von Marokko beanspruchten Enklaven Ceuta und Melilla) sowie Mauretanien, das an die von Marokko besetzte ehemalige Kolonie „Westsahara" grenzt. Das Verfassungsreferendum vom September 1996 führte zu einer administrativen Neugliederung Marokkos. Anstatt der einst sieben marokkanischen Provinzen gibt es jetzt sechzehn Provinzen; die „Westsahara" wurde in drei Provinzen aufgeteilt.

Die Angaben hinsichtlich der Einwohnerzahl Marokkos sind schwankend. Der Weltentwicklungsbericht 1997 nennt für das Jahr 1995 etwa 27,0 Millionen Einwohner (Weltbank 1997, S. 252). Hauptstadt des Landes ist Rabat. Offizielle Amtssprache stellt das Hocharabische dar; des weiteren gibt es drei berberische Dialektgruppen: *Tarifit*, *Tamazirht* und *Tachelhaït*. Die ehemalige Protektoratssprache Französisch ist weiterhin als zweite Amtssprache sowie als Geschäfts- und Bildungssprache von Bedeutung. Im Norden des Landes, im ehemaligen spanischen Protektoratsgebiet, ist auch das Spanische noch weit verbreitet.

Marokko ist Mitglied zahlreicher internationaler Organisationen wie der UNO, der WTO und der Arabischen Liga. Seit März 1969 ist das Land mit der Europäischen Union assoziiert.

3.2 Geschichte

Im Gegensatz zu vielen anderen Staaten des afrikanischen Kontinents handelt es sich beim Königreich Marokko um kein künstliches auf dem Reißbrett von Kolonialbeamten entworfenes Gebilde. Vielmehr weist das Land, das auf eine lange gemeinsame kulturelle Tradition seiner Menschen zurückblicken kann, eine Kontinuität hinsichtlich Herrschaftsausübung und räumlich-territorialer Ausdehnung auf (MÜLLER-HOHENSTEIN/POPP 1990, S. 51). Nach der Unabhängigkeit Marokkos von den Protektoratsmächten Frankreich und Spanien im Jahr 1956 konnte das Land wieder an seine dynastischen und kulturellen Traditionen anknüpfen.

Einzelfunde von *Pithecanthropi*, ersten Trägern früher menschlicher Kulturen, dokumentieren eine erste Besiedelung Marokkos bereits im Paläolithikum. Seit dem zweiten Jahrtausend v. Chr. öffneten die Phönizier das westliche Mittelmeer für den Handel. Sie gründeten als erste Handelsniederlassung in Marokko um etwa 1100 v. Chr. Lixus, das heutige Larache, an der Atlantikküste (ABUN-NASR 1971, S. 13). Die phönizische Kultur war urban; die Städte, die primär vom Handel lebten, waren in der Regel voneinander unabhängig und lagen meistens auf stark befestigten Küsteninseln oder Landzungen (MURRAY 1995, S. 92f.).

Nach der endgültigen Niederlage Karthagos, der bedeutendsten phönizischen Handelsstadt, im dritten Punischen Krieg 146 v. Chr., konnte sich sukzessive die römische Herrschaft in Marokko ausbreiten. Die Etablierung der römischen Macht gestaltete sich zunächst problematisch, da die Berber – vor allem unter den Herrschern Jugurtha und Juba I. – erheblichen Widerstand leisteten. Erst unter Augustus, der den bereits in Rom erzogenen Juba II. als Statthalter einsetzte, gelang eine engere Bindung an das Römische Reich. Caligula erhob im Jahr 40 n. Chr. den Raum endgültig zur römischen Provinz, die unter Bezugnahme auf den Namen ihres Hauptorts Tingis (Tanger), Mauretania Tingitana genannt wurde (ABUN-NASR 1971, S. 32f.). Ähnlich wie an den nördlichen Säumen des Reichs errichteten die Römer einen Schutzwall (Limes), der die nomadisierenden Berberstämme in die Steppen- und Wüstenregionen zurückdrängen sollte (HERZOG 1990, S. 41f.). Die römischen Besitzungen in Nordafrika erfüllten nicht nur strategische Ziele, ihnen fiel auch eine ökonomische Bedeutung zu. Zu den bedeutendsten Exportgütern zählten insbesondere Weizen, Wein und Olivenöl (ABUN-NASR 1971, S. 35). In der zweiten Hälfte des dritten Jahrhunderts zerfiel aufgrund zunehmender Berberangriffe der römische Einfluß in Nordafrika; im Jahr 285 zogen sich die Römer im Rahmen einer Verwaltungsneugliederung unter Diokletian bis nach Tanger zurück (FINDLAY/FINDLAY 1995, S. XIX). In diese Zeit des Verfalls autoritärer Ordnung fiel auch die Ausbreitung des Christentums im Maghreb; der wohl bekannteste Berberbischof war der Kirchenlehrer Augustinus. Mit dem Eindringen der Vandalen 489 im Zuge der Völkerwanderungsbewegung wurde endgültig das Ende der römischen Präsenz in Marokko eingeläutet. Bis zu ihrer Niederschlagung durch den byzantinischen Feldherren Belisarius im Jahr 533 beherrschten Vandalen die Provinzen Nordafrikas; danach lag die Kontrolle in den Händen von Byzanz, das jedoch nie eine wirkliche Beherrschung des Raums erreichen konnte (HERZOG 1990, S. 45f.).

Das 7. und 8. Jahrhundert brachte mit dem Eindringen arabischer Stämme in den Maghreb eine entscheidende Zäsur mit sich. Es erfolgte die Orientalisierung des Raums, die sich insbesondere in der Ausbreitung des Islam widerspiegelte. Trotz Islamisierung der Berberstämme konnten sich bei ihnen mancher sektenartige Zusammenschluß und viele ursprüngliche, teilweise auch vom Christentum beeinflußte, religiöse Traditionen erhalten (MENSCHING/WIRTH 1989, S. 74). Als ein charakteristisches Beispiel sei der bis in die heutige Zeit in Marokko lebendige Maraboutismus genannt.

Bis zur Protektoratszeit regierten verschiedene Herrscherhäuser Marokko, welche die bereits zu Anfang des Kapitels erwähnte lange dynastische Tradition des Landes begründen. Als Gründer der ersten Dynastie in Marokko gilt Idris I., Begründer des Idrissidenreiches (788), der, wie Spencer in seinem *Historical Dictionary of Morocco* vermerkt, als „first Muslim leader to develop a specific state identity for Morocco" gilt (SPENCER 1980, S. 60). Nach dem Zerfall des Idrissidenreiches im 10. Jahrhundert nutzten die in Spanien ansässigen Omajaden bzw. die in Ägypten ansässigen Fatimiden das bestehende Machtvakuum, um politischen Einfluß auf Marokko auszuüben. Als wichtige Dynastien folgten die Almoraviden, die Almohaden, die Meriniden, die Wattasiden, die Saaditen und schließlich die Alaouiten, die auch heute noch den regierenden König Mohammed VI. stellen. Die zentralstaatliche Macht der jeweiligen Dynastien und ihrer Sultane, der *Makhzen*, war in den einzelnen Regionen unterschiedlich stark ausgeprägt. Sie reichte von einer nahezu vollständigen Verfügungsgewalt über Grund und Boden bis zu einer ausschließlich ideellen Einflußnahme und Akzeptanz als geistliche Führer bei einer faktischen Dominanz der Stammesherrschaft. Charakteristisch bei fast jedem marokkanischen Sultan war die in Personalunion geführte Doppelfunktion als weltlicher (*Khalif*) wie als geistlicher (*Imam*) Führer.

Bereits seit dem 15. Jahrhundert versuchten hauptsächlich Portugiesen und Spanier, in Marokko Einfluß zu gewinnen. Das Ende der Unabhängigkeit wurde mit der Ratifizierung des Vertrags von Fès im Jahr 1912 eingeleitet. Dieser Vertrag teilte Marokko in vier administrative Einheiten auf: 1. Französisch-Marokko, das die wirtschaftlichen Kernräume des Landes umfaßte, 2. die spanischen Protektorate von Nordmarokko und Tekna, 3. die spanische Kolonie Ifni und 4. die internationaler Kontrolle unterstehende Hafenstadt Tanger. Blieben formal die bisherigen marokkanischen Herrscher und Verwaltungseinrichtungen bestehen, so wurden doch faktisch die neugeschaffenen Gebiete zu fremdregierten Staaten (MÜLLER-HOHENSTEIN/POPP 1990, S. 54).

Die „Befriedung" der okkupierten Gebiete erwies sich für die Kolonialmächte als schwieriges Unterfangen, da weite Teile der Bevölkerung erheblichen Widerstand leisteten; in diesem Zusammenhang ist vor allem der Aufstand der Rifkabylen zu Beginn der zwanziger Jahre zu nennen. Die Opposition des Landes gegen die Protektoratsmächte formierte sich insbesondere in der 1943 gegründeten Istiqlal-Partei, die eine völlige Unabhängigkeit Marokkos forderte. Diese Partei bemühte sich gleichzeitig um gute Kontakte zum Sultan, dem späteren König Mohammed V., der, wie Abun-Nasr skizziert, zur „embodiment of the nation's will to regain her independence" aufstieg (ABUN-NASR 1971, S. 374). Am 2. März 1956 erlangte Marokko nach 44 Jahren Protektoratszeit seine Unabhängigkeit.

Die enge Verbindung zwischen Herrscherhaus und Unabhängigkeitsbewegung stärkte die Position des Sultans, der nach der Unabhängigkeit den Königstitel annahm (FIND-

LAY/FINDLAY 1995, S. XXVIf.). So blieb in Marokko – im Gegensatz zu Tunesien und Algerien – eine dynastische Tradition persistent und gewährte historische Kontinuität. Das sicherlich bedeutendste historische Ereignis des postkolonialen Marokkos – zumindest aus internationaler Perspektive – stellte die sukzessive Besetzung der ehemaligen „Spanischen Sahara" dar. Im Jahr 1975 marschierten etwa 350.000 unbewaffnete Marokkaner an die Grenze der ehemaligen Kolonie, um den Anspruch Marokkos auf das Gebiet, das vor allem aufgrund seiner reichen Phosphatvorkommen von wirtschaftlicher Bedeutung ist, symbolisch zu dokumentieren. Dieser unter dem Namen „Grüner Marsch" bekannt gewordenen Manifestation folgten die Aufteilung der „Spanischen Sahara" zwischen Marokko und Mauretanien und schließlich 1979 – nachdem Mauretanien seine Ansprüche auf das Gebiet aufgegeben hatte – die völlige Annexion. Trotz internationaler Bemühungen konnte bis zum heutigen Tag keine befriedigende Lösung im Konflikt um die „Spanische Sahara" gefunden werden, da Marokko allenfalls für eine Teilautonomie zu gewinnen ist, und die Polisario, die für die völlige Unabhängigkeit ihrer „Demokratischen Arabischen Republik Sahara" eintritt, ein Referendum über die Unabhängigkeit fordert.

3.3 Politisches System

Marokko versteht sich als eine „konstitutionelle, demokratische und soziale Monarchie". Derzeit regierendes Staatsoberhaupt ist der 1999 inthronisierte König Mohammed VI. Neben seiner weltlichen Funktion als Staatsoberhaupt nimmt der König, dessen Dynastie der Alaouiten ihren Stammbaum in direkter Linie auf den Propheten Mohammed zurückführt, auch die Funktion eines Führers der Gläubigen (*Amir el-Mouminin*) ein. Die Machtbefugnisse des Monarchen sind weitreichend: so kann der König unter anderem die Regierung ernennen und entlassen, das Parlament auflösen, die Richtlinien der Außenpolitik bestimmen und per Dekret den Ausnahmezustand verhängen, er leitet die Kabinettssitzungen und ist Oberbefehlshaber der Streitkräfte (FAATH 1987, S. 95ff.).

Das Parlament besteht seit einem am 13. September 1996 abgehaltenen Verfassungsreferendum aus zwei Kammern: der Repräsentantenkammer (*Majlis al-Nuwab*) mit 325 für fünf Jahre ausschließlich direkt gewählten Mitgliedern sowie einer Rätekammer (*Majlis al-Mustacharin*) mit 270 Mitgliedern, die alle drei Jahre zu einem Drittel neu bestimmt werden. Im Gegensatz zu den Vertretern der Repräsentantenkammer werden die Vertreter der Rätekammer nicht direkt, sondern indirekt von Gemeinden, Berufsverbänden und Gewerkschaften gewählt. Dieses Zweikammerparlament stellt ein Novum im politischen System des Königreichs Marokko dar. Die bisherige Nationalversammlung bestand aus einem Einkammerparlament mit 333 Abgeordneten, von denen 222 Mitglieder direkt und 111 Mitglieder indirekt – wie bei der jetzigen Verfassung für die Rätekammer – durch Gemeinden und Vertreter von Berufs- und Gewerkschaftsorganisationen gewählt wurden.

Die derzeitige Parteienlandschaft Marokkos umfaßt folgende Parteien: die Union Constitutionelle (UC), die Mouvement Populaire (MP) und die Parti National Démocrate (PND), die ein konservativ-monarchietreues Bündnis (Entente Nationale-Wifaq) stellen, die Zentrumsparteien Ressemblement National des Indépendants (RNI), die Mouvement Démocratique et Social (MDS) und die Mouvement National Populaire (MNP). Der das eher linke Wählerspektrum abdeckende Bloc Démocratique (Koutla) umfaßt die Union Socialiste des Forces Populaires (USFP), die Istiqlal, die Parti du Renouveau et du Progrès (PRP formals KP) und die Organisation de l'Action Démocratique et Populaire (OADP) an. Eine politisch eher untergeordnete Rolle spielen die Front des Forces Démocratiques (FFD), die Parti Socialiste Démocratique (PSD), die Parti de l'Action (PA), die Parti Démocratique pour l'Indépendance (PDI) und die Mouvement Populaire Constitutionel et Démocratique (MPCD). Die MPCD, die bei der letzten Wahl für die Repräsentantenkammer am 14. November 1997 immerhin 4,14% erreichte, stellt die erste von Islamisten geprägte Partei Marokkos dar.

Die Wahlen zur Repräsentantenkammer vom 14. November 1997 gewann der von der USFP geführte Bloc Démocratique (Koutla). Von den 325 Sitzen der Kammer entfielen 102 Mandate auf den Bloc Démocratique (Koutla), 100 Mandate auf die Entente Nationale (Wifaq), 97 Mandate auf die Zentrumsparteien sowie 26 Mandate auf die sonstigen Parteien. Den Premierminister stellen erstmalig in der Geschichte des Königreichs die Sozialisten, die bei der Wahl mit 13,87% auch als Einzelpartei die meisten Stimmen auf sich vereinigen konnten (Munzinger-Archiv 1997/1998). Derzeitiger Premierminister ist Abderrahman Youssoufi, der Anfang des Jahres 1998 Abdellatif Filali in seinem Amt ablöste. Das Regierungskabinett Youssoufi besteht aus Ministern des Bloc Démocratique, der Zentrumsparteien sowie Vertrauten des Königs. Letztere bekleiden die eigentlichen Schlüsselressorts Außenpolitik, Innenpolitik, Justiz, Verteidigung, Islamische Angelegenheiten sowie das Generalsekretariat der Regierung.

Ein für Marokko charakteristischer politischer Tatbestand prägte sich seit dem 16. Jahrhundert aus, nämlich der Gegensatz zwischen Machtbereichen, die unmittelbar dem Herrscher unterstanden (*Bled al-Makhzen*), und Machtbereichen, deren Bewohner zwar die geistliche, nicht jedoch die weltliche Macht des jeweiligen Herrschers anerkannten (*Bled as-Siba*). Zwei weitere Charakteristika des politischen Systems von Marokko sind der jährlich dem König geleistete Treueschwur *Bai'a* sowie das Konsultationsprinzip *Shûrâ*, das sich insbesondere in den organisierten Volksentscheiden manifestiert. Die Rolle der Parteien im politischen System Marokkos entspricht nicht unbedingt dem Parteienverständnis, das westlich geprägte Demokratien von Parteien pflegen. Clausen skizziert in diesem Zusammenhang: „Der Monarch sichert seine Herrschaft, indem er nach dem Motto „teilen und herrschen" oder besser „teilen und überleben" Parteien gegeneinander ausspielt, Neugründungen und Spaltungen fördert, ihre Führer mit Ämtern betraut oder unter Druck setzt, ihren Presseorganen Freiheit läßt oder sie zensiert. Wahlen bieten Gelegenheit, Klientel-Patron-Beziehungen zu beleben sowie die Unterstützung der alten, vor allem ländlichen Eliten aufzufrischen und die Zustimmung der neuen Technokraten- und Wirtschaftseliten hinzuzugewinnen." (CLAUSEN 1994, S. 192).

3.4 Wirtschaft

Das Entwicklungsland Marokko erwirtschaftete im Jahr 1995 ein Bruttosozialprodukt (BSP) von 1.100 US-Dollar pro Kopf; anhand dieses Indikators klassifizierte der aktuelle Weltentwicklungsbericht das Königreich zu den *Middle-Income economies* (Weltbank 1997, S. 246). Nachfolgend sollen einige wichtige ökonomische Strukturdaten Marokkos, das seit seiner Unabhängigkeit im Jahr 1956 zahlreiche Anstrengungen unternommen hat, die Wirtschaft zu modernisieren, vorgestellt werden.

Wirft man einen Blick auf die marokkanische Wirtschaftsstruktur hinsichtlich der Produktion, so ergibt sich für das Jahr 1995 folgendes Bild: vom Bruttoinlandsprodukt (BIP) mit einem Wert von 32.412 Mio. US-Dollar entfielen 14% der Wertschöpfung auf den primären Sektor, 33% auf den sekundären Sektor und 53% auf den tertiären Sektor. Vergleichszahlen aus dem Jahr 1980, in dem ein BIP von 18.821 Mio. US-Dollar erwirtschaftet wurde, verdeutlichen einen prozentualen Wertschöpfungsverlust des primären Sektors gegenüber dem sekundären und dem tertiären Sektor: 1980 betrugen die Werte in der Landwirtschaft noch 18%, in der Industrie 31% und im Dienstleistungssektor 51% (Dies. 1997, S. 268).

Von den Erwerbstätigen in Marokko arbeiteten 1985 41,4% in der Landwirtschaft, 23,7% in der Industrie und 31,4% im Dienstleistungssektor; auf nicht näher bezeichnete Bereiche entfielen 3,5% der Erwerbstätigkeiten. Im Jahr 1993 ergab sich bei der Erwerbstätigkeit folgendes Bild: Landwirtschaft 34,0%, Industrie 25,0%, Dienstleistungssektor 35,0% und nicht näher definierte Bereiche 6,0% (Statistisches Bundesamt 1994, S. 50/von BARATTA 1997, S. 485). Der Anteil der in der Landwirtschaft Erwerbstätigen ist am schwierigsten zu bestimmen, da in Trockenperioden zahlreiche im primären Sektor Beschäftigte temporär zur Arbeitsaufnahme in die Städte ziehen.

Ein nicht zu unterschätzendes soziales Problem Marokkos stellt die hohe Arbeitslosenquote dar, die internationalen Statistiken zufolge zwischen 15 und 20% schwankt (KIDRON/SEGAL 1996, S. 66f.). Eine annähernd exakte statistische Abgrenzung der Arbeitslosenquote ist in der Regel nicht möglich, da – wie es der vom Statistischen

Bundesamt herausgegebene Länderbericht Marokko explizit formuliert – in den meisten Entwicklungsländern aufgrund der erheblichen Unterbeschäftigung „die Grenzen zwischen Arbeit, Gelegenheitsarbeit, Tätigkeit unbezahlt mithelfender Familienangehöriger und Arbeitslosigkeit fließend" sind (Statistisches Bundesamt 1994, S. 46). Infolge der hohen Arbeitslosenquote bemühen sich viele Arbeitskräfte um eine Beschäftigung im Ausland.

Das Wirtschaftswachstum, das in der Dekade von 1980 bis 1990 eine durchschnittliche jährliche Wachstumsrate von 4,2% erreichte, sank zu Beginn der neunziger Jahre deutlich. Zwischen 1990 und 1995 erreichte das Wirtschaftswachstum laut Weltentwicklungsbericht nur noch einen Wert von 1,2% (Weltbank 1997, S. 266). Der Rückgang ist insbesondere im Sektor Landwirtschaft festzustellen, während er in den Sektoren Industrie und Dienstleistung moderater ausfiel. Betrug die durchschnittliche jährliche Wachstumsrate des primären Sektors zwischen 1980 und 1990 noch 6,7%, so stürzte der Wert zwischen 1990 und 1995 auf −5,9%. Im sekundären bzw. tertiären Sektor sanken die Werte in den jeweils vorgestellten Zeiträumen von 3,0% auf 1,7% bzw. von 4,2% auf 2,8%.

Das Außenhandelsvolumen Marokkos betrug im Jahr 1995 11,78 Mrd. US-Dollar, wobei 7,71 Mrd. US-Dollar auf den Import und 4,07 Mrd. US-Dollar auf den Export entfielen. Die drei größten Posten beim Import stellten Halbwaren mit 24,5%, Investitionsgüter mit 22,3% sowie Nahrungs- und Genußmittel mit 16,0% dar, gefolgt von Energie mit 13,8%, Rohmaterialien mit 12,5% und Konsumgütern mit 10,9%. Beim Export dominierten vor allem der Nahrungsmittelbereich mit 29,5% sowie Halbwaren und Konsumgüter mit 26,9% bzw. 24,0%, gefolgt von Rohmaterialien mit 14,1%, Investitionsgütern mit 3,3% und Energie mit 2,3%. Als wichtigste Handelspartner des Königreichs sowohl beim Import als auch beim Export fungieren die zwei ehemaligen Protektoratsmächte Frankreich und Spanien (von BARATTA 1997, S. 485).

Einen vergleichsweise großen Einfluß auf die marokkanische Wirtschaft hat der informelle Handel an den internationalen Grenzen (BERRIANE/HOPFINGER 1997, S. 529ff.); ein Aspekt, der aufgrund seiner nicht zu unterschätzenden volkswirtschaftlichen Bedeutung für das Land an dieser Stelle kurz angesprochen werden soll. Im Jahr 1986 belief sich der Verlust für die marokkanische Staatskasse infolge von Schmuggelwirtschaft auf rund ein Sechstel des Staatsbudgets und entsprach damit fast einem Viertel des Gesamtwerts aller marokkanischen Exporte. 1990 erreichte der informelle Handel eine Größenordnung von etwa 9,0 Mrd. Dirham, ein Wert, der annähernd an die Einnahmen des Landes durch den internationalen Tourismus (10,5 Mrd. Dirham) reicht. Neben den oben aufgezeigten Auswirkungen auf den Staatshaushalt hat der informelle Handel auch eine negative Auswirkung auf die Industrialisierung des Landes, da die starke Präsenz von Gütern auf dem Binnenmarkt zu Preisen, die wesentlich niedriger sind als die Preise nicht geschmuggelter Waren, den Aufbau sowie die Entwicklung von weiterverarbeitenden Industrien auf nationaler wie regionaler Ebene erschwert oder teilweise sogar verhindert.

Abschließend sei auf eine vor allem in der jüngeren entwicklungspolitischen Diskussion viel diskutierte Frage hingewiesen, nämlich inwieweit die kolonialzeitliche Vergangenheit die ökonomische Entwicklung eines postkolonialen Staates – in diesem Fall von Marokko – geprägt hat und für das Phänomen der „Unterentwicklung" verantwortlich gemacht werden kann. Während Geographen aus der ehemaligen DDR zu einem – sicherlich auch ideologisch bedingt – ausgesprochen negativen Befund kommen „Der Kolonialismus hinterließ in Marokko eine deformierte Wirtschaftsstruktur." (BARTHEL/NÖTZOLD 1987, S. 127) und in diesem Zusammenhang insbesondere auf den desolaten Zustand der Landwirtschaft verweisen, zeichnet der Münchner Marokkoforscher Popp ein positiveres Bild und konstatiert in bezug auf das französische Protektoratsgebiet: „Marokko hat in der Phase des französischen Protektorats zahlreiche seiner landwirtschaftlichen, bergbaulichen und (in der Endphase) sogar industriellen Ressourcen erschlossen; die entstandene Infrastruktur an Straßen, Bahnlinien, aber auch an Krankenhäusern, Schulen, Verwaltungseinrichtungen u.ä. ist beachtlich..." (MÜLLER-HOHENSTEIN/POPP 1990, S. 209). Modifizierend kommt Popp jedoch auch bei seiner Analyse auf negative Auswirkungen der protektoratszeitlichen Phase des Landes zu sprechen und nennt in diesem Kontext die Bereiche Landwirtschaft und Stadtentwicklung.

3.5 Bevölkerung

Obwohl sich das Königreich Marokko von seinem Selbstverständnis her als ein arabisches Land versteht, stellt die ethnologische Bevölkerungsstruktur keine Einheit dar. Das Land weist ethnische und religiöse Minderheiten auf, deren Bedeutung nicht unterschätzt werden darf (MÜLLER-HOHENSTEIN/POPP 1990, S. 55). Die größte Einheitlichkeit der Bevölkerung Marokkos dokumentiert sich hinsichtlich des religiösen Aspekts: Der Islam ist Staatsreligion, der König übt, wie bereits im Unterkapitel Politisches System erwähnt, die Funktion als Führer der Gläubigen aus, und in einer 1982 durchgeführten Volkszählung gaben 98,7% der Bevölkerung an, Muslime zu sein.

Das ethnologische Grundelement des Maghreb und somit auch Marokkos stellen die Berber dar. Diese haben sich jedoch nie als ethnisch-kulturelle oder gar als politische Einheit verstanden, dennoch gibt es einige wichtige Erscheinungsformen, die charakteristisch für die berberische Kultur und Gesellschaft sind, wie etwa Sprache, Sachkultur, Sozialorganisation und Verhalten (POPP 1990, S. 72ff.). Auch wenn es keine einheitliche berberische Schrift- bzw. Hochsprache gibt, so bauen die einzelnen Dialekte, die mit den semitischen Sprachen verwandt sind, auf einem gemeinsamen Substrat auf (HERZOG 1990, S. 46). Zahlreiche Berber des Maghreb sind heute jedoch bilinguistisch, sprechen somit neben ihrem Berberdialekt auch Arabisch, da das Arabische in den Maghrebländern als offizielle Staats- und Amtssprache fungiert. Wirft man einen Blick auf die Sachkultur der Berber, so sind insbesondere traditionelle Siedlungsformen, beispielsweise die *Ksour*, befestigte Siedlungen mit ausgeprägtem Verteidigungscharakter, charakteristisch. Des weiteren befinden sich vor allem im Süden des Landes befestigte Gemeinschaftsgetreidespeicher (*Igadiren*), die als Vorratskammern für die Familien der näheren Umgebung dienten. Kennzeichnend für das berberische Kunsthandwerk ist trotz regionaler Unterschiede die geometrische Ornamentik, wie sie sich beispielsweise in den Teppichen, Töpfen und Vasen widerspiegelt. Anzumerken bleibt, daß die berberische Sachkultur im Rückgang begriffen ist; zahlreiche *Ksour* und *Igadiren* verfallen und die bei Touristen besonders beliebten – vermeintlich echten – Berberutensilien entpuppen sich nicht selten als billige Imitate (POPP 1990, S. 74).

Die Sozialorganisation der Berber manifestiert sich bis in die heutige Zeit durch eine ausgeprägte Ausrichtung auf den Stammesverband. Da sich die Verbreitung berberischer Siedlungsgebiete in erster Linie auf periphere Räume, meist Berg- und Wüstenareale, konzentriert – einzige Ausnahme bildet die Stadt Marrakech –, herrscht eine vorwiegend ländlich geprägte Gesellschaftsordnung vor (MENSCHING/WIRTH 1989, S. 79f.). Berber unterscheiden sich von Arabern durch andere Rechtsnormen sowie Vererbungssitten; die in der Literatur oft skizzierte exponierte Stellung der Berberfrauen innerhalb der Familie darf jedoch nicht darüber hinwegtäuschen, daß die berberischen Stämme dennoch patriarchalisch und patrilinear organisiert sind (POPP 1990, S. 74).

Die vieldiskutierte Frage, wie hoch der Anteil der Berber an der Gesamtbevölkerung Marokkos ist, läßt sich schwer beantworten. Das Diercke Länderlexikon geht von 40% aus (BRUCKER et al. 1983, S. 440), während der Fischer Weltalmanach und der aktuelle Länderbericht Marokko jeweils Werte von 30 bis 40% angeben (von BARATTA 1997, S. 484/Statistisches Bundesamt 1994, S. 34). Es drängt sich natürlich die Frage auf, warum es so schwierig ist, exakte Daten hinsichtlich des Bevölkerungsanteils der Berber zu eruieren. Durch die islamisch-arabische Eroberung Nordafrikas im 7. Jahrhundert wurden die autochthonen Berber überprägt und arabisiert, so daß sich in der heutigen Zeit eine exakte Unterscheidung zwischen Berbern, arabisierten Berbern und Arabern als ein extrem diffiziles Unterfangen erweist (MENSCHING/WIRTH 1989, S. 78). Noch wesentlich problematischer stellt sich der Umstand dar, daß sich Marokko primär als ein arabischer Staat versteht, der nach wie vor – wenn auch nicht in dem Ausmaß wie lange Zeit das Nachbarland Algerien – starke Arabisierungstendenzen ausübt. So ist beispielsweise die berberische Sprache, die das eindeutigste Abgrenzungskriterium darstellt, im Rückgang begriffen. Trotz vereinzelter Emanzipationsbestrebungen von berberischer Seite stellt sich die Situation der berberischen Kultur nicht gerade gut dar. Popp spricht in diesem Kontext pessimistisch von einer „Reliktkultur" (MÜLLER-HOHENSTEIN/POPP 1990, S. 59).

Die bedeutendste religiöse Minderheit Marokkos stellen Juden dar. Auch wenn zahlreiche Juden nach der Gründung des Staates Israel Marokko verließen, so befindet sich noch heute in diesem Land die wichtigste jüdische Gemeinschaft des Maghreb (HERZOG 1990, S. 55). Dennoch ist die zahlenmäßige Bedeutung in Relation zur Gesamtbevölkerung äußerst gering. Bei einer 1970 durchgeführten Volkszählung, der letzten, die das Merkmal Religionszugehörigkeit erfaßte, wurden 31.000 Juden gezählt. Die jüdische Bevölkerung konzentriert sich vorwiegend in den Städten, nicht selten in eigenen jüdischen Stadtvierteln, die man auf Arabisch *Mellah* bezeichnet. Ressentiments gegenüber der jüdischen Minderheit, die vom Islam nie systematisch verfolgt, sondern meist toleriert wurde, kamen erst in der Protektoratszeit auf, da sie sich bei den Unabhängigkeitsbestrebungen des Landes indifferent verhielt und Teile der jüdischen Bevölkerung enge wirtschaftliche und kulturelle Kontakte zu den Protektoratsmächten unterhielten (MÜLLER-HOHENSTEIN/POPP 1990, S. 56).

In Südmarokko gibt es noch eine kleine Minderheit schwarzer Bevölkerung, die Harratin (etwa 3% von der Gesamtbevölkerung), die vor allem in den Oasen anzutreffen ist. Es handelt sich bei dieser Bevölkerungsgruppe mehrheitlich um Nachkommen schwarzer Sklaven, die im Gefolge von Eroberungen im Sahel nach Marokko deportiert wurden. Nicht unerwähnt bleiben sollte, daß Marokko die Heimat von etwa 100.000 Ausländern ist, von denen wiederum etwa die Hälfte Franzosen sind (Munzinger-Archiv 1997/1998, S. 1).

Abschließend soll noch ein Blick auf einige ausgewählte Kennzahlen der Bevölkerungsstatistik geworfen werden. Die Bevölkerungsdichte Marokkos betrug 1993 57,4 Einwohner pro km², ausschließlich der von Marokko beanspruchten „Westsahara". Bei der Volkszählung im Jahr 1982 ergab sich noch ein Wert von 45,0 Einwohner pro km² (KIDRON/SEGAL 1996, S. 124ff. und MÜLLER-HOHENSTEIN/POPP 1990, S. 59). Der Weltentwicklungsbericht nennt für die Zeitspannen von 1980 bis 1990 bzw. von 1990 bis 1995 ein durchschnittliches jährliches Bevölkerungswachstum von 2,2% bzw. von 2,0% (Weltbank 1997, S. 252f.). Auch wenn Marokko nicht durch eine Übervölkerung gekennzeichnet ist, so stellt sich – auch in Anbetracht der Tatsache, daß weite Teile des Landes nur bedingt bzw. überhaupt nicht landwirtschaftlich nutzbar sind – die Ernährung, aber auch die Beschäftigung der Menschen als ein zunehmend schwieriges volkswirtschaftliches Unterfangen dar (MÜLLER-HOHENSTEIN/POPP 1990, S. 59f.).

Die Bevölkerungskonzentration des Landes ist sehr ungleichmäßig über das Staatsgebiet verteilt. So leben auf einem Zehntel der Landesfläche etwa zwei Drittel der Einwohner, und zwar konzentriert auf Gebiete im Westen bzw. Nordwesten des Königreichs (Statistisches Bundesamt 1994, S. 31). Siedlungsschwerpunkte sind in erster Linie die Küstengebiete und die Flußebenen, in denen sich auch die meisten bedeutenden Städte des Landes befinden. Der Anteil der städtischen Bevölkerung im Verhältnis zur Gesamtbevölkerung kletterte in Marokko von 41% im Jahr 1980 auf 49% im Jahr 1995 und

Der untersuchte Raum   59

erhöhte sich somit in diesem Zeitraum jährlich um durchschnittlich 3,3% (Weltbank 1997, S. 262f.). Seit der Jahrhundertwende ist die Land-Stadt-Wanderung ständig angestiegen; zu den Abwanderungsräumen zählen unter anderem das Rifgebirge, der Antiatlas sowie die südmarokkanischen Oasen (MÜLLER-HOHENSTEIN/POPP 1990, S. 60). Entsprechend den meisten Entwicklungsländern weist das Königreich einen hohen Anteil junger Menschen auf. Der Bevölkerungsanteil der unter 15-jährigen betrug 1994 40%, der 15- bis einschließlich 64-jährigen 56% und der über 65-jährigen 4,0% (KIDRON/SEGAL 1996, S. 124ff.). Die durchschnittliche Lebenserwartung beträgt in Marokko 65 Jahre. Als eine weitere grundlegende Kennzahl sei abschließend noch die Analphabetenquote genannt. Obwohl im Königreich Schulpflicht herrscht, zählt die Analphabetenquote weltweit zu den höchsten: 1995 lag sie bei 56% (Weltbank 1997, S. 246).

3.6   Tourismus

Das Königreich Marokko hat sich seit den sechziger Jahren zu einer der beliebtesten Destinationen des internationalen Massentourismus entwickelt. Sowohl die naturräumlichen als auch die kulturellen Potentiale prädestinieren den Maghrebstaat zu einem attraktiven Reiseziel für Touristen (MÜLLER-HOHENSTEIN/POPP 1990, S. 184f.). Zu den naturräumlichen Potentialen muß man insbesondere die Niederschlagsarmut sowie die hohe Sonnenscheindauer, beides wichtige pull-Faktoren vor allem für „sonnenhungrige" europäische Besucher, attraktive Küstenabschnitte sowohl am Atlantik als auch am Mittelmeer, das Hochgebirge des Atlas, das im Sommer zum Wandern und im Winter zum Skifahren einlädt, sowie die von vielen Touristen als besonders exotisch empfundenen Steppen- und Wüstenlandschaften zählen. Neben die naturräumlichen treten die kulturellen Potentiale, die sich in zahlreichen Artefakten von der römisch-phönizischen über die arabisch-islamische hin zur kolonialen und postkolonialen Zeit widerspiegeln. Besonderer Attraktivität erfreuen sich unter anderem die Königsstädte mit ihren eindrucksvollen Medinen, die römischen Ausgrabungen von Volubilis, die *Kasbahs* im Süden des Landes sowie die Ende der achtziger Jahre in Casablanca errichtete Moschee Hassan II., die das signifikanteste Bauwerk der postkolonialen Ära Marokkos darstellt. Einen erheblichen Teil der Faszination Marokkos üben auch die Bewohner respektive ihre kulturellen und wirtschaftlichen Tätigkeiten aus. Als Beispiele dafür seien unter anderem die Verschleierung der Frauen oder das Feilschen auf dem Basar genannt.

Der marokkanische Tourismus wird durch drei Tourismusformen geprägt, die drei divergierende Typen von Fremdenverkehrszentren entstehen ließen (WIDMER-MÜNCH 1990, S. 39f.). Einerseits der Rundreisetourismus, der hauptsächlich die Königsstädte und einige Orte entlang der Route des „Großen Südens" umfaßt, andererseits der Aufenthaltstourismus, wie man ihn insbesondere im Badetourismus am Atlantik und Mittelmeer – das wohl bekannteste Beispiel ist die Stadt Agadir – vorfindet. Schließlich gibt es noch Zentren, die von beiden Tourismusformen profitieren und spezielle Eigenarten aufweisen: So profitieren die Städte Rabat und Casablanca vom Geschäftstourismus, letztere auch vom Kreuzfahrttourismus, und Marrakech empfiehlt sich als Ort für einen Kurzaufenthalt (etwa Golfen). Anders als der maghrebinische Mitkonkurrent Tunesien weist Marokko eine stärkere räumliche Streuung des touristischen Angebots auf. Diese Streuung hat ihren Ursprung in der Kolonialzeit, als ein Rundreisetourismus respektive Städtereisen ins Landesinnere gängig waren – eine Tradition, die Marokko von Tunesien unterscheidet (BERRIANE 1990, S. 98). Dennoch ist ähnlich wie in Tunesien ein beträchtlicher touristischer Druck auf die Küstenräume gegeben, der die Nachfrage nach „Meer und Sonne" widerspiegelt.

Wirft man einen Blick auf die Verteilung der Auslandsgäste nach ausgewählten Herkunftsländern, so entfallen von 3.252.100 Ausländern im Jahr 1992 51,0% auf Algerien, 13,2% auf Frankreich, 8,5% auf Spanien, 5,7% auf Deutschland und 3,5% auf Italien (Statistisches Bundesamt 1994, S. 94). Die große Zahl algerischer Gäste ist in erster Linie auf den Einkaufstourismus im wesentlich besser versorgten Marokko und weniger auf den klassischen Bade- bzw. Rundreisetourismus zurückzuführen, der bei den europäischen Gästen im Vordergrund steht. Die Vorrangstellung französischer Gäste unter den europäischen Marokkotouristen ist vor allem durch die historischen und sprachlichen Beziehungen aus der Kolonialzeit bedingt.

Marokko weist neben dem Ausländertourismus auch einen recht ausgeprägten Binnentourismus auf, der weite Teile der marokkanischen Gesellschaft umfaßt. Neben der traditionellen Teilnahme an einem *Moussem*, ein religiöses Fest zum Gedenken eines Heiligen, das aber durchaus auch profane Züge trägt, förderten nach Ansicht Berrianes, der in einer breit angelegten Studie den marokkanischen Binnentourismus untersuchte, zahlreiche Faktoren die Entfaltung des Binnentourismus. So nennt Berriane etwa die Beiträge des kolonialen Vermächtnisses, exogene Faktoren, wie Einflüsse des internationalen Tourismus und die Übernahme von Gewohnheiten marokkanischer Gastarbeiter im Ausland, aber auch den Einfluß von Transformationen innerhalb der marokkanischen Gesellschaft in sozialer, kultureller und ökonomischer Hinsicht (BERRIANE 1992, S. 456).

Der Tourismus in Marokko hat sich in den letzten Jahrzehnten zu einem bedeutenden ökonomischen Faktor entwickelt. Das Land profitiert insbesondere von den Deviseneinkünften, die aus dem internationalen Tourismusgeschäft erwirtschaftet werden. Betrugen die tourismusbezogenen Einnahmen im Jahr 1980 noch 1,8 Mrd. DH, so kletterten sie im Jahr 1986 auf 6,7 Mrd. DH und erreichten im Jahr 1995 einen Wert von 11,5 Mrd. DH (MÜLLER-HOHENSTEIN/POPP 1990, S. 204f. und von BARATTA 1998, S. 485). Zieht man als Vergleichszahl das Bruttoinlandsprodukt zu Marktpreisen, das im Jahr 1995 289,0 Mrd. DH betrug (Munzinger-Archiv 1997/1998), zu Rate, so wird evident, daß – ungeachtet der beachtlichen Erträge – die Funktion des Tourismus im Wirtschaftsgeschehen nicht überschätzt werden sollte, da die tourismusbezogenen Einnahmen gerade einmal etwa 4% der Wertschöpfung ausmachen. Unberücksichtigt bleiben bei diesen Zahlen jedoch die indirekten Einnahmen, die sich beispielsweise aus dem Verkauf handwerklicher Artikel an Touristen ergeben, haben doch etliche Handwerkssparten diese Klientel als neuen Kundenkreis entdeckt (ESCHER 1986).

Die oben genannten Kennziffern verdecken leider nur zu oft – und deshalb darf dieser Aspekt auf keinen Fall unerwähnt bleiben –, daß der internationale Massentourismus in Ländern der Dritten Welt erhebliche soziokulturelle Probleme aufwirft. Dies trifft vor allem dann zu, wenn Reisende und Bereiste unterschiedlichen Kulturen angehören und bei ihren Interaktionen bestimmte Verhaltensweisen unter Umständen nicht deuten können. Nicht selten führen Informationsdefizite – hier könnten unter anderem gut recherchierte und verantwortungsbewußt verfaßte Reiseführer Abhilfe schaffen – zu einseitigen Rückschlüssen in bezug auf Land und Leute; zum Teil tragen aber auch fragwürdige Reiseangebote zu negativen Rückwirkungen bei (BMZ 1993, S. 5).

4 Das untersuchte Medium: Reiseführer

4.1 Zum Begriff des Reiseführers

Zahlreiche Autoren haben sich in ihren Arbeiten mit dem Begriff Reiseführer auseinandergesetzt, jedoch ist diese Literaturgattung bis heute noch nicht ausreichend definiert bzw. abgegrenzt worden. Steinecke wies bereits 1988 in einem Exposé für die Fachzeitschrift *Animation* auf die Problematik bezüglich der Begriffsbestimmung hin: „Die Schwierigkeiten der Begriffsbestimmung liegen dabei nicht so sehr in der Langsamkeit oder Nachlässigkeit der Lexikon- und Wörterbuchredaktionen, sondern vielmehr in der Literaturart „Reiseführer". Reiseführer sind nämlich Mischungen verschiedener Literaturarten: (meist trockene) Literatur- und Informations-Cocktails." (STEINECKE 1988, S. 59). Der Anteil dieser verschiedenen Literaturarten, die sich oftmals überschneiden, ist in jedem Reiseführer unterschiedlich gewichtet. Erschwerend kommt bei der Begriffsbestimmung hinzu, daß die einzelnen Reiseführerverlage mit unterschiedlichen Verlagskonzepten für ihre Reiseführer neue und eigene Begriffe vermarkten; in den seltensten Fällen titulieren sie ihre Produkte als Reiseführer (Ders. 1990, S. 46). Als Beispiele seien hier genannt: *Anders Reisen* aus dem Rowohlt Verlag oder die *Traveller Handbücher* aus dem Stefan Loose Verlag. Einen Einblick in die diversifizierten Ansichten hinsichtlich der Begrifflichkeit des Terminus Reiseführer sollen die nachfolgend vorgestellten Definitionsansätze vermitteln.

Neunlinger umschrieb in einem Katalog, der 1982 im Rahmen einer Ausstellung der Wiener Stadt- und Landesbibliothek über die *Reiseführer im Wandel der Zeit* erschien, den Begriff Reiseführer wie folgt: „Unter einem Reiseführer versteht man heute ein handliches Buch, meist im Taschenformat, mit hohem Informationswert zur Beratung und Unterrichtung von Reisenden. Von der Reisebeschreibung trennt ihn – die exakte Trennung ist nicht einfach, es gab und gibt immer wieder Überschneidungen –, daß er der Gegenwart und Zukunft dient und sich ständig den Änderungen anpassen muß, um seinen Nutzwert zu bewahren, während sich die Reisebeschreibung auf die Vergangenheit bezieht." (NEUNLINGER 1982, S. 14). Anzumerken bleibt bei dieser Definition, daß zahlreiche Reiseführer, beispielsweise die Reiseführer aus den Reihen *Richtig Reisen* sowie *Anders Reisen* der Verlage DuMont und Rowohlt, die oben erwähnten Überschneidungen beinhalten und sich somit erheblich von den reinen Beratungsbänden à la Polyglott oder Baedeker unterscheiden.

Putschögl-Wild, die sich in einer Untersuchung zur Sprache im Fremdenverkehr mit dem Genre der Reiseführer auseinandergesetzt hat, konstatiert: „Der Reiseführer (z.B. der Baedeker) gibt Informationen über Sehenswürdigkeiten, schöne Routen, günstige Hotels. Er wird zur Reisevorbereitung, zur Planung der Urlaubsstrecke und vor allem als Nachschlagewerk am Ferienort gebraucht." Sie ordnet die Literaturgattung Reiseführer der Gebrauchsprosa zu und sieht die Aufgabe von Reiseführern in erster Linie in der „Beratung und Unterrichtung der unerfahrenen Reisenden." (PUTSCHÖGL-WILD 1978, S. 19f.).

Hinrichsen sieht den Reiseführer durch ein Bündel von Möglichkeiten für den Nutzer charakterisiert: Der Reiseführer dient – seiner Ansicht nach – der Selbstinformation, der Unabhängigkeit, der Entscheidungsfindung, der Leitfunktion und der Unterrichtung. Typisch für den klassischen „modernen" Reiseführer seien eine klare Gliederung, eine Konkretisierung von Sachinformationen, hervorragende Karten, wissenschaftlicher Anspruch, Präzision sowie eine Verknüpfung der Wort-, Bild- und kartographischen Information (HINRICHSEN 1991, S. 24). Insbesondere der wissenschaftliche Anspruch und die Ausstattung von Reiseführern mit hervorragendem Kartenmaterial bleiben jedoch bei sehr vielen Reiseführern eher Wunsch als Realität.

Müllenmeister verortet die Funktion von Reiseführern primär in der Aufgabe, dem Touristen als unabhängige und verläßliche Informationsquelle zu dienen. In einem Beitrag über den Bildungstourismus zwischen Gestern und Heute schreibt er: „Wenn sich Touristen vor den Übertreibungen und Ungenauigkeiten in den Berichten der Einheimischen schützen wollen, wenn sie verläßliche Auskunft suchen, greifen sie zum Reiseführer." (MÜLLENMEISTER 1989, S. 104). Diese sehr pauschale Aussage impliziert eine geringe Wertschätzung der Bevölkerung des bereisten Landes und glorifiziert über Gebühr die Bedeutung von Reiseführern.

Für Gorsemann, die sich in ihrer Dissertation mit Produktion, Aufbau und Funktion von Reiseführern beschäftigt hat, stellen Reiseführer eine Buchart dar, die sich als ein spezielles Angebot für Touristen versteht, um sie bei der ideellen und materiellen Umsetzung ihrer Reisepläne und -wünsche zu unterstützen (GORSEMANN 1995). Ihrer Meinung nach spielen die Aspekte „praktische Gebrauchsanweisung" und „Bildungsgut" eine zentrale Rolle bei der Funktion von Reiseführern. Gorsemann skizziert in diesem Kontext: „Der touristische Reisende ist geprägt von begrenzter Verfügung über (Frei-)Zeit und dem Interesse, seinen „Vergnügungszwecken" nachzugehen. Um eine gelungene, lohnende Urlaubsreise zu realisieren, geben Reiseführer unter dem Maßstab einer so begründeten Effektivität Anleitungen zu praktischen Fragen, mit denen sich Touristen auseinandersetzen müssen, etwa Unterkunft, Routen, Öffnungszeiten. Außerdem bieten sie dem Touristen Informationen zu seiner Unterhaltung, erläutern Sehenswürdigkeiten, geben Auskunft über Land und Leute, die die bereiste „Fremde" zugänglich machen und Bilder von ihr konstruieren. Diese „Bildung" des Lesers zielt darauf, ihm ideell lohnende Urlaubseindrücke zu vermitteln. Die Funktion des Reiseführers besteht aus diesen Gründen unverzichtbar darin, Bildungsgut und touristische Gebrauchsanweisung zu sein." (Dies. 1995, S. 111).

Wierlacher und Wang weisen in ihrer Auseinandersetzung mit dem Literaturgenre Reiseführer auf die Einbindung von Reiseführern in die historische Dialektik des Verständnisses von Eigenem und Fremdem hin und betonen ihre Bedeutung als normative „Wegweiser in die Fremde", die Menschen auf ihren Reisen in fremde Länder begleiten. In diesem Zusammenhang vermerken sie: „Infolge ihrer pragmatischen Leserorientierung spiegeln die Reiseführer Verstehensinteressen und Verstehensansprüche der jeweiligen Zeit, sie liefern mit ihren Erläuterungen fremder Länder Durchdrucke unterstellter leserkultureller Vorstellungen, Verstehenspositionen und Referenzrahmen empfohlener Verhaltensmuster in der Fremde..." (WIERLACHER/WANG 1996, S. 277f.). Die Wegweiserfunktion, die den Lesern von Reiseführern helfen soll, das Fremde einer nicht vertrauten Kultur zu erschließen und – zumindest in Ansätzen – auch zu verstehen, ist im Kontext dieser Studie von essentieller Bedeutung für das Wesen von Reiseführern. Im Idealfall erfüllt das Medium Reiseführer somit im Sinne der Interkulturellen Kommunikation einen aktiven Beitrag zur Verständigung über kulturelle Grenzen hinweg.

4.2 Die Geschichte der Reiseführerliteratur

Das Genre der Reiseführerliteratur besitzt eine weit vor die Zeit des modernen Tourismus zurückreichende Tradition. Der moderne Reiseführer, der sich an den Bedürfnissen des heutigen Touristen orientiert, hat zahlreiche Vorläufer, auf die im folgenden Unterkapitel eingegangen wird. Die Entwicklungsgeschichte des Reiseführers spiegelt insbesondere die Etappen der touristischen Entwicklung respektive deren strukturelle Veränderungen und die sich wandelnden Ansprüche an die Reiseführerliteratur wider. Bogeng vermerkt in diesem Zusammenhang: „Mannigfach haben sich die Arten des Reisens vervielfacht, und damit die Bedürfnisse derer, die darüber Auskunft wünschten. Dementsprechend haben sich die uns heute unentbehrlich gewordenen Fassungen der Reiseführer im Verlaufe von Jahrtausenden spezialisiert. In Buchform werden sie heute durch eine höchst verfeinerte Spezialliteratur für Reisende vertreten. In ihren langen Entwicklungsreihen spiegeln sich die Anpassungen an jeweilige Reisebedürfnisse und Verkehrslagen wider." (BOGENG 1952, S. 206). Signifikante Stationen in der Entwicklung der Reiseführerliteratur von der Antike bis in die heutige Zeit sollen nachfolgend aufgezeigt werden.

Der Anfang der Entwicklung von Reiseführern wird in der Regel in die Zeit des 3. Jahrhunderts v. Chr. datiert. Die sogenannte Periegese stellte in der Antike einen ersten Vorläufer des Reiseführers dar (von WILPERT 1989, S. 671). Zu den Periegeten zählt man unter anderem Hekataios, Herakleides, Dionysios sowie Pausanias. Das Spektrum der in einer Periegese behandelten Gegenstände umfaßte im wesentlichen Topographie, Denkmäler sowie deren Geschichte, Kunstwerke und Bräuche; die Grenzen zu Geographie, Lokalgeschichte, Mythologie und zu anderen Literaturzweigen waren stets fließend (HABICHT 1985, S. 14). Das von dem kleinasiatischen Jonier Pausanias um 170 n. Chr. verfaßte Werk *Periegesis tes Hellados*, eine zehnbändige Beschreibung Griechenlands, stellt das noch heute bedeutendste und einzig erhaltene Werk der Periegesen dar. Pausanias ordnete seine Beschreibung Griechenlands nach topographischen Gesichtspunkten. Der Verfasser wanderte stets von der Grenze einer Region in deren Hauptstadt und verzeichnete alle die ihm wichtig erscheinenden Gegebenheiten. Intention der *Periegesis tes Hellados* war neben der Bereitstellung eines zuverlässigen Führers für Reisende auch die Schaffung eines Stücks Literatur. Habicht, der sich intensiv mit Vita und Werk des kleinasiatischen Autors auseinandergesetzt hat, schreibt über die *Periegesis tes Hellados*: „Man kann schon daraus schließen, daß sein Buch als Reiseführer gedacht war, für Reisende, die (so wenigstens hoffte Pausanias) ihm auf denselben Routen folgen und sich von seiner Beschreibung leiten lassen würden. Dies ist besonders deutlich an allen wichtigeren Stätten, an denen es viel zu sehen gab (wie die athenische Agora, Olympia oder Delphi). Die Absicht des Verfassers, einen Führer von der Art eines Baedeker zu liefern, ist unverkennbar." (Ders. 1985, S. 31). Obwohl die Anfänge des Tourismus in der Antike liegen, blieb das Reisen – bei den Griechen noch wesentlich ausgeprägter als bei den Römern – in der Regel ein Phänomen der betuchteren Schichten. Der Bildungstourismus bei den Römern war jedoch auch teilweise der Mittelschicht zugänglich; das beliebteste Reiseziel war das klassische Griechenland mit seinen historischen Stätten. Das Werk des Pausanias entwickelte sich zu einem wichtigen Reisebegleiter für die Besucher des Landes (ZIMMERS 1995, S. 13). Die allerdings für den heutigen Käufer von Reiseführern als selbstverständlich empfundenen reisepraktischen Informationen fehlten bei Pausanias nahezu völlig.

Als zweite große Etappe auf dem Weg zum modernen Reiseführer gilt die mittelalterliche christliche Pilgerbewegung. Die Motive, die eigene Heimat zu verlassen und auf eine oft strapaziöse Fahrt in die Fremde zu gehen, waren in der Regel religiös geprägt. Das wichtigste Reisemotiv im europäischen Mittelalter stellte der im christlichen Glauben verwurzelte Wunsch nach Seelenheil dar, dem die Kirche in Form des Ablaßhandels ein für sie lukratives Ausdrucksmittel schuf. Da der Ablaß ursprünglich an eine Wallfahrt gebunden war, entfaltete sich eine ausgeprägte, religiös inspirierte Mobilität in der europäischen mittelalterlichen Gesellschaft (GORSEMANN 1995, S. 53). Insgesamt jedoch betrachtet war die Reiseintensität der Menschen im Mittelalter nicht sonderlich ausgeprägt. Reisen in entferntere Regionen beschränkten sich in der Regel auf einen kleinen Personenkreis, etwa die jeweiligen Herrscher und ihr Gefolge, hohe geistliche Würdenträger, Missionare, Boten und Kaufleute (HERBERS 1991, S. 23). Nicht selten wurde die Mobilität der Bevölkerung durch gesellschaftliche Reglementierungen, wie beispielsweise Fronabhängigkeit oder Zunftordnung, eingeschränkt. In der Regel waren Reisen im Mittelalter zweckgebunden; neben den Pilgern sind des weiteren wandernde Scholaren sowie junge Handwerker, die sich auf die Walz begaben, zu nennen (ZIMMERS 1995, S. 17ff). Die Pilger konnten auf zahlreiche Pilgerreiseführer zurückgreifen, die ihnen den Weg zu den heiligen Stätten wiesen. So zweigten sich beispielsweise aus den Beschreibungen von Pilgerfahrten Reiseführer für das kirchliche Rom ab, in denen die für die Pilger wichtigsten Sehenswürdigkeiten erläutert wurden (BOGENG 1952, S. 206f.). In diesem Kontext sind der Romführer des „Anonymus Einsidelensis" aus dem 9. Jahrhundert sowie die seit dem 12. Jahrhundert publizierten *Mirabilia urbis Romae* anzuführen.

Ende des 16. Jahrhunderts entstand auf der Basis des humanistischen Bildungsideals, das den Menschen mittels Erfahrungswissen entwickeln und vervollkommen wollte, ein eigenes Genre der Reiseführerliteratur, die Apodemiken. Der Reise als Chance zur unmittelbaren Anschauung wurde eine hohe pädagogische Bedeutung beigemessen; ihr wurde in diesem Kontext ein bis dato noch nicht gekannter Stellenwert zugeschrieben, dem Reisenden wurde ein enzyklopädisches Pflichtprogramm auferlegt, welches er mittels der *ars apodemica*, der Kunst des Reisens, meistern sollte. Um Kenntnisse über Menschen und soziale Zustände zu erlangen, sollte der Reisende das, was er wissen wollte, selbst beobachten, genau überprüfen und sich nicht auf das alleinige Hörensagen verlassen (KUTTER 1991, S. 38). Apodemiken fungierten als systematische Ratgeber für den Reisenden und griffen ein diversifiziertes Spektrum an Themen und Fragestellungen auf, wie beispielsweise die Definition des Reisens, Argumente für und gegen das Reisen, ärztliche, religiöse und praktische Ratschläge, Beschreibungen der wichtigsten Nationen und Regierungssysteme Europas respektive einer Völkercharakterologie, Hinweise für die Benutzung von Reisebehelfen, wie Kompaß oder Karten, sowie Instruktionen dafür, wie man auf Reisen Beobachtungen macht und Fragen stellt, wie man gewonnene Informationen festhält, ordnet und auswertet und worauf man überhaupt seine Aufmerksamkeit richten soll (STAGL 1989, S. 152 ff.). Gegenstand der apodemischen Literatur war die mehrjährige Bildungsreise. Diese Bildungsreise war das Privileg einer kleinen Oberschicht, meistens heranwachsende Adelige, die mit ihren Hofmeistern auf die sogenannte Kavalierstour gingen, die im Rahmen der humanistischen Erziehung Bestandteil der Ausbildung wurde. Die apodemische Literatur leistete einen wichtigen Beitrag zur Lebenseinstellung und Lebenshaltung der Rezipienten dieser Literaturgattung. Reisen galt als frühe Lebensschule, war jedoch nach wie vor an eine bestimmte Schichtzugehörigkeit gebunden (WAGNER 1990, S. 22). Als Beispiele für die apodemische Literatur seien von Köhler-Kinderling *Reiseklugheit für junge Gelehrte* und von Michaelis die *Reiseschule* genannt. Einen hervorragenden Überblick über die apodemische Literatur vermittelt eine von Stagl edierte räsonnierte Bibliographie (STAGL 1983).

In das 19. Jahrhundert fällt die Entstehung des „modernen" Reiseführers (HINRICHSEN 1991, S. 21ff.). Gesellschaftliche Entwicklungen, wie das Bevölkerungs- und Städtewachstum, die sukzessive Transformation von der agrarischen zur gewerblich-technischen Produktion, die Entwicklung des Verkehrswesens und eine zunehmende Emanzipation des Bürgertums, sind charakteristische Ausprägungen dieser Zeit. Auch das Reisen war nicht länger nur ein Privileg des Adels, das aufstrebende Bürgertum entdeckte die Vorzüge einer Bildungsreise ebenso wie die der Sommerfrische. Das Leben der bürgerlichen Gesellschaft war zunehmend bestimmt durch die Fakoren Zeit, Geld und Arbeit. Reisen mußte für das Bürgertum planbar sein; die Kavalierstour des Adels war für diese Schicht schon aufgrund der oft jahrelangen Abwesenheit und der schwer kalkulierbaren Kosten ein untragbares Unterfangen (KEITZ 1991, S. 48). In diese Zeit fällt auch die Entstehung des wohl berühmtesten deutschsprachigen Reiseführers, des *Baedekers*, der den neuen Erfordernissen Rechnung trug. Gorsemann konstatiert in diesem Zusammenhang: „Die bürgerliche Erholungs- und Vergnügungsreise muß planbar, kalkulierbar sein, der Reisende will das Sehenswerte sehen und nichts Bedeutendes übersehen, er will zu den Besichtigungspunkten hingeführt werden und nicht umständlich eigene Recherchen anstellen müssen." (GORSEMANN 1995, S. 74). Der Erfolg des Baedekers resultierte aus einem völlig neuen Reiseführerkonzept, das im wesentlichen – nach Pretzel – aus folgenden Elementen bestand (PRETZEL 1995, S. 64):

1. Übersichtlichkeit durch ein Inhaltsverzeichnis
2. Einteilung des Buches nach geographisch sinnvollen Routen, unter denen man alle am Wege liegenden Orte und Sehenswürdigkeiten beschrieben fand
3. Klassifizierung von Sehenswertem, Hotels und Restaurants mit *Sternchen
4. Aktualität des Inhaltes
5. Nachschlagemöglichkeit anhand eines Registers

Das Reisen avancierte im 19. Jahrhundert zu einem Ausdruck bürgerlicher Emanzipation. Die Reisetätigkeit des Bürgertums folgte anderen Idealen als die des Adels. Keine idealisierende romantische Lebensphilosophie, sondern vielmehr eine schlichte Nachahmung der Gewohnheiten höherer Schichten stand im Vordergrund (Dies. 1995, S. 55). Aufgrund der bis dahin kaum vorhandenen Reiseerfahrungen bewegte sich der bürgerliche Reisende noch unsicher auf fremdem Terrain: der Reiseführer sollte dieses Manko beseitigen.

Das 20. Jahrhundert, insbesondere die zweite Hälfte, führte zu einem enormen Aufschwung des Tourismus. Reisen öffnete sich immer weiteren Bevölkerungskreisen und entwickelte sich schließlich zu einem Massenphänomen. Die Entwicklung wird von sogenannten Boomfaktoren getragen, die den Aufschwung des Tourismus erst ermöglichten. Zu den Boomfaktoren werden die allgemeine Wohlstandssteigerung, die anhaltende Verstädterung, die zunehmende Motorisierung sowie die Abnahme der Arbeitszeit, die ein Mehr an Freizeit brachte, gezählt (MÜLLER 1991, S. 8ff.). Charakteristisch für den Tourismus, vor allem seit den siebziger Jahren, ist eine zunehmende Diversifizierung des Angebots sowohl in der Beherbergung als auch in der Form (ZIMMERS 1995, S. 67). Es entstand eine enorme Ausdifferenzierung und Spezialisierung des Reiseangebots, das für (nahezu) jeden Urlaubertyp ein passendes Angebot hat. Diese Entwicklung läßt sich auch bei Reiseführern feststellen (KUHR 1997, S. 9). Das heutige Reiseführerspektrum reicht vom Autoführer über den Kunstreiseführer hin zum Reiseführer für Frauen. „Wer zählt die Reihen, wer kennt die Namen...?", so frägt Maute in Anbetracht der Unübersichtlichkeit des bundesdeutschen Reiseführermarkts (MAUTE 1995, S. 38f.) und Wagner konstatiert: „Nie zuvor in den Epochen der Geschichte war die Flut der Reisebücher so überquellend, so mächtig, so differenziert wie heute, aufgesplittert nach Reisezielen und Reisemotiven, nach Gesichtspunkten der vielfältigsten wissenschaftlichen Fächer, nach buchtechnischer Anlage und Druckqualität etwa der Farbbilder." (WAGNER 1990, S. 30f.).

Für die Verlagsbranche und den Buchhandel hat sich der Reiseführermarkt längst zu einem lukrativen Geschäft entwickelt. Angesichts der Unübersichtlichkeit des Reiseführermarkts vermerkt der jährlich erscheinende Reiseführertest des GLOBO-Reisemagazins: „Der Laden, der Vollständigkeit garantieren wollte, müßte immerhin mehr als 5000 Titel aus rund 500 Verlagen im Sortiment haben, um die ganze Palette der Guides abzudecken. Für Statistiker: das wären bei 200 Seiten pro Buch rund eine Million Seiten Reisetips – oder bei einem durchschnittlichen Gewicht von 350 Gramm schwerwiegende 1,75 Tonnen bedrucktes Papier." (GLOBO Extra 1998, S. 4).

Eine ganz aktuelle Entwicklung ist seit Ende der neunziger Jahre bei der Reiseliteratur zu beobachten, nämlich der Trend zur literarischen Reisebegleitung in Form von Reiseberichten, der eine Segmenterweiterung des bestehenden Reiseführermarkts einläutet. Wie sich dieser Trend zur literarischen Reisebegleitung entwickeln wird, bleibt abzuwarten; in angelsächsischen Ländern hat diese Art von „*Spezial*" Reiseführer jedoch bereits seit geraumer Zeit Einzug in die Reiseabteilungen der Buchhandlungen gefunden. Gohlis schreibt über diesen neuen Trend: „Bisher haben es Besucher von Buchhandlungen schwer, literarische Reiseberichte dort zu finden, wo sie diese erwarten – nämlich in den Regalen für Reiseliteratur. Denn die Buchhändler sind sich unsicher, wohin sie diesen Gattungszwitter zwischen Fiktion und Fakt, zwischen Literatur und Erlebnisbericht stellen sollen." (GOHLIS 1998, S. 58). Der Trend der Tourismusbranche zu Emotionalisierung, Inszenierung und Personalisierung wirkt sich, wenngleich mit etwas Verzögerung, auch auf den Reiseführermarkt aus (KROHN 1998, S. 61).

4.3 Die Typologie von Reiseführern

Aufgrund der Vielfalt des Angebots von Reiseführern auf dem deutschsprachigen Reiseführermarkt erweist sich eine ordnende und strukturierende Typisierung nach dem derzeitigen Forschungsstand als ein ausgesprochen diffiziles Unterfangen. Erschwerend kommt für eine Typisierung hinzu, daß von wissenschaftlicher Seite bis dato kaum

Untersuchungen vorliegen, die das Genre der Reiseführerliteratur behandeln, daß das Angebot an Reiseführern aufgrund der immer stärkeren Spezialisierung zunehmend unübersichtlicher wird und schließlich, daß jede Typisierung mit den ihr zugrundeliegenden Kriterien zusammenhängt (POPP 1997, S. 173). Die gebräuchlichste Typisierung der Reiseführerliteratur basiert nach wie vor auf den Forschungen Steineckes, die er bei seiner Analyse der Angebotsstruktur auf dem Reiseführermarkt erstellte (STEINECKE 1988). Nachfolgend werden die zwei aus Steineckes Recherchen entwickelten Typologien vorgestellt.

Die erste Typologie entwickelte Steinecke aus einer empirischen Befragung von Reiseführerverlagen; die Verlage wurden schriftlich um Auskunft gebeten, welche Zielgruppe sie mit ihren Reiseführern ansprechen. Auf der Grundlage der Ergebnisse dieser Befragung unterscheidet Steinecke, entsprechend ihrer Marktsegmentierung und der jeweils dominanten Zielgruppenansprache, sechs unterschiedliche Grundtypen (Ders. 1988, S. 18ff.):

1. Reiseführer für alle
2. Reiseführer für soziodemographische Gruppen
3. Reiseführer für Interessen-Gruppen
4. Reiseführer für Aktivitätsgruppen
5. Reiseführer für Verkehrsmittel-Nutzer
6. Reiseführer für Individual- und Veranstalterreisende

Bei der Verlagserhebung nach Zielgruppen spielte der Reiseführer für Interessen-Gruppen mit 37,5% den wichtigsten Part. Das Spektrum der von diesem Reiseführertyp angesprochenen Rezipienten erwies sich als ausgesprochen diversifiziert und reichte vom „Konservativen Bildungsbürger" über die „Reise-Individualisten mit breit gefächerten Interessen" hin zu den „Naturfreunden jeder Art, Geologen, Schulen, Natur-Interessierten und Hobby-Geologen". Im Ranking folgten der Reiseführer für alle ohne spezifische Marktsegmentierung sowie der Reiseführer für sozio-demographische Gruppen mit jeweils 14,3%. Letztgenannter Grundtyp zeigte, daß – nach Aussage der Verlage – im Zentrum der Reiseführerkonzeption zumeist mittlere Alters- und Einkommensgruppen stehen. Jeweils 12,5% der befragten Verlage konzentrierten ihr Angebot auf Reiseführer für Aktivitätsgruppen sowie auf Reiseführer für Individual- und Veranstalterreisende. Während die Reiseführer für Aktivitätsgruppen spezifische Aktivitätsgruppen, insbesondere Wanderer respektive Bergwanderer sowie Ausflügler und Städtetouristen, ansprechen, grenzen die Reiseführer für Individual- und Veranstalterreisende ihre Zielgruppe nach der jeweiligen Organisationsform der Urlaubsreise (Individualreise bzw. Gruppenreise) ab. Den unbedeutendsten Grundtyp nach der Zielgruppentypologie stellte der Reiseführer für Verkehrsmittel-Nutzer mit 8,9% dar. Dieser Reiseführer wendet sich in erster Linie, entsprechend der Stellung des Pkws als dem führenden

Reiseverkehrsmittel unter den bundesdeutschen Urlaubern, an den autofahrenden Reisenden.

Die zweite Typologie entwickelte Steinecke aufgrund von theoretischen Überlegungen zur Funktion von Reiseführern, wobei er sich an einem Modell orientierte, welches der Soziologe Cohen im Jahr 1985 in einer Abhandlung über Reiseleiter vorgestellt hat (COHEN 1985, S. 5ff.). Steinecke zufolge läßt sich dieses Modell gleichfalls auf Reiseführer übertragen, da jene „als eine entpersonifizierte Form von Reiseleitern verstanden werden – sozusagen als Reiseleiter-Extrakt oder als Instant-Reiseleiter" (STEINECKE 1988, S. 22).

Auf zwei verschiedenen Ebenen, der Orientierungsebene und der Vermittlerebene, übernimmt der Reiseführer (in unterschiedlichem Umfang und unterschiedlicher Ausprägung) vier unterschiedliche Funktionen: Auf der Orientierungsebene fällt dem Reiseführer, bezogen auf die touristische Umwelt, eine Wegweiserfunktion und, bezogen auf den Touristen, eine Animateurfunktion zu. Auf der Vermittlerebene fällt dem Reiseführer, bezogen auf die touristische Umwelt, eine Organisatorfunktion und, bezogen auf die touristische Umwelt, eine Interpretfunktion zu. Infolge dieser vier Funktionen lassen sich nach Steinecke vier Reiseführertypen abgrenzen, deren jeweilige Schwerpunkte sowie Inhalte folgendermaßen skizziert werden können (Ders. 1988, S. 24ff.):

1. Der „Wegweiser"-Reiseführer

    - Schwerpunkt: Orientierung in der Fremde
    - Inhalte: Reisevorbereitung, Routenbeschreibungen, Fährverbindungen, Entfernungsangaben, Reisefahrzeug, Übernachtungsmöglichkeiten, Tankstellen, Straßenzustand; Wander-, Rad-, Skiwanderwege

2. Der „Organisator"-Reiseführer

    - Schwerpunkt: Organisation von Reise, Unterkunft und Verpflegung in der Fremde
    - Inhalte: Adressen von Hotels, Pensionen, Privatzimmern, Restaurants; Ferientermine; Ein- und Ausreisebestimmungen, Verkehrsverbindungen; Reise- und Flugbüros

3. Der „Interpret"-Reiseführer

    - Schwerpunkt: Vermittlung von Wissen über die fremde Kultur und Gesellschaft

- Inhalte: Hintergrundinformationen über Geschichte, Geographie, Wirtschaft, Gesellschaft und Kultur; Detailwissen zu Kunstgeschichte, Architektur, Natur; Verhaltenshinweise zu Sitten und Gebräuchen

4. Der „Animateur"-Reiseführer

- Schwerpunkt: Verwirklichung eigener (Freizeit-)Interessen in der Fremde
- Inhalte: Angaben über Freizeitmöglichkeiten (Fahrradverleih, Discos, Boote, Surfen etc.), preiswerte Einkaufsmöglichkeiten, Feste, Strände, typische Restaurants; Szene-Treffpunkte; Adressen von Gleichgesinnten (politische Aktionsgruppen, Buchläden, Dritte-Welt-Läden, Frauenhäuser etc.)

Steineckes Typologie stellt einen positiv zu wertenden Vorstoß dar, um Klarheit und Übersichtlichkeit über einen komplexen und sehr schwer zu überschauenden Markt zu ermöglichen. Nach wie vor gilt Steineckes Typologie, die bereits 1988 publiziert wurde, als die gängigste und am ehesten brauchbare, auch wenn sie zunächst nicht mehr darstellt als eine vorübergehende Einteilung eines komplexen Genres. Lauterbach sinniert in diesem Kontext treffend: „Nur sollte man sich davor hüten, der Typologie dogmatische Absichten zu unterstellen. Darüber hinaus könnte eine allzu strikte Übertragung der verschiedenen Funktionskategorien auf einen sich ständig wandelnden Buchmarkt der Gegenwart, aber auch auf die Verlagsangebote der Vergangenheit die Ausgrenzung mancher sich selbst durchaus als Reiseführer verstehender Bände oder Reihen zur Folge haben." (LAUTERBACH 1989, S. 214).

4.4 Zur Rezeption von Reiseführern

Reiseführer spielen, den hohen Auflagen und dem vielfältigen Angebot zum Trotz, bei den für die Reiseentscheidung zu Rate gezogenen Informationsquellen eine eher bescheidene Rolle; dennoch hat ihre Bedeutung im Rahmen des Vorbereitungsprozesses einer Urlaubsreise in den letzten Jahrzehnten kontinuierlich zugenommen (ISENBERG 1988, S. 171). Aber nicht jeder Tourist greift automatisch auf einen Reiseführer zurück. Stammgäste, die seit Jahren ihre Sommerfrische in ein und demselben Urlaubsort verbringen, oder all-inclusive Urlauber eines Ferienclubs, die nur selten die heile Ferienwelt ihres Resorts verlassen, mögen an dem Nutzen eines Reiseführers ihre Zweifel hegen. Wie es nicht *den* Reiseführer gibt, so gibt es genauso wenig *den* Rezipienten, in diesem Fall *den* Reiseführerleser. Nichtsdestotrotz sollen nachfolgend einige ausgewählte Ergebnisse aus dem Bereich der Rezipientenforschung vorgestellt werden.

Daß Reiseführer bei der Reiseentscheidung von Relevanz sind, belegen die Untersuchungen des Starnberger Studienkreises für Tourismus. Noch heute zählen die von diesem Forschungsinstitut publizierten Studien zur Reiseentscheidungsforschung zu den grundlegenden Arbeiten in diesem Metier (etwa DATZER 1983 und BRAUN/LOHMANN 1989). Betrachtet man die bei der Entscheidung für das Reiseziel herangezogenen Informationsquellen, so ergibt sich für das Jahr 1991 folgendes Bild:

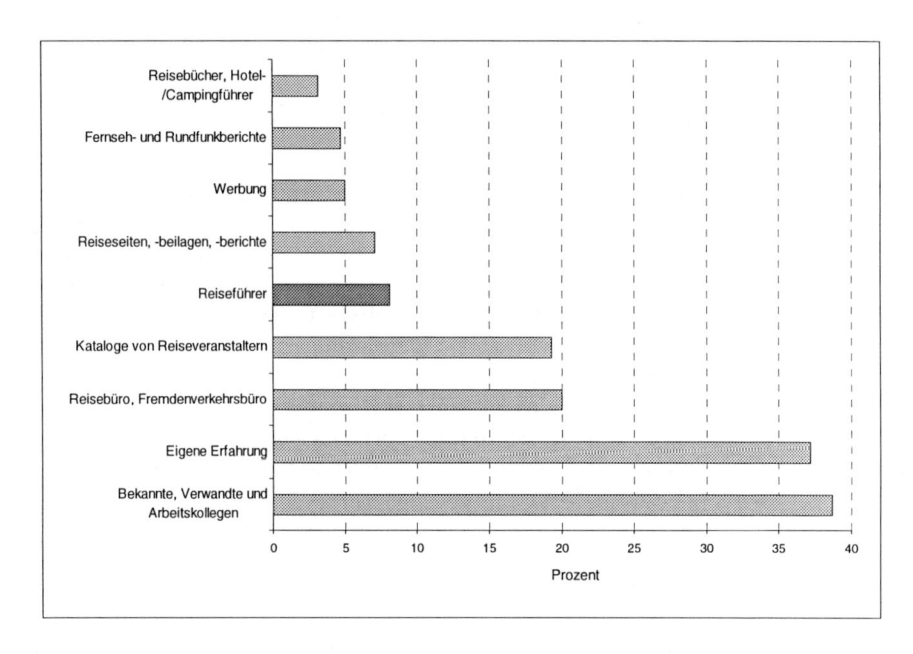

Abbildung 1: Die Informationsquelle Reiseführer bei der Reiseentscheidung (1991; Quelle: Kurzfassung der Reiseanalyse 1991, Gilbrich 1992, nach Steinecke 1994)

Realiter dürften die Werte bei der Informationsquelle Reiseführer höher liegen, wenn man berücksichtigt, daß die Studie nur jene Leser von Reiseführern erfaßt, die *vor* der Reise auf dieses Medium zurückgegriffen haben. Touristen, die erst *während* bzw. *nach* der Reise einen Reiseführer verwenden, blieben unberücksichtigt.

Selbstverständlich stellt sich die Frage, welche Touristen auf Reiseführer zurückgreifen. Eine Leseranalyse Steineckes, basierend auf einer Sonderauswertung der Reiseanalyse von 1985, intendierte eine Untersuchung sowohl der soziodemographischen Merkmale von Reiseführerlesern als auch deren jeweiliges Reiseverhalten und Urlaubserwartungen.

Das untersuchte Medium   73

Befragt wurden 200 Leser, die bei der Entscheidung für das Reiseziel ihrer Haupturlaubsreise Reiseführer als Informationsquelle benutzten. Steineckes Leseranalyse kam dabei zu folgenden Ergebnissen (STEINECKE 1988, S. 7ff.):

Unter den Lesern von Reiseführern besteht in Relation zum bundesdeutschen Durchschnitt aller Reisenden ein höherer Anteil von Männern; das Verhältnis liegt bei 54,0% zu 48,5%. Charakteristisch ist weiterhin, daß in der Zielgruppe verhältnismäßig viele jüngere Reisende vertreten sind. So sind 39,9% der Leser von Reiseführern unter 30 Jahre alt, während der Wert bei bundesdeutschen Reisenden nur 31,6% beträgt.

Leser von Reiseführern weisen einen höheren Anteil an Urlaubern mit höherem Schul- bzw. Universitätsabschluß auf. Liegt der bundesdeutsche Durchschnitt der Reisenden mit entsprechendem Bildungsniveau bei 17,5%, so beträgt er bei Reiseführerlesern 40,3%.

Im engen Kontext mit dem Bildungsstand stehen die Fremdsprachenkenntnisse, die bei Reiseführerlesern in bezug auf den Bundesdurchschnitt deutlich besser ausgeprägt sind. Sprechen unter den Reiseführerlesern 78,6% Englisch, so liegt der bundesdeutsche Durchschnitt bei 58,6%; bei Französisch betragen die Werte 53,5% gegenüber 30,2% und bei Italienisch 14,1% gegenüber 7,6%.

Nahezu jeder zweite Reiseführerleser (49,7%) befindet sich in einem Angestellten- bzw. Beamtenverhältnis; der bundesdeutsche Durchschnitt hingegen liegt bei 41,3%. Der Anteil oberer Einkommensgrenzen mit einem Haushaltseinkommen von 4.000 DM und mehr beträgt bei Reiseführerlesern 33,9%, beim bundesdeutschen Durchschnitt der Reisenden erreichen nur 25,2% diesen Wert.

Wirft man einen Blick auf das Reiseverhalten der Leser von Reiseführern, so ist nicht zu übersehen, daß es sich um eine außerordentlich vielseitige und interessierte Zielgruppe handelt (Ders. 1988, S. 9f.). Steineckes Leseranalyse ergab, daß etwa jeder vierte Reiseführerleser seine Urlaubsreise als Studien- bzw. Bildungsreise ansieht (26,4%), was erheblich über dem bundesdeutschen Durchschnitt mit 7,0% liegt. Überraschender stellt sich folgendes Ergebnis dar: immerhin 22,7% unter den Lesern von Reiseführern betrachten ihren Urlaub als Badeurlaub, der Bundesdurchschnitt liegt bei 19,2%. Dieses Ergebnis steht diametral zu einem Zitat aus der Süddeutschen Zeitung, die sich auf einen Verleger beruft: „Der reine Strandurlauber hat überhaupt kein Interesse an Reiseliteratur, sagt der Frankfurter Verleger Volker Hildebrandt, den kann man eigentlich gar nicht gewinnen." (Süddeutsche Zeitung vom 16. 10. 1990 zitiert in GORSEMANN 1995, S. 38). Von geringerer Relevanz innerhalb der Reiseführerleser sind Vergnügungsreisende mit 21,4% und sogenannte „Ausruhurlauber" mit 21,1%; der Bundesdurchschnitt liegt zum Vergleich bei 22,6% bzw. bei 29,7%.

Aufschlußreich gestaltet sich ein Blick auf die jeweiligen Urlaubsaktivitäten der Leser von Reiseführern. Das Spektrum der in der Graphik in Abbildung 2 aufgelisteten Urlaubsaktivitäten macht deutlich, daß die Klientel der Reiseführerleser sich nicht – wie man vermuten könnte – allein auf die Besichtigung von Sehenswürdigkeiten beschränkt. Vielmehr werden auch andere Aktivitäten, etwa Sport oder erlebnisorientierte Beschäftigungen, wahrgenommen.

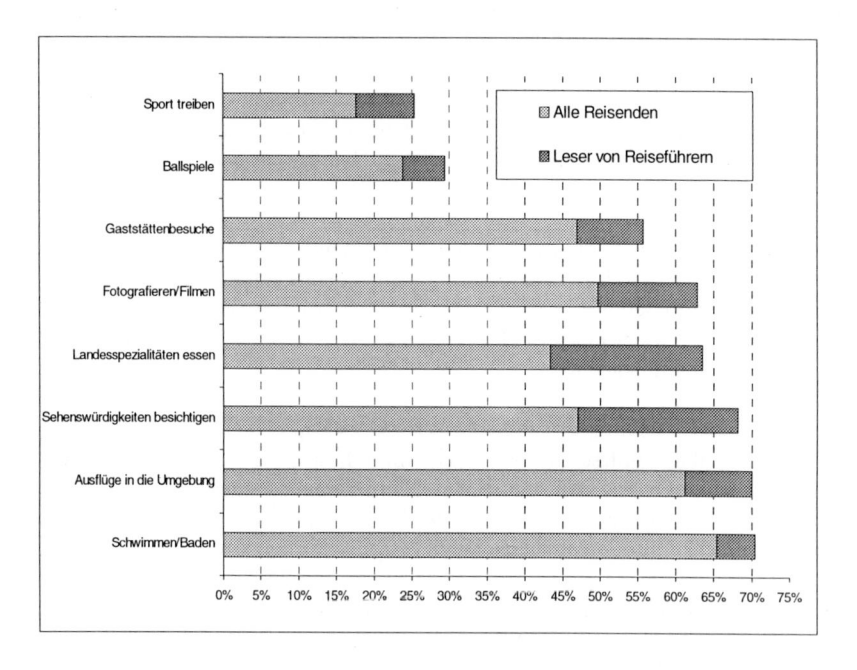

Abbildung 2: Ausgewählte Urlaubsaktivitäten der Leser von Reiseführern (1985; Quelle: Sonderauswertung der Reiseanalyse 1985 des Studienkreises für Tourismus e.V.; nach Steinecke 1994)

Mit welchen Urlaubserwartungen gehen Reiseführerleser in den Urlaub? Auch in diesem Fall gibt die Sekundärstudie Steineckes Auskunft (STEINECKE 1988, S. 11f.). Steinecke unterteilt die Reisemotive in drei Motivationskategorien, die bei Lesern von Reiseführern besonders stark ausgeprägt sind:

1. Bildungsorientierte Motive, wie beispielsweise neue Eindrücke gewinnen, den Horizont erweitern oder etwas für Kultur und Bildung tun

2. Erlebnisorientierte Motive, wie beispielsweise andere Länder erleben, Natur erleben oder viel erleben bzw. Abwechslung haben
3. Aktivitätsorientierte Motive, wie beispielsweise viel herum fahren, auf Entdeckung gehen, ein Risiko auf sich nehmen bzw. etwas Außergewöhnlichem begegnen

Zuletzt stellt sich die Frage, welche Wirkung Reiseführer auf ihre Rezipienten ausüben. Leider hat bis in die heutige Zeit, sieht man von wenigen Ausnahmen wie den Arbeiten Meyers oder Schultzens ab (MEYER 1977/SCHULTZEN 1993), keine empirische Wirkungsforschung in diesem Bereich stattgefunden. Dennoch wird dem Medium Reiseführer eine nicht zu unterschätzende Wirkung auf Rezipienten zugeschrieben, wie jene von Enzensberger formulierte Textpassage illustriert: „Die Normung der Reiseziele beginnt schon mit der Erfindung des Reiseführers. Murrays Red Book von 1836 leitet den Touristenstrom bereits in vorgegebene Kanäle. Dieser Steuerung unterwirft sich der Reisende zunächst noch freiwillig. Er wird durch das Buch zwar psychisch, aber noch nicht physisch konditioniert. Das genormte Grundelement der Reise ist die „sight", die Sehenswürdigkeit, sie wird nach ihrem Wert durch einen, zwei oder drei Sterne klassifiziert." (ENZENSBERGER 1958, S. 713).

4.5 Der aktuelle Markt deutschsprachiger Marokkoreiseführer

Das Spektrum der in dieser Studie untersuchten deutschsprachigen Marokkoreiseführer umfaßt 23 Bände. Berücksichtigt wurden aktuelle, bis zum zweiten Quartal des Jahres 1998 auf dem deutschsprachigen Buchmarkt publizierte und im Buchhandel erhältliche Reiseführer. In die Untersuchung integriert wurde das vom Studienkreis für Tourismus und Entwicklung herausgegebene Sympathie Magazin *Marokko Verstehen*, das in der Regel nach der Buchung einer Marokkoreise über ein Reisebüro an den Kunden gelangt. Es stellt wie der „Land & Leute" Band aus dem Polyglott Verlag eine Sonderform des Reiseführers dar; beide Werke verzichten gänzlich auf die bei konventionellen Reiseführern übliche Behandlung von Sehenswürdigkeiten im regionalen Teil. Der ehemalige Leiter des Starnberger Studienkreises für Tourismus und Nestor der Sympathie Magazine Heinz Hahn bezeichnet diese Sonderform von Reiseführer, dessen Schwerpunkt auf der Vermittlung von Kenntnissen über Alltagskultur und Mentalität der Bevölkerung liegt, als „sozialpsychologischen" Reiseführer.

Das Spektrum der untersuchten Reiseführer wurde für diese Arbeit in vier Typen unterteilt, und zwar in die *„Einsteiger"* Reiseführer, die *„Generalist"* Reiseführer, die *„Alternativ"* Reiseführer sowie die *„Spezial"* Reiseführer. Ähnlich den Untersuchungen Pinkaus und Popps basiert diese Einteilung primär aus pragmatischen Gründen zum Zweck der Reiseführeranalyse (PINKAU 1997/POPP 1994). Nachfolgend werden in tabellarischer

Form die wichtigsten bibliographischen Strukturdaten der 23 untersuchten Reiseführer aufgelistet und die zentralen Charakteristika der einzelnen Reiseführertypen vorgestellt.

1. Der „Einsteiger" Reiseführer

Der „Einsteiger" Reiseführer dient vorrangig zur ersten Information des Rezipienten über das Reiseziel. Die behandelten Aspekte sind, sowohl was den allgemeinen als auch den regionalen Teil betrifft, eher knapp – nicht selten tabellarisch (Top-Ten Rankings) bzw. stichwortartig – gehalten und führen den Leser, wie der ADAC Reiseführer auf seiner Coverrückseite treffend formuliert, „schnell zu den Highlights!" (ADAC Reiseführer 1998). Als Besonderheit bei den „Einsteiger" Reiseführern fällt die ausgesprochene Konvergenz hinsichtlich Autorenschaft (die Marokkobände der drei bekanntesten Reihen wurden von ein und derselben Autorin verfaßt), Seitenumfang und Preisniveau auf, wie sie bei keinem anderen Reiseführertyp der untersuchten Marokkoreiseführer anzutreffen ist. Maute spricht in diesem Zusammenhang kritisch von Billig-Reihen als „Maßkonfektion für den Massentourismus" (MAUTE 1995, S. 40).

Tabelle 2: Überblick über die „Einsteiger" Reiseführer und ihre bibliographischen Strukturdaten

	Reihe	Autor bzw. Herausgeber	Titel	Verlag	Ort	Auflge/Jahr	Seiten	Preis (DM)
1	ADAC Reiseführer	J.-P. Roger	Marokko	ADAC	München	1/1998	144	19,80
2	APA Pocket Guides	D. Stannard	Marokko	RV	Berlin et al.	1/1993	93	19,80
3	Berlitz Reiseführer	N. Wilson	Marokko	Berlitz	London	1/1996	136	11,80
4	Hayit Urlaubsberater	R. Botzat	Marokko	Hayit	Köln	-/1995	96	13,80
5	Marco Polo	I. Lehmann	Marokko	Mairs Geogr.	Ostfildern	7/1997	96	12,80
6	Merian live	I. Lehmann	Marokko	Gräfe u. Unzer	München	1/1998	128	14,90
7	Polyglott	I. Lehmann	Marokko	Polyglott	München	1/1996	96	12,80
8	Viva Twin	A. Sattin S. Franquet	Marokko	Falk	München	-/1998	127	16,90

Quelle: Eigene Erhebung 1998

2. Der „Generalist" Reiseführer

Charakteristisch für den „Generalist" Reiseführer ist das inhaltlich weitgefächerte Themenspektrum, das dem Leser möglichst umfassende Einblicke in das Reiseland gewähren soll. In der Regel umfaßt er einen sehr ausführlichen allgemeinen wie regionalen Teil, der mit reisepraktischen Informationen ergänzt wird. Der Prototyp dieses Reiseführertyps, der in anderen Abhandlungen über Reiseführer als „klassischer" Reiseführer bezeichnet wird (PINKAU 1997, S. 181f., POPP 1994, S. 162f.), stellt der Baedeker dar. Hinsichtlich der Aufmachung ist dieser Reiseführertyp jedoch ziemlich divergent: er reicht vom eher konventionell gehaltenen Baedeker bis zum aufwendig illustrierten DuMont Visuell.

Tabelle 3: Überblick über die „Generalist" Reiseführer und ihre bibliographischen Strukturdaten

	Reihe	Autor bzw. Herausgeber	Titel	Verlag	Ort	Auflage/ Jahr	Seiten	Preis (DM)
1	APA Guides	D. Stannard (Hrsg.)	Marokko	Langenscheidt	München	-/1996	320	44,80
2	Baedeker Allianz Reiseführer	G. Ludwig	Marokko	Mairs Geogr.	Ostfildern	3/1996	644	49,80
3	DuMont Reisetaschenbücher	H. Buchholz	Südmarokko mit Agadir und Königsstädten	DuMont	Köln	3/1997	252	19,80
4	DuMont „Richtig Reisen"	H. Buchholz M. Köhler	Marokko	DuMont	Köln	-/1996	319	39,80
5	DuMont Visuell	B. Lanzerath et al.	Marokko	DuMont	Köln	2/1996	384	48,00
6	Goldstadt Reiseführer	D. Höllhuber W. Kaul	Marokko	Goldstadt	Pforzheim	-/1996	477	34,80
7	Nelles Guides	G. Nelles (Hrsg.)	Marokko	Nelles	München	4/1997	254	26,80
8	Rau's Reisebücher	E. Kohlbach	Quer durch Marokko	Werner Rau	Stuttgart	2/1995	304	39,80
9	Thomas Cook Reiseführer	J. Keeble	Marokko	Droemer Knaur	München	-/1997	191	19,80

Quelle: Eigene Erhebung 1998

3. Der „Alternativ" Reiseführer

Der „Alternativ" Reiseführer wendet sich in erster Linie an jene Gruppe von Reisenden, die, wie Därr im Vorwort ihres Marokkoreiseführers skizziert, „das Land auf eigene Faust kennenlernen wollen." (DÄRR 1996 b, S. 7). Programmatisch könnte für diesen Typ von Reiseführer auch der vom Regenbogenverlag gewählte Reihentitel „Selbst entdecken" stehen: Hauptsache individuell! Besondere Aufmerksamkeit wird in diesen Reiseführern den reisepraktischen Informationen, wie der Reiseplanung und den Reisetips vor Ort, gewidmet. Die Verfasser dieses Reiseführertyps verstehen sich als ausgesprochene Insider des Reiselandes, die, in oft unkonventioneller Sprache, persönliche Erfahrungen in den Führer mit einfließen lassen (POPP 1994, S. 162).

Tabelle 4: Überblick über die „Alternativ" Reiseführer und ihre bibliographischen Strukturdaten

	Reihe	Autor bzw. Herausgeber	Titel	Verlag	Ort	Auflage/ Jahr	Seiten	Preis (DM)
1	Reise Know-How	E. Därr	Agadir, Marrakesch und Südmarokko	Reise Know-How	Hohentann	1/1996 a	443	34,80
2	Reise Know-How	E. Därr	Marokko. Vom Rif zum Antiatlas	Reise Know-How	Hohentann	7/1996 b	921	44,80
3	„Selbst entdecken"	N. Machelett C. Machelett	Nordmarokko selbst entdecken	Regenbogen	Zürich	-/1990	167	16,80

Quelle: Eigene Erhebung 1998

4. Der „Spezial" Reiseführer

Der „Spezial" Reiseführer beschränkt sich auf die vertiefte Behandlung eines Schwerpunktthemas; das wohl bekannteste Beispiel stellen die Kunstreiseführer dar. In den letzten Jahren ist das Angebot in diesem Reiseführersegment sukzessive diversifiziert worden, so gibt es heute unter anderem spezielle Naturreiseführer oder Reiseführer für Wanderer.

Bemerkenswert sind vor allem die auf Darstellungen von Land und Leuten spezialisierten sozialpsychologischen Reiseführer, etwa die Bände aus der „Kulturschock"-Reihe des Reise Know-How Verlags und der „Land & Leute" Reihe des Polyglott Verlags, die einen aktiven Beitrag zur Völkerverständigung leisten wollen; sie verzichten vollständig auf die von Touristen so geschätzte Behandlung von Sehenswürdigkeiten. Als Vorbild dieser Reiseführer fungierten insbesondere die seit den siebziger Jahren publizierten Sympathie Magazine.

Tabelle 5: Überblick über die „*Spezial*" Reiseführer und ihre bibliographischen Strukturdaten

	Reihe	Autor bzw. Herausgeber	Titel	Verlag	Ort	Auflage /Jahr	Seiten	Preis (DM)
1	DuMont Kunstreiseführer	A. Betten	Marokko. Antike, Berbertraditionen u. Islam - Geschichte, Kunst und Kultur im Maghreb	DuMont	Köln	1/1998	368	44,00
2	Polyglott Land & Leute	W. Knappe	Marokko	Polyglott	München	2/1994/ 1995	136	16,80
3	Sympathie Magazin	Studienkreis für Tourismus und Entwicklung	Marokko verstehen	Studienkreis für Tourismus und Entwicklung	Ammerland	-/1997	51	5,00

Quelle: Eigene Erhebung 1998

5 Inhaltsanalyse ausgewählter kultureller Aspekte in aktuellen deutschsprachigen Marokkoreiseführern

5.1 Mentifakte

5.1.1 Das Menschenbild

Das problematischste Unterfangen für Reiseführerautoren stellt die Darstellung der Bevölkerung des jeweiligen Landes dar. Nicht selten degradieren dabei Reiseführer Menschen, wie Tüting treffend bemerkt, zur „Nebensache" (TÜTING 1990, S. 109), denen in der Auseinandersetzung mit einer fremden Kultur nur eine untergeordnete Stellung eingeräumt wird. Auf die besondere Relevanz der Präsentation von Menschen im Kontakt mit Touristen hat Popp mit Nachdruck hingewiesen (POPP 1994, S. 168). Besonders heikel ist die Beschäftigung mit Menschen vor allem dann, wenn sich deren Kultur in vielerlei Hinsicht von der eigenen unterscheidet. In diesem Fall ist von den jeweiligen Autoren ein hohes Maß an Fingerspitzengefühl in der Auseinandersetzung mit der Bevölkerung gefordert, sollen sich die Reiseführer nicht in stereotypen Systemen erschöpfen, die das interkulturelle Verstehen der fremden Kultur eher behindern als fördern. Hauptsächlich bei Ländern der Dritten Welt nimmt dieser Gesichtspunkt eine entscheidende Rolle ein, ist doch in diesem Fall die Gefahr der „Exotisierung" der einheimischen Bevölkerung besonders groß.

In der Regel kommt kaum ein Reiseführer ohne die Darstellung von Menschen aus, was aber nicht unbedingt bedeuten muß, daß auch jeder Reiseführer ein eigenständiges Bevölkerungskapitel aufweist. Vergleichsweise häufig befinden sich Aussagen über Menschen des Landes im Fließtext von Kapiteln, die eine andere thematische Ausrichtung erkennen lassen, sowie bei den reisepraktischen Informationen der Reiseführer. Insbesondere die reisepraktischen Informationen, die den Lesern die Orientierung vor Ort erleichtern sollen, warten – wie die folgende Inhaltsanalyse zeigen wird – mit einer Fülle von Aussagen über die einheimische Bevölkerung auf. Aus diesem Grund werden nicht nur die Darstellungen über die Bevölkerung Marokkos in den jeweiligen Bevölkerungskapiteln berücksichtigt, sondern auch Darstellungen, die im reisepraktischen Teil anzutreffen sind. In diesem Zusammenhang steht primär die Präsentation der marokkanischen Menschen im Kontakt mit den Touristen im Vordergrund. Die der Inhaltsanalyse vorangestellten Tabellen erfassen, sofern vorhanden, eigenständige Bevölkerungskapitel, die ihre Leser über die Bevölkerung Marokkos informieren. Anzumerken bleibt, daß sich diese Kapitel innerhalb der untersuchten Reiseführer teilweise erheblich unterscheiden. So reicht das Spektrum der Darstellungen in diesen Kapiteln von kursorischen Hinweisen über die Bevölkerungsstruktur bis hin zu Kapiteln (hauptsächlich in den „Spezial" Reiseführern), die über unterschiedlichste soziokulturelle Aspekte der Bevölkerung Marokkos Auskunft geben.

Die Darstellung des Aspekts Menschenbild in den „Einsteiger" Reiseführern

Keiner der untersuchten „Einsteiger" Reiseführer widmet der Bevölkerung Marokkos ein eigenständiges Kapitel (vgl. Tab. 6). Dennoch stößt der Leser im Fließtext dieser Reiseführer immer wieder auf einzelne Passagen, die auf die Menschen des Landes zu sprechen kommen. Zahlreiche dieser Ausführungen sind nicht nur sehr kursorisch gehalten, sondern auch gespickt mit Stereotypen und Vorurteilen, wie die angeführten Beispiele aus den Reihen Hayit Urlaubsberater, Berlitz, Merian live, APA Pocket Guides und Viva Twin beweisen.

Tabelle 6: Überblick über die Darstellungen des Aspekts Menschenbild in den „Einsteiger" Reiseführern

Reihe	Autor bzw. Herausgeber	Titel	Verlag	Ort	Auflage/ Jahr	Menschenbild
1 ADAC Reiseführer	J.-P. Roger	Marokko	ADAC	München	1/1998	Fließtext
2 APA Pocket Guides	D. Stannard	Marokko	RV	Berlin et al.	1/1993	Fließtext
3 Berlitz Reiseführer	N. Wilson	Marokko	Berlitz	London	1/1996	Fließtext
4 Hayit Urlaubsberater	R. Botzat	Marokko	Hayit	Köln	-/1995	Fließtext
5 Marco Polo	I. Lehmann	Marokko	Mairs Geogr.	Ostfildern	7/1997	Fließtext
6 Merian live	I. Lehmann	Marokko	Gräfe u. Unzer	München	1/1998	Fließtext
7 Polyglott	I. Lehmann	Marokko	Polyglott	München	1/1996	Fließtext
8 Viva Twin	A. Sattin S. Franquet	Marokko	Falk	München	-/1998	Fließtext

Quelle: Eigene Erhebung 1998

Im Hayit Urlaubsberater liest der Rezipient: „In Marokko sind die Märchen von 1001 Nacht noch ganz lebendig, gibt es Schlangenbeschwörer, Märchenerzähler, gibt es „die blauen Menschen" im Süden,..." (BOTZAT 1995, S. 4). Dieser Exotisierung folgt eine Seite später das Pauschalurteil unter Heranziehung des Gattungsbegriffs „der Marokkaner", der nicht die geringste Differenzierung zuläßt, „daß sich der Marokkaner, besonders in den Bergen, immer würdevoll verhält." (Ders. 1995, S. 5). Im nächsten Absatz liest man über die Ethnie der Berber den wenig aussagekräftigen Satz: „Besonders die Berber in den Gebirgsketten, in den Sandwüsten und Hammadas, den Stein- und Felswüsten, haben ein starkes Selbstbewußtsein und sind wie alle selbstbewußten Naturen innerlich verletzlich." (Ders. 1995, S. 5).

Mit einer in gleicher Weise wenig differenzierten Aussage bezüglich der marokkanischen Bevölkerung wartet der Berlitz Reiseführer in seinem als Einleitung konzipierten Kapitel „Marokko und die Marokkaner" auf. Lapidar heißt es dort: „Die Marokkaner sind von Natur aus ein entgegenkommendes und gastfreundliches Volk, das stolz auf seine Vergangenheit zurückblickt." (WILSON 1996, S. 8). Auch in diesem Fall faßt der Autor pauschalisierend unterschiedlichste Individuen eines Gemeinwesens unter Heranziehung des Gattungsbegriffs „Die Marokkaner" zusammen.

Der Merian live Reiseführer unterstreicht vor allem – ähnlich wie der Hayit Urlaubsberater – in seinem Einleitungskapitel unter der Rubrik „Westorientalische Exotik" die Exotik der Menschen Marokkos: „Tatsächlich fasziniert das westliche Morgenland durch seine schwer faßbare Fremdartigkeit: die Exotik der berberiden, orientaliden und negroiden Mischbevölkerung – vom Islam durchdrungen, vom Kolonialismus geprägt; die Exotik ihrer Wohnkultur und Lebensart, ihrer Nationaltracht (djellaba und kaftan) und ihrer von Stamm zu Stamm unterschiedlichen bäuerlichen Volkstracht; die Exotik der Landesküche und Tischsitten, des urbanen und bäuerlichen Kunsthandwerks, der arabo-islamischen Kultur und Kunst westmaghrebinischer Prägung; die Exotik der wehrhaften Lehmarchitektur der Berber,..." (LEHMANN 1998, S. 8).

Als „bunte Exoten", die ein reizvolles Motiv für die Kamera abliefern, präsentiert der Berlitz Reiseführer seinen Lesern die Bevölkerung Marokkos und leistet in diesem Fall sogar noch Nachhilfeunterricht in seinem reisepraktischen Teil unter dem Sichwort „Fotografieren": „Fotogene Motive wie Wasserverkäufer und andere bunte Gestalten lassen sich besonders in den Touristenzentren nur gegen ein Entgelt fotografieren." (WILSON 1996, S. 117).

Stellen diese Exotismen an sich schon für den Leser eine ärgerliche Begleiterscheinung zum fremdkulturellen Verstehen dar, so evozieren manche Äußerungen überdies Mißtrauen gegenüber den Menschen Marokkos. Ein besonders eklatantes Beispiel findet man im Apa Pocket Guide, in dem die Autorin im Kapitel „Kleine Landeskunde" die Frage aufwirft: „Wem darf ich trauen?" (STANNARD 1993, S. 83). In diesem Zusammenhang stellt sich die Frage, wie vertrauenswert eine Autorin sein kann, die ihre Affinität zu Marokko in der Einleitung des Reiseführers mit folgenden Worten umschreibt: „Als ich das erste mal nach Marokko kam, war ich eine junge Frau, die sich zusammen mit einer anderen jungen Frau ins Abenteuer stürzen wollte, ohne zu wissen wie. Wir waren gerade dabei, uns eine halbe Stunde nach der Landung unwissentlich in ein Bordell in Tanger einzuquartieren, als wir von einem britischen Ex-Gardisten gerettet wurden, der uns in sein Hotel einlud. Das Abenteuer hatte begonnen. Die Freundschaft, die an jenem Abend bei einheimischen Flag-Bier entstand, führte in den neun

Jahren, die seit damals vergangen sind, zu unzähligen Reisen nach Marokko." (Dies. 1993, S. 5). Eine derartig unkritische Thematisierung von Alkohol bzw. Prostitution hat in Reiseführern nichts zu suchen. Diese Forderung sollte sich nicht nur auf Kulturen erstrecken, die in bezug auf Alkohol und Prostitution strengere Moralvorstellungen haben als die eigene, sondern generell.

Trotzdem verzichtet beispielsweise auch der Viva Twin Reiseführer nicht darauf, seine Leser auf Nachtclubs einschließlich der obligatorischen Bauchtänzerinnen hinzuweisen; so liest man über einen Club in Casablanca: „Beliebtes Nachtlokal mit Stripeinlagen und aufregenden Bauchtänzerinnen. Eine marokkanische Band spielt heiße Rhythmen, und die hübschen Mädchen, die hier bedienen, bestehen auf eine Einladung zu einem der teuren Drinks." (SATTIN/FRANQUET 1998, S. 112). Honni soit qui mal y pense.

Auf besonders despektierliche Äußerungen bezüglich der marokkanischen Bevölkerung stößt man immer wieder in einigen „*Einsteiger*" Reiseführern, wenn es um die viel thematisierte Geschäftstüchtigkeit marokkanischer Händler geht. So unterstellt beispielsweise der Apa Pocket Guide, man fühle sich überall genötigt zu kaufen (STANNARD 1993, S. 68), und der Hayit Urlaubsberater vertritt die Auffassung, daß selbst ein zehnjähriger Händler blitzschnell die Mentalität und Nationalität seiner Kunden erkenne; als Soukbesucher solle man im übrigen nie einkaufen, ohne mindestens 50% heruntergehandelt zu haben (BOTZAT 1995, S. 4). Der Viva Twin Reiseführer skizziert, die Marokkaner lernten die Kunst des Feilschens bereits in der Wiege und tröstet seine Leser mit dem aufmunternden Hinweis, es sei dafür aber nie zu spät (SATTIN/ FRANQUET 1998, S. 9). Mit der sicherlich negativsten Äußerung wartet der Berlitz Reiseführer in seinem reisepraktischen Teil unter dem Stichwort „Autoverleih" auf: „Und noch etwas: Vetternwirtschaft wird auch beim Autoverleih groß geschrieben. Wer dem Rat eines heimischen „Reiseführers" folgt, wird garantiert über's Ohr gehauen!" (WILSON 1996, S. 112). Vorfreude auf einen Marokkourlaub, geschweige denn Sympathie für die Bewohner eines Reiselandes, kann man mit einer solchen Äußerung sicherlich nicht wecken.

Die Darstellung des Aspekts Menschenbild in den „*Generalist*" Reiseführern

Immerhin sieben der neun untersuchten „*Generalist*" Reiseführer weisen eigenständige Kapitel auf, die ihre Leser über die Bevölkerung Marokkos informieren (vgl. Tab. 7). Im Vergleich zu den „*Einsteiger*" Reiseführern ist bei einigen Reiseführern dieses Typs zumindest das Bemühen erkennbar, ausführlichere und differenziertere Informationen über die Menschen des Landes zu vermitteln. Doch wird der Leser auch in diesem Reiseführertyp mit stereotypen Systemen konfrontiert, die im Sinne der Interkulturellen Kommunikation negativ zu bewerten sind. Exemplarisch vorgestellt werden nachfolgend Darstellungen über das Menschenbild aus den Reiseführern der Reihen Thomas Cook, Apa Guides, Rau's Reisebücher, Goldstadt und DuMont „Richtig Reisen".

Tabelle 7: Überblick über die Darstellungen des Aspekts Menschenbild in den „*Generalist*" Reiseführern

	Reihe	Autor bzw. Herausgeber	Titel	Verlag	Ort	Auflage/ Jahr	Menschenbild
1	APA Guides	D. Stannard (Hrsg.)	Marokko	Langenscheidt	München	-/1996	S. 23-27
2	Baedeker Allianz Reiseführer	G. Ludwig	Marokko	Mairs Geogr.	Ostfildern	3/1996	S. 44-53
3	DuMont Reisetaschenbücher	H. Buchholz	Südmarokko mit Agadir und Königsstädten	DuMont	Köln	3/1997	S. 28-40
4	DuMont „Richtig Reisen"	H. Buchholz M. Köhler	Marokko	DuMont	Köln	-/1996	S. 51-57
5	DuMont Visuell	B. Lanzerath et al.	Marokko	DuMont	Köln	2/1996	S. 58-60
6	Goldstadt Reiseführer	D. Höllhuber W. Kaul	Marokko	Goldstadt	Pforzheim	-/1996	S. 30-37 S. 47-69
7	Nelles Guides	G. Nelles (Hrsg.)	Marokko	Nelles	München	4/1997	S. 25-37
8	Rau's Reisebücher	E. Kohlbach	Quer durch Marokko	Werner Rau	Stuttgart	2/1995	Fließtext
9	Thomas Cook Reiseführer	J. Keeble	Marokko	Droemer Knaur	München	-/1997	Fließtext

Quelle: Eigene Erhebung 1998

Im Thomas Cook Reiseführer liest der Rezipient unter der Rubrik „Mentalität" im Kulturkapitel: „Die Marokkaner sind ein stolzes Volk. (...) Wie alle Südländer sind sie große Geschichtenerzähler und lieben die Übertreibung. Ihnen eine präzise Antwort zu entlocken, ist der Kunst des Feilschens ebenbürtig." (KEEBLE 1997, S. 14). Eine Aussage, die unter Heranziehung des Gattungsbegriffs „Die Marokkaner" zwar trefflich das 1001 Nacht Image Marokkos unterstreicht, die aber hinsichtlich ihres Informationsgehalts zu vernachlässigen ist und dem Prospekt eines Reiseveranstalters entstammen könnte.

Im Apa Guide befindet sich in dem Kapitel „Die Marokkaner" folgende Passage: „Nach den gängigen Vorstellungen sind Marokkaner, wie alle übrigen orientalischen Völker, „Chauvinisten", „Fatalisten" und „Hedonisten" – allzu simple Stereotypen, wenn man Marokkos ethnische Vielfalt bedenkt." (STANNARD 1996, S. 23). Selbst wenn Stannard die erwähnten „gängigen Vorstellungen" über die marokkanischen Menschen als Stereotype bezeichnet, so stellt sich dennoch die Frage, wieso die Autorin sie überhaupt erwähnt anstatt sie wegzulassen, wird doch durch ständiges Wiederholen von angeblichen Eigenschaften nicht vielmehr der Eindruck evoziert, an den Vorstellungen müsse doch etwas wahr sein.

Ähnlich wie in den *„Einsteiger"* Reiseführern stellt auch die von vielen Touristen als problematisch empfundenen Fremdenführer bzw. Händler eine oft behandelte Thematik dar. Nicht immer sind in diesem Zusammenhang die Ausführungen so negativ wie in dem von Kohlbach verfaßten Reiseführer, in dem man im reisepraktischen Teil unter der Rubrik „Falsche Führer und Blaue Männer" folgende Passage findet: „Zu diesem Thema kann ich nur immer wieder sagen: Alles Schlechte, das man über Marokko erzählt, stimmt!" (KOHLBACH 1995, S. 278).

Allerdings gibt es in den *„Generalist"* Reiseführern auch positive Darstellungen zu entdecken, wie ein Beispiel aus dem von Höllhuber und Kaul verfaßten Band der Goldstadt Reiseführer illustriert. Darin können die Leser in einem eigenen Kapitel über Sitten und Bräuche der marokkanischen Bevölkerung folgende Aussage lesen: „Der Besucher wird in Marokko keine einheitliche Kultur und keine einheitlichen Sitten finden. Je nachdem, ob er sich in der Stadt oder auf dem Land, unter Arabern oder Berbern, unter jungen oder alten Leuten befindet, wird er mit unterschiedlichen Verhaltensmustern, verschiedenen Wertsystemen konfrontiert werden." (HÖLLHUBER/ KAUL 1996, S. 47). Eine solche Differenziertheit, die bei Reiseführern eigentlich selbstverständlich sein sollte, aber leider nicht ist, unterscheidet sich wohltuend von Pauschalurteilen, die allzu oft simplifizierend von *den* Marokkanern ausgehen. Auf die Widersprüchlichkeit des Landes und seiner Menschen weist auch ein von den Autoren ausgewähltes Zitat aus einem Roman des renommierten marokkanischen Schriftstellers Tahar Ben Jelloun hin, welches die Empfindungen eines einheimischen Fernsehzuschauers angesichts der Durchdringung des marokkanischen Fernsehens durch westliche Serien beschreibt.

Eine facettenreiche und interessante Darstellung der marokkanischen Menschen bietet der von Buchholz und Köhler verfaßte Reiseführer aus der DuMont „Richtig Reisen" Reihe. Dabei werben die Autoren in ihren reisepraktischen Hinweisen auch eindringlich für das Verständnis hinsichtlich von Wert- und Moralvorstellungen der marokkanischen Bevölkerung, die westlichen Gepflogenheiten nicht unbedingt vertraut sind: „Vergegenwärtigen Sie sich stets, daß Sie Besucher eines islamischen Landes sind, dessen Wert- und Moralvorstellungen von europäischen Gepflogenheiten stark abweichen.

Respektieren Sie beim Fotografieren das in islamischen Staaten geltende Bilder-Tabu, versuchen Sie sich während des Ramadans wenigstens in Ansätzen in einem den Gläubigen tagsüber auferlegten Verzicht zu üben, baden Sie unter keinen Umständen nackt am Strand und bemühen Sie sich, das in muslimischen Gesellschaften geltende soziale Prinzip der Geschlechtertrennung zu achten." (BUCHHOLZ/KÖHLER 1996, S. 312f.). Die Vielschichtigkeit der marokkanischen Bevölkerung manifestiert sich nicht nur – wie uns viele „*Einsteiger*" Reiseführer suggerieren – in touristisch gut zu vermarktenden „bunten Exoten", wie etwa Schlangenbeschwörern und Wasserverkäufern, sondern auch in Menschen, die nicht unbedingt dem klassischen Image des Landes entsprechen. Einen von diesen Menschen stellt der DuMont „Richtig Reisen" Reiseführer seinen Lesern vor, und zwar die Verlegerin Laila Chaouni, die einen angesehenen Verlag in Casablanca leitet, der unter anderem Werke aus den Bereichen Soziologie, Wirtschaft, Jura und feministischer Theorie publiziert (Dies. 1996, S. 62f.). Sicherlich sind Vita und Wirken dieser engagierten Frau nicht unbedingt repräsentativ für die marokkanische Gesellschaft, doch zeigt der Themenkasten eindrucksvoll, daß dieses Land Menschen aufweist, die nicht unbedingt den gängigen – touristischen – Vorstellungen von Land und Leuten gerecht werden.

Die Darstellung des Aspekts Menschenbild in den „*Alternativ*" Reiseführern

Innerhalb der „*Alternativ*" Reiseführer (vgl. Tab. 8) räumen die beiden Reiseführer aus der Reihe Reise Know-How der Bevölkerung Marokkos ein eigenständiges Kapitel ein, während der Reiseführer aus der Reihe „Selbst entdecken" die Menschen des Landes lediglich im Fließtext behandelt. Die jeweiligen Darstellungen in bezug auf den Aspekt Menschenbild sind, wie die nachfolgenden Ausführungen zeigen, von durchweg unterschiedlicher Qualität.

Enttäuschend ist der Reiseführer aus der Reihe „Selbst entdecken", der zwar – wie für „*Alternativ*" Reiseführer charakteristisch – mit einer Fülle von reisepraktischen Informationen aufwartet, die Bevölkerung des Landes jedoch so gut wie überhaupt nicht thematisiert. Wird noch im Vorwort dieses Reiseführers die Bevölkerungsvielfalt Marokkos gepriesen, so erschöpfen sich die weiteren Ausführungen vor allem in einigen Negativdarstellungen der marokkanischen Menschen, insbesondere der Kinder. So findet man unter der Rubrik „Fremdenführer" folgende Passage: „Trotzdem wird man von Kindern und Jugendlichen in allen Teilen des Landes regelrecht attackiert. Man kann diesen „guides" nicht entkommen. Sie entwickeln ein unglaubliches Geschick und viel Frechheit, um bezahlte Dienstleistungen aufgetragen zu bekommen." (MACHELETT/MACHELETT 1990, S. 40). Auch wenn viele Touristen die „guides" als Belästigung empfinden mögen, sollten sich Autoren vor derart harschen Aussagen hüten, wenn man in Betracht zieht, daß der Terminus „attackieren" ein bellizistischer Begriff ist.

Inhaltsanalyse 87

Tabelle 8: Überblick über die Darstellungen des Aspekts Menschenbild in den „Alternativ" Reiseführern

Reihe	Autor bzw. Herausgeber	Titel	Verlag	Ort	Auflage/ Jahr	Menschenbild
1	Reise Know-How	E. Därr	Agadir, Marrakesch und Südmarokko	Reise Know-How	Hohentann	1/1996 a	S. 57-67
2	Reise Know-How	E. Därr	Marokko. Vom Rif zum Antiatlas	Reise Know-How	Hohentann	7/1996 b	S. 312-342
3	Selbst entdecken	N. Machelett C. Machelett	Nordmarokko selbst entdecken	Regenbogen	Zürich	-/1990	Fließtext

Quelle: Eigene Erhebung 1998

Trotz einiger Schwächen sind die beiden von Därr verfaßten Reiseführer hinsichtlich der Darstellung der marokkanischen Bevölkerung von weit besserer Qualität. Positiv ist das Eintreten der Autorin für den persönlichen Kontakt zwischen Reisenden und Bereisten zu werten; so schreibt Därr in ihrem Reiseführer mit regionalem Schwerpunkt: „Direkte Kontakte mit den Einheimischen und persönliche Beobachtungen prägen sich tiefer ein und wiegen später in der Erinnerung oft mehr als alle noch so spektakulären organisierten Programme. Sie machen den eigentlichen Reiz jeder Reise aus, und auf solche Erlebnisse sollte kein Besucher, auch nicht der organisiert Reisende, verzichten." (DÄRR 1996 a, S. 17). In beiden Bänden bemüht sich die Autorin, ihre Leser mit möglichst vielen Facetten der marokkanischen Bevölkerung vertraut zu machen. So wird beispielsweise der Leser im Reiseführer ohne regionalen Schwerpunkt in einem Kapitel „Bevölkerung und Sozialwesen" über die Themenkomplexe wirtschaftliche Situation der Bevölkerung, Schulwesen, Gesundheitswesen, ethnische Gruppen und Sitten und Gebräuche informiert (Dies. 1996 b, S. 312ff.).

Neben der angesprochenen Themenvielfalt überzeugen die beiden Reiseführer Därrs auch durch einen weitgehenden Verzicht auf pittoreske Darstellungen der Bevölkerung, die die Bewohner zu exotischen Statisten degradieren. Därr verschweigt nicht mögliche Probleme im Zusammentreffen zwischen Reisenden und Bereisten, sie stellt jedoch klar, daß diese nicht typisch für Marokko seien und sich in erster Linie auf jene Räume konzentrierten, in denen Touristen „en masse" auftreten (Dies. 1996 b, S. 16). Wie für „Alternativ" Reiseführer charakteristisch, erstrecken sich in beiden von Därr verfaßten Marokkoreiseführern viele Informationen hinsichtlich der Bevölkerung auf praktische Ratschläge im Umgang mit dieser. Dabei hat die Autorin jedoch nicht immer ein glückliches Händchen, wie folgendes Zitat zur Rubrik „Frauen auf Reisen" dokumentiert: „Kaufen Sie sich auch nicht durch Sex aus einer prekären Situation frei, sei es bei Polizisten oder irgendwelchen Amtspersonen, Sie machen es nur nachfolgenden Touristinnen doppelt so schwer." (Dies. 1996 b, S. 30). Mag die Intention der Autorin sicherlich lobenswert sein, dem Rezipienten möglichst umfassende verständnisfördernde Hintergrundinformationen und Tips im Umgang mit dem Fremden zu vermitteln, so neigt sie gelegentlich dazu, diesen Ansatz zu übertreiben. So regt Därr ihre Leser unter der Rubrik „Einladungen" dazu an, beim Besuch einer marokkanischen Familie Fotos von der eigenen Familie zu zeigen. Der gut gemeinte Vorschlag stellt jedoch durch den Hinweis der Autorin „Selbst wenn sie keine haben, sollten Sie zumindest eine(n) Frau/Mann und 2-3 Kinder vorgeben" (Dies. 1996 b, S. 24) eine nicht mehr zu vertretende Anbiederung dar.

Die Darstellung des Aspekts Menschenbild in den *„Spezial"* Reiseführern

Was die Darstellung der Menschen Marokkos betrifft, so zählen die *„Spezial"* Reiseführer zu den facettenreichsten und ausgewogensten (vgl. Tab. 9). Diese Aussage gilt insbesondere für das Sympathie Magazin und den Polyglott Land & Leute Reiseführer, die ihre Leser von ihrer konzeptionellen Ausrichtung per se mit den Menschen des Landes und ihrer Alltagskultur vertraut machen wollen. So weisen beide Reiseführer gleich mehrere Kapitel auf, die über die Menschen des Landes informieren; dabei gehen sie auch auf Themen ein, die in konventionellen Reiseführern mit ihren primär auf touristisch geprägte Interessen angelegten Beschreibungen nur am Rande bzw. überhaupt nicht anzutreffen sind. Die einzelnen Ausführungen zum Aspekt Menschenbild beziehen sich auf die betreffenden Darstellungen im Sympathie Magazin und im Polyglott Land & Leute Reiseführer; unberücksichtigt bleibt die Darstellung des DuMont Kunstreiseführers, der sich in seinem Bevölkerungskapitel lediglich mit den verschiedenen Bevölkerungsgruppen beschäftigt.

Das Sympathie Magazin bietet nicht nur marokkanischen Autoren ein Forum, das Land und seine Menschen vorzustellen, es baut auch immer wieder Zitate von Marokkanern in die essayistisch angelegten Artikel ein. So schildert etwa eine Marktfrau ihre Erfahrungen auf einem *Moussem* und ein Gerber aus Fès berichtet über sein Handwerk, das vielen Touristen allenfalls als pittoreskes Photomotiv dient (Studienkreis für Tourismus und Entwicklung 1997, S. 14f. und S. 23f.). Marokkos Gesellschaft ist eben doch ungleich vielschichtiger und besteht nicht nur aus exotischen Schlangenbeschwörern, Wasserverkäufern und gerissenen Händlern wie viele Charakteristiken – insbesondere in den *„Einsteiger"* Reiseführern – vermuten lassen.

Bemerkenswert ist in diesem Zusammenhang auch ein Bericht im Sympathie Magazin mit dem Titel „Eine moderne Marokkanerin", der Vita und Wirken einer Professorin für Soziologie vorstellt, die sich engagiert für die Belange von Frauen in der marokkanischen Gesellschaft einsetzt (Ders. 1997, S. 37). Ein weiterer interessanter Bericht, der nicht unbedingt das touristische Image von Marokko widerspiegelt, versucht die Leser mit den Alltagsproblemen der Einheimischen in touristisch relevanten Orten vertraut zu machen. So äußert sich ein marokkanischer Autor kritisch über die Problematik der Wasserversorgung in Agadir, die den meisten Touristen in ihren abgeschotteten Ferienanlagen verborgen bleibt, und ergänzt: „Hinter den touristischen Vierteln, dort wo die Einheimischen wohnen, dienen Senken, trockene Bachläufe und verlassene Steinbrüche oft als wilde Müllkippen." (Ders. 1997, S. 40).

Tabelle 9: Überblick über die Darstellungen des Aspekts Menschenbild in den „*Spezial*" Reiseführern

	Reihe	Autor bzw. Herausgeber	Titel	Verlag	Ort	Auflage/ Jahr	Menschenbild
1	DuMont Kunstreiseführer	A. Betten	Marokko. Antike, Berbertraditionen u. Islam - Geschichte, Kunst und Kultur im Maghreb	DuMont	Köln	1/1998	S. 10-23
2	Polyglott Land & Leute	W. Knappe	Marokko	Polyglott	München	2/1994/ 1995	S. 13-15 S. 47-49 S. 54-57 S. 64-65 S. 117-118 S. 123-124[1]
3	Sympathie Magazin	Studienkreis für Tourismus und Entwicklung	Marokko verstehen	Studienkreis für Tourismus und Entwicklung	Ammerland	-/1997	S. 14-15 S. 23-24 S. 37 S. 40-41

Quelle: Eigene Erhebung 1998

Ähnlich wie das Sympathie Magazin intendiert auch der Polyglott Land & Leute Reiseführer, seine Leser über die Bevölkerung Marokkos jenseits des 1001 Nacht Images zu informieren. Bereits in der Einleitung wird der Leser aufgeklärt: „Marokko besteht jedoch nicht nur aus tanzenden Berbermädchen und wilden Reitern mit Vorderladern.

---

[1] Die Seitenangaben beziehen sich auf die in der Inhaltsanalyse exemplarisch angesprochenen Stichwortkapitel „Arbeitsleben", „Fotografieren", „Gastfreundschaft", „Gesten und Mimik", „Sexualität" und „Tabus". Der Polyglott Land & Leute Reiseführer weist noch diverse weitere Kapitel auf, die sich dezidiert mit dem Aspekt Menschenbild auseinandersetzen.

Diese finden sich nur auf großen Festen, die oft lediglich für die Touristen arrangiert werden." (KNAPPE 1994/1995, S. 1). Das Spektrum der behandelten Stichwortkapitel, die dem Leser die marokkanische Bevölkerung respektive ihre Verhaltenskultur näher bringen sollen, ist äußerst diversifiziert und umfaßt, um nur einige Themenbeispiele zu nennen, Arbeitsleben, Gastfreundschaft, Gesten und Mimik, Sexualität und Tabus. Die Darstellungen bedienen sich nicht, wie in vielen Reiseführern üblich, einer plakativen Sprache, sondern sind vergleichsweise nüchtern gehalten. Leser, die unter dem Stichwort „Sexualität" einschlägige Informationen über Sexualpraktiken bzw. das Nachtleben Marokkos vermuten, werden enttäuscht, statt dessen finden sie einen sensibel verfaßten Text vor, der sie mit den – zur westlichen Kultur – unterschiedlichen Moralvorstellungen der marokkanischen Bevölkerung vertraut macht. Ein besonders gelungenes Beispiel, wie dieser Band zu einer Sensibilisierung zwischen Bereisten und Reisenden beiträgt, stellt der Text zum Stichwort „Fotografieren" dar. Der Leser wird unter diesem Stichwort nicht nur über das Bilderverbot im Islam informiert, es rollt unter anderem auch kritisch die Problematik der „Berufsfotostatisten" auf, zu denen auch Kinder zählen: „Kinder sind mittlerweile auch schon an den touristischen Brennpunkten aufgetaucht, um sich Fotografen anzubieten. Sie sollten die Tatsache bedenken, daß diese Jugendlichen aufgrund der Einnahmequelle häufig von ihren Eltern geschickt werden und daher nicht in die Schule gehen. Dies mindert ihre späteren Bildungs- und Ausbildungschancen. Sie sollten nach Möglichkeit dieses Verhalten nicht fördern, auch wenn die kleinen Mädchen in ihren Berbertrachten so reizend aussehen." (Ders. 1994/1995, S. 48).

5.1.2 Die Religion

„Fremde Religionen haben für uns den Rang eines Kuriositätenkabinetts. Wir registrieren kopfschüttelnd merkwürdige Dinge und spüren gar nicht, wie nahe uns dies manchmal steht.", so stellte der Islamwissenschaftler van Ess in einem Beitrag über den Islam fest (van ESS 1991, S. 67). Verständnisfördernde Darstellungen in Reiseführern hinsichtlich einer fremden Religion, im Falle Marokkos des Islam, können zweifelsohne einen aktiven Beitrag dazu leisten, beim Touristen das Kopfschütteln über eine nicht vertraute Kultur abzubauen. Es wäre natürlich von einem Reiseführer zuviel verlangt, eine derartig komplexe Religion, wie sie der Islam verkörpert, auf ein paar wenigen Seiten umfassend darstellen zu können. Ein Reiseführer erhebt schließlich nicht den Anspruch, ein religionswissenschaftliches Lehrbuch zu sein! Dennoch sollte ein „Wegweiser in die Fremde" zumindest Grundinformationen liefern, die den Leser mit wichtigen Strukturen der jeweiligen Religion vertraut machen. Der Islam, der, wie Heine skizziert, „alle Lebensbereiche des Muslims" durchdringt und für den Gläubigen „auch bei den unscheinbarsten Aspekten des Alltags von kaum zu unterschätzender Bedeutung" ist (HEINE 1996, S. 17), wird dem aufgeschlossenen Touristen bei seinem Aufenthalt in Marokko immer wieder begegnen. Da der Islam vielfach in westlichen Medien nicht gerade wohlwollend thematisiert, nicht selten simplifizierend mit Schlagworten wie Fanatismus, Radikalismus und Fundamentalismus in Verbindung gebracht, teilweise sogar gleichgesetzt wird, gewinnt dieser Aspekt zusätzlich an Bedeutung.

Die Darstellung des Aspekts Religion in den „Einsteiger" Reiseführern

Tabelle 10: Überblick über die Darstellungen des Aspekts Religion in den „Einsteiger" Reiseführern

	Reihe	Autor bzw. Herausgeber	Titel	Verlag	Ort	Auflage/ Jahr	Religion
1	ADAC Reiseführer	J.-P. Roger	Marokko	ADAC	München	1/1998	S. 114
2	APA Pocket Guides	D. Stannard	Marokko	RV	Berlin et al.	1/1993	S. 82-83
3	Berlitz Reiseführer	N. Wilson	Marokko	Berlitz	London	1/1996	Fließtext
4	Hayit Urlaubsberater	R. Botzat	Marokko	Hayit	Köln	-/1995	S. 22-23
5	Marco Polo	I. Lehmann	Marokko	Mairs Geogr.	Ostfildern	7/1997	Fließtext
6	Merian live	I. Lehmann	Marokko	Gräfe u. Unzer	München	1/1998	Fließtext
7	Polyglott	I. Lehmann	Marokko	Polyglott	München	1/1996	Fließtext
8	Viva Twin	A. Sattin S. Franquet	Marokko	Falk	München	-/1998	Fließtext

Quelle: Eigene Erhebung 1998

Ein Blick in die jeweiligen Inhaltsverzeichnisse der einzelnen „Einsteiger" Reiseführer hinsichtlich des Aspekts Religion führt zu einer ausgesprochenen Ernüchterung. Lediglich drei der acht untersuchten Bände dieses Reiseführertyps widmen diesem Aspekt ein eigenes Kapitel. Die übrigen fünf Bände streifen die Religion im Fließtext von Einleitungen bzw. in thematisch anders ausgerichteten Kapiteln oder beschränken sich auf einzelne Erscheinungen des Islam, etwa den *Ramadan*. Exemplarisch werden die jeweiligen Religionsdarstellungen in den Reiseführern der Reihen Viva Twin, Marco Polo, ADAC und Hayit Urlaubsberater einer näheren inhaltlichen Untersuchung unterzogen.

Der Viva Twin Reiseführer verzichtet vollständig darauf, dem Leser eine Einführung in den Islam zu geben, statt dessen konzentriert er seine Ausführungen hinsichtlich des Aspekts Religion auf religiöse Festivitäten unter der Rubrik „Veranstaltungskalender" (SATTIN/FRANQUET 1998, S. 116). Die Rubrik listet unter anderem einige wichtige

Moussem auf, erwähnt aber nicht, daß diese Veranstaltungen in der Regel neben profanen Zügen vor allem religiöse Wurzeln und Charakteristika aufweisen, die sich insbesondere in der für Marokko so charakteristischen Heiligenverehrung manifestieren. Die leichtfertige Zuordnung der *Moussem* unter das Schlagwort „Volksfeste", auf denen, wie die Autoren vermerken, „Speisen und Getränke in Hülle und Fülle" dargeboten werden, erweckt beim Leser außerdem leicht den Eindruck, bei diesen Festen handele es sich primär um profane Festlichkeiten, die in erster Linie der Unterhaltung ihrer Besucher dienten.

Nicht wesentlich informativer und verständnisfördernder gestaltet sich die Darstellung des Aspekts Religion im Marco Polo Reiseführer, der seinen Lesern vornehmlich die vermeintlich fremdländisch-exotische Seite der islamischen Religion präsentiert, wie folgendes Zitat aus dem Einleitungskapitel „Auftakt" treffend illustriert: „Wohin Sie sich auch begeben, von den Minaretten klingen fünfmal am Tag die abgestuften Tonhöhen der Gebetsrufe herab; erblicken Sie im Freien Muslime, die Schuhe abgestreift, das Gesicht nach Mekka gerichtet bei den vorgeschriebenen Körperhaltungen für das rituelle Gebet, nehmen Sie die den islamischen Städten eigene Geräuschkulisse wahr. Akustische und visuelle Reize tauchen Sie auf dem Lande und in der Stadt in die fremdländische Atmosphäre des arabo-islamischen Westens." (LEHMANN 1997, S. 5f.).

Zu den fundiertesten „*Einsteiger*" Reiseführern in bezug auf den Aspekt Religion zählt der ADAC Reiseführer. So informiert dieser seine Leser in einem Kurzessay „Was Sie schon immer über den Islam wissen wollten..." über die Entstehungsgeschichte des Islam, die monotheistische Ausrichtung dieser Religion und die „fünf Säulen" des Islam (ROGER 1998, S. 114). Das Kurzessay weist auch auf die gemeinsamen Offenbarungstraditionen der drei monotheistischen Weltreligionen Judentum, Christentum und Islam hin. Ein überzeugender Ansatz, der dem Leser vor Augen führt, daß trotz aller Unterschiede der einzelnen Religionen signifikante Gemeinsamkeiten vorhanden sind.

Auch dem Hayit Urlaubsberater ist anzumerken, daß ihm an einer umfassenderen Darstellung des Religionsaspekts gelegen ist. Das Kapitel „Der Islam" thematisiert unter anderem Leben und Wirken des Propheten Mohammed, es erwähnt nicht nur die religiöse, sondern auch die juristische Ausprägung des Korans und skizziert die „fünf Säulen" des Islam (BOTZAT 1995, S. 22f.). Erwähnung finden weiterhin Hinweise auf die monotheistische Ausrichtung dieser Religion und das Fehlen eines eigentlichen Priesterstands. Besticht das Religionskapitel dieses „*Einsteiger*" Reiseführers mit vergleichsweise zahlreichen interessanten Informationen für den Leser, so findet sich eine Passage, die Assoziationen an den Glaubenskampf, den *Djihad*, aufkommen läßt: „Islam heißt Hingebung. Damit ist die Unterwerfung unter den Willen Allahs, des alles Beherrschenden, gemeint, wurde aber von den Arabern auch als Unterwerfung aller Völker unter den mohammedanischen Glauben interpretiert." (Ders. 1995, S. 22). Der

Glaubenskampf, dies wird in heutiger Zeit immer wieder von islamischen Rechtsgelehrten betont, hat aber nicht nur einen aggressiven, sondern auch einen defensiven Charakter (HEINE 1994, S. 32). Entsprechende modifizierende Hinweise von Seiten des Autors auf den durchaus ambivalenten Charakterzug des Glaubenskampfs bzw. auf bellizistische Traditionen des Christentums wären in diesem Kontext sicherlich angebracht gewesen.

Die Darstellung des Aspekts Religion in den „*Generalist*" Reiseführern

Von den neun untersuchten „*Generalist*" Reiseführern weisen immerhin sieben Bände ein eigenständiges Religionskapitel auf, während die übrigen zwei Bände den Aspekt Religion im Fließtext thematisch anders ausgerichteter Kapitel behandeln (vgl. Tab. 11). Besonders im Vergleich mit den „*Einsteiger*" Reiseführern nimmt dieser Aspekt einen wesentlich ausführlicheren Raum ein. Die anschließende Untersuchung greift die Darstellungen des Aspekts Religion in den Reiseführern der Reihen DuMont Visuell, DuMont Reisetaschenbücher, DuMont „Richtig Reisen" und Goldstadt auf.

Der inhaltlich dürftigste „*Generalist*" Reiseführer hinsichtlich des Religionsaspekts stellt der DuMont Visuell Reiseführer dar, der zwar mit zahlreichen Illustrationen aufwartet, die Darstellung des Islam jedoch auf einige wenige Zeilen, die in erster Linie einige wichtige Jahreszahlen sowie die „fünf Säulen" des Islam umfassen, beschränkt (LANZERATH et al. 1996, S. 62f.).

Ein hervorragendes Kapitel über den Islam findet der Leser hingegen im DuMont Reisetaschenbuch (BUCHHOLZ 1996, S. 68ff.). Der Autor informiert seine Leser, um nur einige wenige Beispiele zu nennen, über die Grundzüge der Entstehung dieser Religion, über Unterschiede zwischen Christentum und Islam und weist auf den in Marokko verankerten *Maraboutismus* hin. Neben einer sehr ausführlichen Darstellung der „fünf Säulen" des Islam enthält das Kapitel noch einen eigenen Kasten, der den Fastenmonat *Ramadan* thematisiert. Besonders positiv ist der Umstand zu bewerten, daß Buchholz in seinen Ausführungen über den Islam nicht nur Zitate aus dem Koran einführt, und somit die Leser in Ansätzen mit der bedeutendsten Quelle dieser Religion vertraut macht, sondern auch eine aktuelle und viel diskutierte Thematik wie die Rushdie-Affäre aufgreift. Wer jedoch meint, der Autor polarisiere bei seiner Auseinandersetzung mit dieser Thematik, der wird eines Besseren belehrt, denn Buchholz weist in diesem Kontext explizit auf die Toleranz-Tradition des Islam hin, die nur schwerlich mit den Reislamisierungsambitionen von Fundamentalisten zu vereinbaren ist: „In einer derartigen Reislamisierung formiert sich manchmal der Protest gegen eine nach der Kolonialzeit erzwungene Säkularisierung; dabei steht die Demagogie der Fundamentalisten freilich gerade zur beeindruckenden Toleranz-Tradition des Islam in eklatantem Widerspruch. Es gibt keinen Zwang im

Glauben." (Ders. 1996, S. 72). Solch ein modifizierender Hinweis hinsichtlich dieser Affäre kann gar nicht hoch genug eingeschätzt werden, wenn man bedenkt, wie in den Medien sonst – nicht selten einseitig – über diese Affäre berichtet wurde.

Tabelle 11: Überblick über die Darstellungen des Aspekts Religion in den „*Generalist*" Reiseführern

	Reihe	Autor bzw. Herausgeber	Titel	Verlag	Ort	Auflage /Jahr	Religion
1	APA Guides	D. Stannard (Hrsg.)	Marokko	Langenscheidt	München	-/1996	S. 295-296
2	Baedeker Allianz Reiseführer	G. Ludwig	Marokko	Mairs Geogr.	Ostfildern	3/1996	S. 53-60
3	DuMont Reisetaschenbücher	H. Buchholz	Südmarokko mit Agadir und Königsstädten	DuMont	Köln	3/1997	S. 68-75
4	DuMont „Richtig Reisen"	H. Buchholz M. Köhler	Marokko	DuMont	Köln	-/1996	S. 57-61
5	DuMont Visuell	B. Lanzerath et al.	Marokko	DuMont	Köln	2/1996	S. 62-63
6	Goldstadt Reiseführer	D. Höllhuber W. Kaul	Marokko	Goldstadt	Pforzheim	-/1996	S. 38-46
7	Nelles Guides	G. Nelles (Hrsg.)	Marokko	Nelles	München	4/1997	Fließtext
8	Rau's Reisebücher	E. Kohlbach	Quer durch Marokko	Werner Rau	Stuttgart	2/1995	S. 19-22
9	Thomas Cook Reiseführer	J. Keeble	Marokko	Droemer Knaur	München	-/1997	Fließtext

Quelle: Eigene Erhebung 1998

Eine sehr ausführliche Thematisierung des Religionsaspekts findet gleichfalls im DuMont „Richtig Reisen" Reiseführer statt (BUCHHOLZ/KÖHLER 1996, S. 57ff.). Inhaltliche Schwerpunkte bilden neben der Entstehung und Ausbreitung des Islam die „fünf Säulen" sowie die Quellen Koran und *Sunna*. Die Autoren weisen in ihrem Religionskapitel den Leser auf Gemeinsamkeiten zwischen christlicher und islamischer Religion hin, betonen aber auch die Ablehnung der im Christentum vertretenen Trinität durch den Islam, die für diese Religion eine Abkehr vom ursprünglichen Monotheismus bedeutet. Erwähnung finden weiterhin die Stellung der Frau im Islam sowie der *Djihad*.

Im Kontext der Auseinandersetzung mit der Stellung der Frau im Islam wird unter anderem der Aspekt der Polygamie aufgegriffen, der seit Jahrhunderten immer wieder die Fantasie vor allem derjenigen Menschen beflügelt, die nicht dem Islam angehören. Die Autoren weisen darauf hin, daß insbesondere aufgrund mangelnder finanzieller Ausstattung die Vielehe kaum mehr praktiziert wird. Bedauerlicherweise erwähnen Buchholz und Köhler jedoch nicht, daß sich auch der Koran im Zusammenhang mit der unbeschränkten Polygamie in Altarabien um eine Einschränkung derselben bemüht hat; so steht dem Mann zwar laut Koran das Recht auf vier Frauen zu, doch muß er gewährleisten können, daß er alle seine Frauen gerecht behandelt (KHOURY 1978, S. 256). Im Kontext mit der Thematisierung des *Djihad* bleibt anzumerken, daß auch die Autoren dieses Reiseführers erfreulicherweise den defensiven Charakter des „Heiligen Kriegs" hervorheben.

Der von Höllhuber und Kaul verfaßte Goldstadt Reiseführer setzt sich ebenfalls eingehend mit dem Islam auseinander. Neben eher allgemeinen Informationen über die Religion bemüht sich das Religionskapitel dieses Reiseführers in besonderer Weise um die Vermittlung von Hintergrundwissen über spezifische Ausprägungen des Islam in Marokko (HÖLLHUBER/KAUL 1996, S. 38ff.). Die Autoren nennen in diesem Zusammenhang vor allem die Bedeutung der religiösen Bruderschaften, der *Zaouïas*, sowie den weit verbreiteten Glauben an *Baraka*, ein Wort, das für die Segenskraft, die göttliche Gnade steht. Auf die besondere Relevanz von *Baraka* in Marokko und insbesondere die zentrale theologische Frage, wer *Baraka* besitzt, das nicht nur magische Kraft, sondern auch materiellen Wohlstand, physisches Wohlergehen, leibliche Befriedigung, Erfüllung, Glück und Überfluß bedeutet, hat Geertz in seinen Untersuchungen über die Religion in diesem Maghrebstaat explizit hingewiesen (GEERTZ 1988, S. 70ff.). Der Ansatz der beiden Autoren, eingehende Informationen über den Volksislam zu vermitteln, wie er sich in seiner spezifischen Weise in Marokko ausgeprägt hat, ist bemerkenswert, da er den Leser nicht nur mit dem Facettenreichtum des Islam in Marokko vertraut macht, sondern gleichfalls veranschaulicht, daß diese Religion ungleich mehr zu bieten hat als die „fünf Säulen".

Die Darstellung des Aspekts Religion in den *„Alternativ"* Reiseführern

Alle drei *„Alternativ"* Reiseführer (vgl. Tab. 12) setzen sich dezidiert mit dem Aspekt Religion auseinander; die Darstellungen erfolgen jeweils in eigenständigen Kapiteln, die – zumindest bei den Bänden aus der Reihe Reise Know-How – zu den ausführlichsten innerhalb der untersuchten Marokkoreiseführer zählen.

Inhaltlicher Schwerpunkt bei der Darstellung des Aspekts Religion im Band der Reihe „Selbst entdecken" bilden die „fünf Säulen" des Islam (MACHELETT/MACHELETT

1990, S. 51f.). Die Autoren weisen in diesem Zusammenhang auf die Beeinträchtigung der Wirtschaft während des Fastenmonats *Ramadan* hin und erwähnen, daß für weniger wohlhabende Marokkaner, die sich aus finanziellen Gründen eine kostspielige Pilgerreise nach Mekka nicht leisten können, der Wallfahrtsort Moulay Idriss als Alternative fungiert. Angesprochen werden weiterhin der nicht allein auf religiöse Inhalte fixierte Koran und die Verflechtung von weltlicher und religiöser Macht in der Person des marokkanischen Königs. Positiv zu bewerten ist der Hinweis, daß das vor allem in der westlichen Welt oft den Muslimen simplifizierend und pauschal unterstellte Image von Lethargie bzw. Unterordnung, welches meist mit dem Schlagwort Fatalismus umschrieben wird, im Widerspruch zum Aufbruch der arabischen Welt durch den Islam steht. In der heutigen Zeit jedenfalls geht die Wissenschaft davon aus, daß der Prädestinationsglaube, ohne ihn grundsätzlich in Frage stellen zu wollen, insbesondere auf Zeiten des politischen Niedergangs, etwa die Epoche des Mongolensturms oder des Zerfalls des Osmanenreichs, beschränkt war (van ESS 1991, S. 78).

Tabelle 12: Überblick über die Darstellungen des Aspekts Religion in den *„Alternativ"* Reiseführern

	Reihe	Autor bzw. Herausgeber	Titel	Verlag	Ort	Auflage/ Jahr	Religion
1	Reise Know-How	E. Därr	Agadir, Marrakesch und Südmarokko	Reise Know-How	Hohentann	1/1996 a	S. 68-71
2	Reise Know-How	E. Därr	Marokko. Vom Rif zum Antiatlas	Reise Know-How	Hohentann	7/1996 b	S. 343-348
3	Selbst entdecken	N. Machelett C. Machelett	Nordmarokko selbst entdecken	Regenbogen	Zürich	-/1990	S. 51-52

Quelle: Eigene Erhebung 1998

Die zwei von Därr in ihren beiden Marokkoreiseführern verfaßten Kapitel über Religion unterscheiden sich inhaltlich nur in Nuancen (DÄRR 1996 a, S. 68ff. bzw. DÄRR 1996 b, S. 343ff.). Thematische Schwerpunkte ihrer jeweils sehr ausführlichen Darstellungen liegen neben Anmerkungen allgemeiner Art auf den „fünf Säulen" des Islam, der Mystik, den Bruderschaften und dem Heiligenglauben. Der umfangreichere der beiden Marokkoreiseführer ohne regionalen Schwerpunkt spricht zusätzlich das Verhältnis zwischen den Geschlechtern im Islam an; auf diesen Band beziehen sich auch die nachfolgenden Ausführungen. Die Autorin geht ebenfalls auf die vorwiegend negative Rezeption des Islam in Europa ein: „Bislang wird der Islam in Europa meist nur negativ rezipiert, oft stehen einer angemessenen und vorurteilsfreien Beurteilung „kulturelle Imperative" der Aufklärung und des christlichen Glaubens im Weg." (Dies. 1996 b, S. 343). Därr ist hoch anzurechnen, daß sie ihre Leser auf die leider immer noch sehr häufig vorurteilsbeladene Rezeption des Islam hinweist. Problematisch hingegen erscheint die sehr pauschale Verortung dieser Vorurteilsproblematik in Aufklärung und im christlichen Glauben, bemühten sich doch gerade zahlreiche Vertreter der Aufklärung um eine ausgeprägtere Toleranz gegenüber anderen Religionen; als ein Beispiel sei das berühmte Werk Lessings *Nathan der Weise* angeführt, das wie kaum ein anderes Werk für religiöse Toleranz steht. In den letzten Jahrzehnten ist ebenfalls ein verstärktes Eintreten von christlichen Konfessionen für die Verständigung mit anderen Religionen festzustellen. Sicherlich sinnvoller und auch wesentlich aktueller wäre ein Verweis auf die nicht immer ausgewogene Medienberichterstattung hinsichtlich der vorwiegend negativen Rezeption des Islam in Europa gewesen. Ein Verdienst der Autorin ist ihr relativierender Hinweis, daß der „Heilige Krieg", der *Djihad*, primär in dem Fall von Relevanz ist, wenn sich Muslime von Andersgläubigen bedroht fühlen (Dies. 1996 b, S. 346). Auch wenn sich der Islam zu Beginn seiner Geschichte durchaus mit militärischen Mitteln ausgebreitet hat, wird in heutiger Zeit vor allem der defensive Charakter des Glaubenskampfs betont (HEINE 1994, S. 32). Anzumerken bleibt in diesem Kontext, daß sich auch das Christentum gegenüber anderen Religionen nicht immer von seiner friedlichen Seite gezeigt hat, wofür die Kreuzzüge im Hochmittelalter ein Beleg sind.

Die Darstellung des Aspekts Religion in den „*Spezial*" Reiseführern

Analog zu den „*Alternativ*" Reiseführern verzichtet auch keiner der drei untersuchten „*Spezial*" Reiseführer auf eine eigenständige Abhandlung des Religionsaspekts (vgl. Tab. 13). Zwei der drei Reiseführer dieses Typs weisen sogar mehrere Kapitel darüber auf, deren Darstellungen innerhalb der untersuchten Reiseführer sicherlich zu den facettenreichsten und verständnisförderndsten zählen. Die nachfolgenden Ausführungen beziehen sich auf den DuMont Kunstreiseführer sowie das Sympathie Magazin.

Der DuMont Kunstreiseführer widmet dem Gesichtspunkt Religion zwei Exkurse: Der Exkurs „Die Entstehung des Islam" setzt sich aus historischer Perspektive ausführlich mit der Genese dieser Religion auf der Arabischen Halbinsel im 7. Jahrhundert auseinander (BETTEN 1998, S. 38ff.). In bezug auf Marokko ist vor allem der Exkurs „Der Islam im heutigen Marokko" von Interesse (Ders. 1998, S. 68ff.). Auffallend erscheint in diesem Zusammenhang, daß der Autor insbesondere hinsichtlich der kaum vorhandenen Trennung von weltlichen und geistlichen Strukturen im Islam eine stark wertende Position einnimmt, wie folgendes Zitat belegt: „So wie Mohammed und die Kalifen gleichermaßen geistige wie weltliche Führer waren, so sind auch die Gebote des Koran gleichzeitig religiöses und weltliches Gesetz. Insofern hat der Islam in vielleicht noch stärkerem Maße als andere Religionen die Menschen daran gehindert, sich selbst und ihrer Gemeinschaft in Eigenverantwortung und auf Vernunft gegründete Regeln und Gesetze zu geben." (Ders. 1998, S. 68f.).

Tabelle 13: Überblick über die Darstellungen des Aspekts Religion in den „Spezial" Reiseführern

	Reihe	Autor bzw. Herausgeber	Titel	Verlag	Ort	Auflage/ Jahr	Religion
1	DuMont Kunstreiseführer	A. Betten	Marokko. Antike, Berbertraditionen u. Islam - Geschichte, Kunst und Kultur im Maghreb	DuMont	Köln	1/1998	S. 38-40 S. 68-70
2	Polyglott Land & Leute	W. Knappe	Marokko	Polyglott	München	2/1994/ 1995	S. 113-117
3	Sympathie Magazin	Studienkreis für Tourismus und Entwicklung	Marokko verstehen	Studienkreis für Tourismus und Entwicklung	Ammerland	-/1997	S. 7-8 S. 20 S. 22

Quelle: Eigene Erhebung 1998

Das Sympathie Magazin bemüht sich, seinen Lesern möglichst verschiedene Facetten des Islam näherzubringen. In dem Kapitel „Abkömmlinge des Propheten" wird vor allem die historische Etablierung des Islam in Marokko und die traditionell enge Verbindung dieser Religion mit den jeweiligen Herrscherhäusern skizziert (Studienkreis für Tourismus und Entwicklung 1997, S. 8). Der Leser erfährt dabei, daß die Stämme den Sultan (*Makhzen*) in der Regel zwar als religiöses Oberhaupt anerkannten, sich jedoch nicht unbedingt seiner weltlichen Macht beugen wollten. Neben der historischen Ausrichtung dieses Kapitels enthält es noch eine eigene Rubrik, die das Problem „Islamischer Fundamentalismus" auf eine sehr ausgewogene Art aufrollt. In der Rubrik wird explizit auf den verhältnismäßig geringen Einfluß marokkanischer Fundamentalisten, auch im Vergleich zum Nachbarland Algerien, auf das politische Leben im Land hingewiesen. Als Gründe für die nur relativ bescheidenen Erfolge marokkanischer Fundamentalisten werden der geringe politische Spielraum fundamentalistischer Führer aufgrund der Überwachung durch den Staat, die nur „nebulös" ausgeprägten gesellschaftspolitischen Alternativen der Fundamentalisten und die Identifikation breiter Massen mit dem König als religiösem Oberhaupt genannt.

Auf zwei weitere Kapitel, die sich in diesem Reiseführer mit dem Aspekt Religion auseinandersetzen, sei ergänzend hingewiesen, da sie besonders gelungen sind. Im Kapitel „Allahs Segen sei mit Euch!" schildert ein Marokkaner im Gespräch mit dem Autoren die Bedeutung von *Baraka* (Ders. 1997, S. 20); ein sicherlich kaum zu überbietender Vorteil des Sympathie Magazins ist, daß in ihm immer wieder Einheimische zu Wort kommen. Besonders hervorzuheben ist das Kapitel „Dialog zwischen Muslimen und Christen", das die Arbeit katholischer Ordensschwestern schildert, die sich nicht nur der seelsorgerischen Betreuung der christlichen Minderheit Marokkos annehmen, sondern auch Muslimen und Christen ein Forum bieten, die jeweils andere Religion besser zu verstehen und zu achten (Ders. 1997, S. 22).

5.2 Soziofakte

5.2.1 Die Geschichte

Geschichte als Resultat „des Wandels menschlicher Wirklichkeit in der Zeit" (KOCKA 1989 zitiert bei LAUTERBACH 1991, S. 382) hat seit längerer Zeit in vielen Bereichen Hochkonjunktur, man denke beispielsweise an die beachtliche Resonanz historischer Ausstellungen, das vermehrte Ausstrahlen geschichtsbezogener Filme im Fernsehen und die große Nachfrage nach historischen Romanen im Buchhandel. Bei den meisten Reiseführern gehört das Geschichtskapitel bereits seit Erscheinen des ersten Baedeker gewissermaßen zum Standardrepertoire im Bereich der Darstellung kultureller Aspekte. Ein Umstand, der sicherlich erfreulich ist, ermöglicht doch erst ein historischer Rückblick auf die Vergangenheit der jeweiligen Destination auch ein systematischeres Verständnis von Land und Leuten. Doch mit einer einfachen chronologischen Auflistung historischer Ereignisse ist es in der Regel nicht getan, will man seine Leser nicht alleine mit Jahreszahlen traktieren, die allenfalls ein Gerüst zur zeitlichen Orientierung bieten, jedoch keine Zusammenhänge aufzeigen. Um Geschichte in ihren Grundstrukturen nachvollziehen zu können, müssen dem Leser Hintergrundinformationen vermittelt werden, die Begründungen für das spezifische Gewordensein einer bestimmten Umwelt liefern. Nicht die Reduktion von Geschichte auf Zahlen und Herrschernamen fördert historisches Bewußtsein, sondern das Aufzeigen von historischen Prozessen und kausalen Zusammenhängen.

Die Darstellung des Aspekts Geschichte in den „*Einsteiger*" Reiseführern

Sämtliche der acht untersuchten Reiseführer des Typs „*Einsteiger*" Reiseführer (vgl. Tab. 14) beschäftigen sich in einem eigenständigen Kapitel mit dem Aspekt Geschichte. Dabei reicht das Spektrum der Darstellungen von rein tabellarischen Geschichtspräsentationen bis hin zu Abhandlungen, die sich auch um ein beschreibbares Geschichtsbild bemühen. Exemplarisch vorgestellt werden die Geschichtsdarstellungen aus den Reiseführern der Reihen Marco Polo, Merian Live, Polyglott und Apa Pocket Guides.

Tabelle 14: Überblick über die Darstellungen des Aspekts Geschichte in den „Einsteiger" Reiseführern

	Reihe	Autor bzw. Herausgeber	Titel	Verlag	Ort	Auflage/ Jahr	Geschichte
1	ADAC Reiseführer	J.-P. Roger	Marokko	ADAC	München	1/1998	S. 12-15
2	APA Pocket Guides	D. Stannard	Marokko	RV	Berlin et al.	1/1993	S. 12-19
3	Berlitz Reiseführer	N. Wilson	Marokko	Berlitz	London	1/1996	S. 10-23
4	Hayit Urlaubsberater	R. Botzat	Marokko	Hayit	Köln	-/1995	S. 11-19
5	Marco Polo	I. Lehmann	Marokko	Mairs Geogr.	Ostfildern	7/1997	S. 7
6	Merian live	I. Lehmann	Marokko	Gräfe u. Unzer	München	1/1998	S. 118-119
7	Polyglott	I. Lehmann	Marokko	Polyglott	München	1/1996	S. 14-15
8	Viva Twin	A. Sattin S. Franquet	Marokko	Falk	München	-/1998	S. 10-11

Quelle: Eigene Erhebung 1998

Die drei von Lehmann verfaßten „Einsteiger" Reiseführer aus den Reihen Marco Polo, Merian live und Polyglott beschränken ihre jeweiligen Darstellungen des Aspekts Geschichte in erster Linie auf eine chronologische Auflistung historischer Ereignisse in Tabellen. Im Marco Polo Reiseführer firmiert diese Darstellungsform unter der Bezeichnung „Geschichtstabelle" (LEHMANN 1997, S. 7), im Merian live Reiseführer unter „Geschichte auf einen Blick" (Dies. 1997, S. 118f.) und im Polyglott Reiseführer unter „Geschichte im Überblick" (Dies. 1996, S. 14). Die Ähnlichkeit dieser drei Reiseführer hinsichtlich ihrer Darbietung von Geschichte manifestiert sich nicht nur in einer weitgehenden Übereinstimmung der oben vorgestellten Bezeichnungen, sondern auch hinsichtlich der ausgewählten Ereignisse. Stichwortartig fassen diese Tabellen die historische Entwicklung Marokkos zusammen und produzieren durch ihre jeweiligen Aneinanderreihungen isolierter Daten doch nicht mehr als blanke Unverbindlichkeit und Zusammenhanglosigkeit. Dabei kommt es teilweise – schon aufgrund der Kürze der Darstellungen – zu schwerwiegenden Verzerrungen, die ein inkorrektes Geschichtsbild vermitteln. So wird beispielsweise im Marco Polo Reiseführer der „Zusammenbruch" römischer und byzantinischer Macht in Nordafrika auf das Jahr 622 datiert, obwohl es sich bei diesem „Zusammenbruch" um einen sukzessiven Prozeß handelte, der sich über mehrere Jahrzehnte hinzog: „Zusammenbruch der antiken Zivilisation in Nordafrika mit dem Auftreten der Araber." (Dies. 1997, S. 7). Außerdem bleibt in diesem Kontext unerwähnt, daß der „Zusammenbruch" nicht erst durch das Auftreten der Araber, sondern bereits durch das Eindringen der Vandalen im 5. Jahrhundert in den nordafrikanischen Raum eingeläutet wurde. Neun Jahreszahlen weiter in der Tabelle ist die Autorin bereits bei der Unabhängigkeit Marokkos im Jahr 1956 „angekommen", über die sie lapidar konstatiert: „Unabhängigkeitserklärung. Aufhebung des Tanger-Status". Schnelldurchlauf anstatt Hintergrundinformation.

Als einziger der drei von Lehmann verfaßten Bände weist der Polyglott Reiseführer neben der stichwortartigen Tabelle einen kurzen Abschnitt auf, der so etwas wie ein beschreibbares Geschichtsbild vermittelt. In diesem Abschnitt setzt sich Lehmann mit der Protektoratszeit Marokkos auseinander. Dabei vermittelt die Autorin ihren Lesern in bezug auf die Auswirkungen der Protektoratszeit ein ausgesprochen einseitiges Bild: „Die Ironie der Geschichte besteht darin, daß erst der Kolonialmacht nach einer kurzen und dramatischen Protektoratszeit der Aufbau einer modernen übergreifenden westlichorientierten Infrastruktur gelang und somit der Anschluß an die Neuzeit möglich wurde." (Dies. 1996, S. 15). Es ist zweifelsohne ein richtiges Faktum, daß Marokko während seiner Kolonialzeit in Hinsicht auf die Infrastruktur beachtliche Fortschritte erlebt hat, doch der Ausgewogenheit halber stellt sich schon die Frage, weshalb die Autorin auf jegliche Hinweise verzichtet, die sich auch kritisch mit der Kolonialzeit auseinandersetzen.

Einer der wenigen *„Einsteiger"* Reiseführer, der seinen Lesern die komplexe Geschichte Marokkos nicht nur in chronologischer Tabellenform darbietet, stellt der von Stannard verfaßte APA Pocket Guide dar (STANNARD 1993, S. 12ff.). Wer sich allerdings eine einigermaßen fundierte Geschichtsdarstellung erwartet, dürfte auch von diesem Reiseführer desillusioniert sein. So greift die Autorin beispielsweise in ihren Ausführungen unter der Überschrift mit dem belanglosen aber effekthascherischen Namen „Berberblut" die arabisch-islamische Eroberung Nordwestafrikas im 7. Jahrhundert heraus und skizziert diese historische Zäsur, durch die die Islamisierung des Maghreb eingeleitet wurde, mit folgenden Worten: „Als die Araber im 7. Jahrhundert nach Westen vordrangen, um die Lehre ihres Propheten Mohammed zu verbreiten, nahmen die Berber den Islam freiwillig an." (Dies. 1993, S. 12). Eine sicherlich allzu simplifizierende Aussage, die dem komplexen Prozeß der Islamisierung nicht im geringsten gerecht wird, da Stannard nicht nur verkennt, daß die arabisch-islamischen Eroberer teilweise auf massiven Widerstand von Seiten der berberischen Bevölkerung stießen, sondern auch die diversifizierten Faktoren, die die Islamisierung begleitet haben, übergeht. Daß die Islamisierung des maghrebinischen Raums ein wesentlich komplexerer Vorgang als die freiwillige Übernahme des Islam war, wird durch die Ausführungen des Islamwissenschaftlers Abun-Nasr deutlich: „The Islamization of the Maghribi society is a complex process, involving socio-economic factors which the historian cannot hope to be able fully to explore. Amongst the factors which have certainly contributed to this process was the recruitment of Berber tribal warriors into the Arab army and generally the desire of the Berbers to enjoy the rights of full citizens of the Islamic state. The activities of Muslim merchants in remote parts of the Maghrib also seem to have contributed to its Islamization. (...) The single most important factor in the process which led to the far-reaching Islamization of the Berbers seems, however, to have been that during the eighth and ninth centuries the Maghrib became, partly on account of its geographical location, an area where political fugitives from the Mashriq (Arab East) and *dais* (religio-political propagandists) spreading the teachings of the Kharijite and Shiite opponents of the caliphs operated." (ABUN-NASR 1982, S. 26f.).

Die Darstellung des Aspekts Geschichte in den „*Generalist*" Reiseführern

Auch bei den Reiseführern vom Typ „*Generalist*" (vgl. Tab. 15) weisen sämtliche Ausgaben eigenständige Geschichtskapitel auf. Während sich etliche der untersuchten „*Einsteiger*" Reiseführer in ihren Geschichtskapiteln vor allem in chronologischen Tabellen ergehen, ist bei einigen „*Generalist*" Reiseführern – zumindest in Ansätzen – auch das Bemühen erkennbar, die historischen Ereignisse in Zusammenhänge einzuordnen und zu interpretieren. Doch auch hier gibt es teilweise beträchtliche Qualitätsunterschiede, wie die nachfolgenden Ausführungen beweisen. Exemplarisch näher vorgestellt werden die jeweiligen Geschichtsdarstellungen in den Reiseführern der Reihen Rau's Reisebücher, Thomas Cook, Nelles Guides und DuMont „Richtig Reisen".

Eine der enttäuschendsten Darstellungen des Aspekts Geschichte innerhalb der „*Generalist*" Reiseführer weist der von Kohlbach verfaßte Band aus der Reihe Rau's Reisebücher auf. Unter dem Kapitel „Geschichte und Dynastien – in Stichworten" wird die Geschichte Marokkos vom Paläolithikum bis in die neunziger Jahre – stichpunktartig, wenn auch nicht tabellarisch – aufgerollt, ohne auch nur den geringsten Versuch zu unternehmen, diese komplexe Materie für den Leser mit Hintergrundinformationen anzureichern, um ihm mögliche historische Zusammenhänge aufzuzeigen (KOHLBACH 1995, S. 15ff.). Dabei setzt die Autorin auch hinsichtlich ihrer thematischen Schwerpunktsetzung Prioritäten, die nicht unbedingt dem Geschichtsverständnis förderlich sind. So spielen beispielsweise bei den Ausführungen Kohlbachs die Machthaber der einzelnen marokkanischen Dynastien eine zentrale Rolle, im Zusammenhang mit der Thematisierung der Alaouiten werden von der Autorin sogar sämtliche Herrscher dieser Dynastie inklusive ihrer jeweiligen Regentschaftsdauer genannt, während eines der grundlegenden historischen Ereignisse der marokkanischen Geschichte, die arabisch-islamische Eroberung, zur bloßen Ereignisgeschichte degradiert wird: „Okba Ibn Nafi dringt 682 als erster Araber bis zum Atlantik vor. Doch erst Musa ibn Noceir verleibt 30 Jahre später das Land dem Omajadenreich ein, die Islamisierung der Berber beginnt." (Dies. 1995, S. 16).

Tabelle 15: Überblick über die Darstellungen des Aspekts Geschichte in den „*Generalist*" Reiseführern

	Reihe	Autor bzw. Herausgeber	Titel	Verlag	Ort	Auflage/ Jahr	Geschichte
1	APA Guides	D. Stannard (Hrsg.)	Marokko	Langenscheidt	München	-/1996	S. 31-64
2	Baedeker Allianz Reiseführer	G. Ludwig	Marokko	Mairs Geogr.	Ostfildern	3/1996	S. 82-101
3	DuMont Reisetaschenbücher	H. Buchholz	Südmarokko mit Agadir und Königsstädten	DuMont	Köln	3/1997	S. 41-58
4	DuMont „Richtig Reisen"	H. Buchholz M. Köhler	Marokko	DuMont	Köln	-/1996	S. 23-36
5	DuMont Visuell	B. Lanzerath et al.	Marokko	DuMont	Köln	2/1996	S. 52-57
6	Goldstadt Reiseführer	D. Höllhuber W. Kaul	Marokko	Goldstadt	Pforzheim	-/1996	S. 89-107
7	Nelles Guides	G. Nelles (Hrsg.)	Marokko	Nelles	München	4/1997	S. 15-19
8	Rau's Reisebücher	E. Kohlbach	Quer durch Marokko	Werner Rau	Stuttgart	2/1995	S. 15-19
9	Thomas Cook Reiseführer	J. Keeble	Marokko	Droemer Knaur	München	-/1997	S. 8-11

Quelle: Eigene Erhebung 1998

Ähnlich unerfreulich ist die Geschichtsdarstellung im Thomas Cook Reiseführer, der diesen Aspekt seinen Lesern in einem Geschichtskapitel, das in chronologischer Reihenfolge historische Ereignisse aufzählt, und auf einer Themenseite unter der Überschrift „Sultane und Kolonialherren" darlegt (KEEBLE 1997, S. 8ff.). Wie problematisch chronologisch-tabellarische Darstellungen – besonders in Anbetracht ihrer starken Reduktion – für die Präsentation von Geschichte sind, wurde bereits bei den *„Einsteiger"* Reiseführern deutlich. Auch in diesem Reiseführer erweist sich diese Darstellungsform wieder als sehr fragwürdig; so liest der Rezipient etwa über die Kolonialzeit in Marokko: „1912-1956 Der französische Generalgouverneur General Lyautey sucht traditionelle Architektur und althergebrachte Sitten zu erhalten. Tanger wird zum Tummelplatz des internationalen Jetset." (Ders. 1997, S. 9). Eine – zumindest für die zweite Aussage – doch sehr eigenwillige und einseitige Interpretation der marokkanischen Kolonialzeit. Auch wenn sich Lyautey während seiner Amtszeit durchaus Verdienste, vor allem in der Städtebaupolitik, erwarb, so stellt sich schon die Frage, warum der Autor nicht weitere – typischere – Charakteristika für diese in der marokkanischen Geschichte so wichtige Epoche anführt. Die Aussage Keebles impliziert nicht nur, daß Lyauteys Amtszeit bis zur Proklamation der Unabhängigkeit dauerte, obwohl dieser bereits 1925 von seinen Amt zurücktrat und 1934 verstarb, sie weckt beim Leser auch den Eindruck, als sei es primäres Ziel der französischen Kolonialpolitik in Marokko gewesen, sich um die Erhaltung der Architektur und der Sitten des Landes verdient zu machen. Ein seriöser Reiseführerautor, der sich zumindest in Grundzügen mit der marokkanischen Geschichte vertraut gemacht haben sollte, dürfte ein solch verzerrtes Geschichtsbild nicht bieten.

Auf der sich der chronologisch-historischen Übersicht anschließenden Themenseite „Sultane und Kolonialherren", die sich in erster Linie mit den Dynastien Marokkos befaßt, kommt Keeble noch einmal auf Lyautey zu sprechen; auch diesmal wird dem Leser wieder ein ausgesprochen undifferenziertes Bild von der Kolonialzeit geboten: „Glücklicherweise erwies sich der französische Gouverneur als ebenso klug wie viele der früheren marokkanischen Sultane. Lyautey war ein aufgeklärter General, der sich in die Geschichte und Traditionen Marokkos einfühlte. Seinem Einfluß ist es zu verdanken, daß ein Großteil des marokkanischen Erbes bewahrt und die Infrastruktur des Landes erheblich verbessert wurde." (Ders. 1997, S. 11).

Mit einer wesentlich gelungeneren Darstellung hinsichtlich des Aspekts Geschichte wartet der Nelles Guide auf (NELLES 1997, S. 15ff.). Dem Autoren ist das Bemühen anzumerken, seinen Lesern nicht nur Jahreszahlen mit den dazugehörigen Ereignissen, sondern auch – zumindest in Ansätzen – Hintergrundinformationen zu vermitteln. So erwähnt der Autor beispielsweise die *Reconquista* nicht nur unter dem Gesichtspunkt der Vertreibung andalusischer Muslime und Juden aus Spanien, er führt in diesem Zusammenhang auch den mit der Einwanderung der Flüchtlinge verbundenen kulturellen Aufschwung in Marokko an. In Hinsicht auf die Kolonialzeit erwähnt der Autor einige der damit verbundenen Fortschritte für das Land, er weist aber auch einschränkend darauf hin, wem diese Vorteile primär nützten: „Eine neue Infrastruktur mit Häfen, Straßen, Eisenbahnen und Staudämmen entstand, die allerdings in erster Linie den wirtschaftlichen Interessen Frankreichs diente: der Ausbeutung der Bodenschätze (Erze und Phosphate), dem Anbau von Getreide für das Mutterland und langfristig dem Absatz französischer Industrieprodukte." (Ders. 1997, S. 19).

Einen unkonventionellen, aber sinnvollen Ansatz beschreitet der DuMont „Richtig Reisen" Reiseführer bei der Behandlung des Aspekts Geschichte, indem er in seinem Kapitel „Geschichte und Kunstgeschichte" die beiden Disziplinen miteinander verknüpft (BUCHHOLZ/KÖHLER 1996, S. 23ff.). Buchholz und Köhler skizzieren die Geschichte Marokkos ausgehend von der Vor- und Frühgeschichte bis in die neunziger Jahre dieses Jahrhunderts. An die jeweiligen Ausführungen zu den einzelnen Epochen schließen sich Abschnitte über kunsthistorisch bedeutende Bauwerke an, die in den jeweiligen Epochen entstanden sind. Diese Vorgehensweise bietet dem Leser den entscheidenden Vorteil, daß er die für ihn als Touristen in der Regel so wichtigen Sehenswürdigkeiten in einen historischen Kontext einordnen kann.

Bemerkenswert ist ebenfalls der Verweis der Autoren auf den für die historisch-territoriale Entwicklung des Landes so eminent wichtigen Gegensatz zwischen *Bled al-Makhzen* und *Bled as-Siba* sowie die entsprechende Einordnung in das Werk von Ibn Khaldoun, der diesen Dualismus bereits im 14. Jahrhundert beschrieben hat: „In der Geschichtsphilosophie des arabischen Universalgelehrten findet sich nicht nur bereits die Lehre von Basis und Überbau, die Dialektik von Arbeit und Kapital angelegt, sondern auch der Gegensatz zwischen Zentrum und Peripherie, zwischen der Einheit des Reiches und den sich bedrängenden Kräften von außen. Dieser Gegensatz hat die Geschichte Marokkos, die ganz wesentlich Dynastiengeschichte ist, über ein Jahrtausend bestimmt." (Dies. 1996, S. 23).

Die Darstellung des Aspekts Geschichte in den „*Alternativ*" Reiseführern

Von den drei untersuchten Bänden dieses Reiseführertyps (vgl. Tab. 16) weisen alle ein eigenes Kapitel auf, das den Aspekt Geschichte behandelt. Die beiden von Därr verfaßten Reiseführer integrieren in ihre Geschichtspräsentation eine Thematisierung der Zeitgeschichte Marokkos seit der Unabhängigkeit des Landes im Jahr 1956, die in erster Linie eine Darstellung des Aspekts Politik bietet.

Allenfalls Überblickscharakter besitzt die Darstellung des Aspekts Geschichte im Reiseführer der Reihe „Selbst entdecken", der die historische Entwicklung Marokkos von den Phöniziern bis in die achtziger Jahre nachzeichnet (MACHELETT/MACHELETT

1990, S. 53ff.). Die Ausführungen vermitteln dem Leser hauptsächlich Ereignisgeschichte, jedoch kaum Hintergrundinformationen, die ein eingehenderes Verständnis der historischen Entwicklung ermöglichen könnten. Ansonsten fällt die Darstellung vor allem durch ihre Feststellung auf, daß die Berber aus einer allmählich austrocknenden Sahara in den nordafrikanischen Raum gedrängt worden seien. Eine Feststellung, die, wie bereits Popp in seiner Untersuchung über die Präsentation der Berber in Marokkoreiseführern konstatiert hat, bis in die heutige Zeit wissenschaftlich nicht belegbar ist (POPP 1994, S. 165).

Tabelle 16: Überblick über die Darstellungen des Aspekts Geschichte in den „Alternativ" Reiseführern

Reihe	Autor bzw. Herausgeber	Titel	Verlag	Ort	Auflage/ Jahr	Geschichte
1 Reise Know-How	E. Därr	Agadir, Marrakesch und Südmarokko	Reise Know-How	Hohentann	1/1996 a	S. 29-51
2 Reise Know-How	E. Därr	Marokko. Vom Rif zum Antiatlas	Reise Know-How	Hohentann	7/1996 b	S. 262-300
3 „Selbst entdecken"	N. Machelett C. Machelett	Nordmarokko selbst entdecken	Regenbogen	Zürich	-/1990	S. 53-58

Quelle: Eigene Erhebung 1998

Zu den besten Darstellungen, den Aspekt Geschichte betreffend, zählen die beiden von Därr verfaßten „Alternativ" Reiseführer aus der Reihe Reise Know-How. Der Band ohne regionalen Schwerpunkt behandelt diesen Aspekt unter dem Kapitel „Geschichte und Zeitgeschehen" und der Band mit regionalem Schwerpunkt unter dem Kapitel „Geschichte und Politik" (DÄRR 1996 b, S. 262ff. bzw. DÄRR 1996 a, S. 29ff.). Beide Reiseführer weisen in ihren Darstellungen neben einer chronologischen Geschichtstabelle auch einen ausführlichen Text auf, der die Geschichte Marokkos vom Paläolithikum bis zum Zeitpunkt der Unabhängigkeit des Landes im Jahr 1956 nachzeichnet. Aufgrund weitgehender Konvergenz beider Reiseführer hinsichtlich des Inhalts erstrecken sich die nachfolgenden Ausführungen auf den etwas ausführlicheren Reiseführer ohne regionalen Schwerpunkt. Mag die Informationsfülle in der textlichen Darstellung, die sich auch in einer beträchtlichen Ballung an Jahreszahlen widerspiegelt, so manchen Leser von der Lektüre des Geschichtskapitels abschrecken, so überzeugend ist doch in vielerlei Hinsicht das dem Leser vermittelte Hintergrundwissen. Därr weist beispielsweise im Zusammenhang mit der Erwähnung der Reconquista auf die durch die christliche

Bedrohung ausgelöste Renaissance des Islam hin, wie sie sich vor allem im *Sufismus* und in den religiösen Bruderschaften manifestierte (Dies. 1996 b, S. 271). Därr informiert ihre Leser des weiteren über einzelne kulturelle Beiträge, die unter den wechselnden Dynastien hervorgebracht wurden, etwa unter den Almohaden auf dem Sektor der Baukunst, oder unter den Meriniden auf dem Sektor der Geisteswissenschaften. Einen der ausführlichsten Abschnitte des Geschichtskapitels widmet die Autorin der Kolonialzeit. In diesem Kontext erwähnt sie unter anderem auch die Rolle der zwei charismatischsten Vertreter der Unabhängigkeitsbewegung Allal al-Fassi sowie Abd el-Krim. Überdies geht Därr auf das Berberdekret von 1930 ein, dessen Absicht insbesondere darin bestand, Zwietracht innerhalb der marokkanischen Bevölkerung zu schüren. Bedauerlicherweise vernachlässigt die Autorin jedoch, abgesehen von einer quantitativen Nennung der Todesopfer auf marokkanischer Seite, eine konkrete Auseinandersetzung mit den Auswirkungen der Protektoratszeit auf die Entwicklung des Landes.

Die Darstellung des Aspekts Geschichte in den *„Spezial"* Reiseführern

Auch bei den *„Spezial"* Reiseführern (vgl. Tab. 17) verzichtet keiner der untersuchten Bände auf eine Darstellung des Aspekts Geschichte in einem eigenständigen Kapitel. Eine Besonderheit innerhalb der untersuchten Reiseführer stellt der DuMont Kunstreiseführer dar, dessen Geschichtspräsentation im allgemeinen Teil des Reiseführers als eine holistisch ausgerichtete Abhandlung der Kulturgeschichte Marokkos konzipiert wurde.

Eine – trotz ihrer Kürze – gelungene Darstellung des Aspekts Geschichte weist das Sympathie Magazin auf. Das Kapitel „Abkömmlinge des Propheten" zeichnet die historische Entwicklung Marokkos von der arabisch-islamischen Eroberung im 8. Jahrhundert bis zur Unabhängigkeit des Landes im Jahr 1956 nach (Studienkreis für Tourismus und Entwicklung 1997, S. 7f.). Im Mittelpunkt stehen die Dynastien des vorkolonialen Marokkos, insbesondere die Dynastie der auch heute noch regierenden Alaouiten, sowie die kolonialen Ambitionen europäischer Mächte. Besonders positiv ist der Umstand zu bewerten, daß der marokkanische Autor bei seinen Ausführungen auch mit Hintergrundinformationen aufwartet, die charakteristische Strukturen der historisch-territorialen Entwicklung des Landes darlegen. So wird der Leser beispielsweise relativ ausführlich über den Gegensatz zwischen *Bled al-Makhzen* und *Bled as-Siba* informiert sowie auf die enge Verzahnung von geistlicher und weltlicher Macht in der Person des marokkanischen Herrschers hingewiesen.

Ähnlich wie das Sympathie Magazin bemüht sich auch der Polyglott Land & Leute Reiseführer bei seiner Geschichtspräsentation, den Lesern Einblicke in die Geschichte Marokkos zu gewähren, die über das reine Aufzählen von Fakten hinausgehen (KNAPPE

1994/1995, S. 58ff.). So erwähnt Knappe, der unter dem Stichwort „Geschichte" die historische Entwicklung des Landes vom Paläolithikum bis zur Unabhängigkeit skizziert, einzelne Vertreter der Wissenschaftsgeschichte, in diesem Fall Ibn Battouta und Ibn Khaldoun, und zieht Verbindungen zur Kunstgeschichte, indem er etwa auf einzelne Baudenkmäler aufmerksam macht, die unter der Herrschaft der Almohaden entstanden sind. Nachteilig wirkt sich – vor allem aufgrund der Kürze der Geschichtspräsentation – der Umstand aus, daß der Autor sehr viele historische Entwicklungen Marokkos anreißt, ohne jedoch sorgfältiger auf die einzelnen Fakten einzugehen. Dies führt zu einer starken Überfrachtung der Darstellung mit Jahreszahlen.

Tabelle 17: Überblick über die Darstellungen des Aspekts Geschichte in den „*Spezial*" Reiseführern

	Reihe	Autor bzw. Herausgeber	Titel	Verlag	Ort	Auflage/ Jahr	Geschichte
1	DuMont Kunstreiseführer	A. Betten	Marokko. Antike, Berbertraditionen u. Islam - Geschichte, Kunst und Kultur im Maghreb	DuMont	Köln	1/1998	S. 10-125
2	Polyglott Land & Leute	W. Knappe	Marokko	Polyglott	München	2/1994/ 1995	S. 58-62
3	Sympathie Magazin	Studienkreis für Tourismus und Entwicklung	Marokko verstehen	Studienkreis für Tourismus und Entwicklung	Ammerland	-/1997	S. 7-8

Quelle: Eigene Erhebung 1998

Qualitativ hervorragend in bezug auf die Darstellung des Aspekts Geschichte ist der DuMont Kunstreiseführer, der jedoch, auch aufgrund seiner quantitativ beachtlichen Informationsfülle, in erster Linie nur bei einem relativ kleinen, speziell an Geschichte bzw. Kunstgeschichte interessierten Leserkreis Beachtung finden dürfte. Der DuMont Kunstreiseführer versteht seine Darstellung von Geschichte als eine umfassende Präsentation der Kulturgeschichte Marokkos und thematisiert historische Aspekte in den Kapiteln „Bevölkerung", „Geschichte und Kultur im Norden Marokkos", „Daten zur Geschichte", „Bedeutende Persönlichkeiten", „Die islamische Kunst Marokkos" und „Geschichte, Kunst und Kultur der Berber im Süden Marokkos" (BETTEN 1998, S. 10ff.). In diese Kulturgeschichte ordnet Betten explizit die Menschen Marokkos ein und behandelt die einzelnen ethnischen und religiösen Bevölkerungsgruppen insbesondere hinsichtlich ihrer historischen Entwicklung sowie – was bei einem Kunstreiseführer nicht weiter überrascht – ihres Beitrags zur Kunst. Betten unterstreicht in diesem Kontext die herausragende Stellung des Menschen: „Träger einer jeden Kultur sind die Menschen. Bauern, Handwerker, Künstler und Philosophen, Priester und Herrscher tragen – jeder auf seine Weise und vereint durch die Idee eines gemeinsamen Glaubens oder die Realität gemeinsamer Lebensumstände, oft genug jedoch auch in Abgrenzung zu anderen Kulturen – zum Entstehen von Kunst und zur Herausbildung einer kulturimmanenten Ästhetik bei, die – in Marokko über Jahrhunderte nahezu unverändert – ihrerseits wiederum Rückwirkungen auf das individuelle und gesellschaftliche Bewußtsein gehabt haben." (Ders. 1998, S. 10). Der Autor greift in seiner kulturgeschichtlichen Darstellung in einzelnen Exkursen auch religiöse bzw. kunsthistorische Gesichtspunkte auf, die den Leser beispielsweise über die Entstehung des Islam oder das Bilderverbot informieren. Der Schwerpunkt der Ausführungen Bettens liegt jedoch auf der Kunstgeschichte; so beinhalten die einzelnen Unterkapitel des Kapitels „Geschichte und Kultur im Norden Marokkos", das die Geschichte des Landes vom Paläolithikum bis in die neunziger Jahre dieses Jahrhunderts aufrollt, angegliederte Abschnitte über die künstlerischen Leistungen der jeweiligen Epochen. Daß sich die Geschichte eines Landes nicht nur in Ereignissen widerspiegelt, sondern auch im kulturellen Schaffen einzelner Persönlichkeiten, zeigt sich dem Leser im Kapitel „Bedeutende Persönlichkeiten", das, um nur drei Beispiele zu nennen, Leben und Werk des Geographen Idrisi, des Universalgelehrten Ibn Khaldoun und des Schriftstellers Tahar Ben Jelloun vorstellt.

5.2.2 Die Politik

Marokkos theokratisch strukturiertes politisches System unterscheidet sich in vielerlei Hinsicht von politischen Systemen westlicher Prägung. Die konstitutionelle Tradition Marokkos fußt auf dem klassischen islamischen Staatsrecht, wonach der Herrscher, *Amir el-Mouminin* (Führer der Gläubigen), Stellvertreter und Nachfolger des Propheten, als geistliches und weltliches Oberhaupt die Geschicke der muslimischen Gemeinde lenkt (CLAUSEN 1994, S. 186). Im politischen System Marokkos spielt die Instrumentalisierung des Islam eine zentrale Rolle. Faath vermerkt in diesem Zusammenhang in ihrer Publikation *Marokko. Die innen- und außenpolitische Entwicklung seit der Unabhängigkeit*: „Die prominente Rolle des Islam als verfassungsmäßig verankerte Staatsreligion (...) bedingt die herausragende Rolle des Königs in seiner Doppelfunktion als religiös-politischer Führer der Gemeinschaft der Gläubigen, Garant des Fortbestehens des Staates, Wahrer und Wächter über Religion und Verfassung sowie die freiheitlichen Rechte der Staatsbürger, die Unabhängigkeit der Nation und die territoriale Integrität des Königreiches in seinen rechtsgültigen, angestammten Grenzen." (FAATH 1987, S. 108). Die Struktur dieses politischen Systems hat sich in der heutigen Zeit formal einem politischen Pluralismus verschrieben, so weist Marokko Parteien, Gewerkschaften und eine – wenn auch mit Einschränkungen – pluralistische Presse auf; dennoch besagt dies relativ wenig über die real existierenden bürgerlichen Freiheiten sowie die Sicherheit des einzelnen Individuums vor Übergriffen staatlicher Institutionen (RUF 1988, S. 279f.). Gerade weil das politische System Marokkos aus westlicher Sicht so wenig vertraut erscheint, gewinnt die Thematisierung des Aspekts Politik in Reiseführern einen besonderen Stellenwert.

Die Darstellung des Aspekts Politik in den „Einsteiger" Reiseführern

In den meisten „Einsteiger" Reiseführern (vgl. Tab. 18) wird der Aspekt Politik nur am Rande behandelt. Dabei fungiert Politik nicht selten als ein Anhängsel an ein anderes Kapitel, vorzugsweise des Geschichtskapitels, oder wird gleich in den praktischen Teil des Reiseführers verwiesen. Nachfolgend werden die Politikdarstellungen der Reiseführer aus den Reihen Viva Twin, Hayit Urlaubsberater, Marco Polo, Merian live und Polyglott vorgestellt.

Eine besonders dürftige Thematisierung des Aspekts Politik wird dem Leser im Viva Twin Reiseführer geboten. Den Werbeslogan dieser Reiseführerreihe „Doppelt gut reisen!" scheinen die Autoren als eine Aufforderung verstanden zu haben, eine vermeintlich trockene Materie, für die die Politik oft gehalten wird, nahezu völlig zu übergehen, unter dem Motto, es gibt ja bereits genug Politikverdrossenheit. Wie gut in diesem Fall, daß Marokko eine Monarchie ist, kann man sich doch dann als Reiseführerautor immerhin den „Royalties" zuwenden, eine wesentlich verdaulichere und anregendere Kost für den Leser. Dies geschieht in diesem Reiseführer unter dem Kapitel „Berühmtheiten aus Marokko", in dem die Könige Mohammed V. und Hassan II. skizzenhaft neben so unterschiedlichen Persönlichkeiten wie dem Langstreckenläufer Said Aouita, dem Schriftsteller Tahar Ben Jelloun oder dem Maler Eugène Delacroix vorgestellt werden (SATTIN/FRANQUET 1998, S. 14).

Leser, die sich bei den jeweiligen Darstellungen der beiden führenden Staatsmänner des postkolonialen Marokkos eingehendere Informationen hinsichtlich des politischen Aspekts erwarten, werden allerdings in Anbetracht des geringen Informationsgehalts enttäuscht. Immerhin sprechen die beiden Autoren im Zusammenhang mit der Thematisierung von Hassan II. seine Doppelfunktion als weltlicher und geistlicher Führer an. Die weiteren Ausführungen erwähnen in sage und schreibe zwei Sätzen die Beliebtheit des 1999 verstorbenen Königs im Ausland aufgrund seiner Haltung während des Golfkriegs bzw. der Nahostfriedensgespräche und der im Vergleich zum Nachbarland Algerien politischen Sicherheit des Landes. Weitere Hintergrundinformationen in bezug auf das politische System bzw. die Innen- und Außenpolitik Marokkos bietet dieser „Einsteiger" Reiseführer seinen Lesern nicht.

Inhaltsanalyse 111

Tabelle 18: Überblick über die Darstellungen des Aspekts Politik in den „Einsteiger" Reiseführern

Reihe	Autor bzw. Herausgeber	Titel	Verlag	Ort	Auflage/ Jahr	Politik
1	ADAC Reiseführer	J.-P. Roger	Marokko	ADAC	München	1/1998	S. 24 S. 127
2	APA Pocket Guides	D. Stannard	Marokko	RV	Berlin et al.	1/1993	Fließtext
3	Berlitz Reiseführer	N. Wilson	Marokko	Berlitz	London	1/1996	Fließtext
4	Hayit Urlaubsberater	R. Botzat	Marokko	Hayit	Köln	-/1995	Fließtext
5	Marco Polo	I. Lehmann	Marokko	Mairs Geogr.	Ostfildern	7/1997	Fließtext
6	Merian live	I. Lehmann	Marokko	Gräfe u. Unzer	München	1/1998	S. 114
7	Polyglott	I. Lehmann	Marokko	Polyglott	München	1/1996	Fließtext
8	Viva Twin	A. Sattin S. Franquet	Marokko	Falk	München	-/1998	Fließtext

Quelle: Eigene Erhebung 1998

Ähnlich enttäuschend ist die Darstellung des Aspekts Politik im Hayit Urlaubsberater. Dieser Reiseführer behandelt den Aspekt in seinem Kapitel „Was man gerne wissen möchte" unter der Rubrik „Staatsform, Landessprache" (BOTZAT 1995, S. 83). Analog zum Viva Twin Reiseführer kann man bei der Darstellung dieses Aspekts, es handelt sich genau um neun Zeilen, allenfalls von einem Minimalprogramm sprechen, dessen Informationsgehalt für den Leser als unzureichend zu beurteilen ist. Aufgrund des dürftigen Umfangs der Darstellung wird in diesem Fall der vollständige Inhalt wiedergegeben: „Nach der Verfassung von 1972 – geändert 1980 – ist Marokko eine konstitutionelle demokratische und soziale Monarchie. Der König ernennt und entläßt Premierminister und Minister, er löst das Abgeordnetenhaus auf, dessen Rechte scharf begrenzt sind. Die Regierung ist dem König verantwortlich und in gewisser Weise auch dem Parlament." (Ders. 1995, S. 83). Unmittelbar anschließend geht der Autor auf die in Marokko verbreiteten Sprachen ein. Es bedarf wohl keiner weiteren Kommentierung, daß eine derartig kursorische Darstellung keinen Beitrag leisten kann, das durchaus komplexe, einem Mitteleuropäer nicht unbedingt vertraute, politische System Marokkos näherzubringen.

Nur um Nuancen unterscheiden sich jeweils die drei von Lehmann verfaßten „Einsteiger" Reiseführer hinsichtlich der Darstellung des Politikaspekts; allerdings ist ihr Informationsgehalt, zumindest teilweise, höher einzuschätzen als bei den beiden oben vorgestellten Reiseführern. Der Marco Polo Reiseführer streift diesen Aspekt in seinem „Auftakt" Kapitel (LEHMANN 1997, S. 11), der Merian live Reiseführer in seinem praktischen Teil unter dem Stichwort „Politik" (Dies. 1998, S. 114) und der Polyglott Reiseführer als ausführlichster der drei von Lehmann geschriebenen Reiseführer unter der Rubrik „Staatsform und Politik" (Dies. 1996, S. 12f.). Alle drei Bände betonen den Parteienpluralismus, die Gewerkschaftstätigkeit, die relativ freie und vielfältige Presse sowie die liberale Wirtschaftspolitik und weisen mit Ausnahme des Marco Polo Reiseführers auf die weltliche und geistliche Funktion des marokkanischen Königs hin. Im Vergleich zu vielen anderen Staaten, so konstatiert Lehmann im Polyglott Reiseführer, „hebt sich Marokko als eines der liberalsten der islamischen Länder hervor" (Dies. 1996, S. 13). Die Aussage ist zwar kaum zu bestreiten, dennoch vermißt man in bezug auf das politische System auch modifizierende bzw. kritische Äußerungen. So ließe sich beispielsweise anführen, daß die Parteien Marokkos bei weitem nicht den Einfluß wie in westlichen Demokratien besitzen und im wesentlichen ein „Ausdruck des Klientelwesens" (CLAUSEN 1994, S. 192) darstellen.

Die Darstellung des Aspekts Politik in den „*Generalist*" Reiseführern

Beschränken sich die „*Einsteiger*" Reiseführer bei der Darstellung des Aspekts Politik fast ausschließlich auf das Nötigste, so sind unter den „*Generalist*" Reiseführern nicht nur wesentlich ausführlichere, sondern auch recht differenzierte und profunde Abhandlungen anzutreffen (vgl. Tab. 19). Immerhin sechs der neun untersuchten „*Generalist*" Reiseführer beinhalten eigenständige Politikkapitel, während die übrigen drei Exemplare ihre Politikdarstellung anderen Kapiteln zuordnen; ähnlich wie bei den „*Einsteiger*" Reiseführern erfolgt diese Zuordnung vorzugsweise zu den Geschichtskapiteln. Im folgenden werden die Ausführungen zum Aspekt Politik aus den Reiseführern der Reihen Rau's Reisebücher, Nelles Guides, Baedeker Allianz Reiseführer und DuMont „Richtig Reisen" gegenübergestellt.

Eine wenig gelungene Darstellung des Aspekts Politik präsentiert der von Kohlbach verfaßte Reiseführer aus der Reihe Rau's Reisebücher (KOHLBACH 1995, S. 13). Die Autorin bietet ihren Lesern unter dem Kapitel „Kurzporträt Marokko" eine rein additive Auflistung der Termini Staatsname, Staatsform, Hauptstadt, Nationalflagge, Nationalfeiertag, Staatsoberhaupt und Volksvertretung. Leser, die sich von diesem „*Generalist*" Reiseführer eingehendere und differenziertere Informationen über das politische System Marokkos sowie die Innen- und Außenpolitik des Landes erwarten, dürften enttäuscht sein, denn er enthält diesbezüglich keine substantiellen Informationen, verzichtet Kohlbach doch nahezu völlig auf entsprechende Ausführungen. So vermerkt die Autorin beispielsweise unter dem Stichwort Staatsform lapidar: „Konstitutionelle Monarchie seit 1972, unabhängig seit 1956." Es bedarf sicherlich keiner weiteren Erläuterung, daß eine derartig kursorische Darstellung nicht in geringster Weise den Leser mit dem komplexen politischen System dieses Landes vertraut machen kann. Immerhin erwähnt die Autorin unter dem Stichwort Staatsoberhaupt die weltliche und geistliche Doppelfunktion des Königs und seine herausragende Stellung im politischen System des Landes. In bezug auf die Volksvertretung nennt Kohlbach lediglich den Wahlmodus sowie die Sitzverteilung im Parlament.

Tabelle 19: Überblick über die Darstellungen des Aspekts Politik in den „Generalist" Reiseführern

	Reihe	Autor bzw. Herausgeber	Titel	Verlag	Ort	Auflage/ Jahr	Politik
1	APA Guides	D. Stannard (Hrsg.)	Marokko	Langenscheidt	München	-/1996	S. 290
2	Baedeker Allianz Reiseführer	G. Ludwig	Marokko	Mairs Geogr.	Ostfildern	3/1996	S. 63-67
3	DuMont Reisetaschenbücher	H. Buchholz	Südmarokko mit Agadir und Königsstädten	DuMont	Köln	3/1997	S. 59-65
4	DuMont „Richtig Reisen"	H. Buchholz, M. Köhler	Marokko	DuMont	Köln	-/1996	S. 36-43
5	DuMont Visuell	B. Lanzerath et al.	Marokko	DuMont	Köln	2/1996	Fließtext
6	Goldstadt Reiseführer	D. Höllhuber W. Kaul	Marokko	Goldstadt	Pforzheim	-/1996	S. 116-119
7	Nelles Guides	G. Nelles (Hrsg.)	Marokko	Nelles	München	4/1997	Fließtext
8	Rau's Reisebücher	E. Kohlbach	Quer durch Marokko	Werner Rau	Stuttgart	2/1995	Fließtext
9	Thomas Cook Reiseführer	J. Keeble	Marokko	Droemer Knaur	München	-/1997	S. 18-20

Quelle: Eigene Erhebung 1998

Der Reiseführer aus der Reihe der Nelles Guides thematisiert die Politik Marokkos primär aus historischer Perspektive, in dem dieser Aspekt ausschließlich ein Anhängsel des Geschichtskapitels ist (NELLES 1996, S. 19). Auch in diesem „Generalist" Reiseführer sind die dem Leser vermittelten Informationen eher dürftig. Inhaltlicher Schwerpunkt bildet eine chronologische Skizzierung ausgewählter Ereignisse der Regentschaft Hassans II. In diesem Zusammenhang werden die Okkupation der „Westsahara" sowie die innenpolitischen Schwierigkeiten des ehemaligen Monarchen mit oppositionellen Strömungen aufgegriffen. Eine dezidierte Auseinandersetzung mit dem politischen System, wie beispielsweise der Verfassung oder der Parteienlandschaft, findet jedoch, ähnlich wie bei dem von Kohlbach verfaßten Reiseführer, nicht statt.

Wesentlich ausführlicher und differenzierter in der Darstellung des Politikaspekts ist der Baedeker Allianz Reiseführer, der diesen Gesichtspunkt unter dem Kapitel „Staat und Verwaltung" aufgreift (LUDWIG 1996, S. 63ff.). Das weit gefächerte Spektrum der in diesem Kapitel behandelten Themenkomplexe umfaßt unter anderem die Verfassung, das Staatsoberhaupt, das Parlament, die Parteien und Gewerkschaften sowie die Außenpolitik Marokkos. Bei den Anmerkungen zur marokkanischen Verfassung weist der Autor seine Leser auf die Diskrepanz zwischen Anspruch und Wirklichkeit hinsichtlich Demokratie und Rechtsstaatlichkeit hin: „Obwohl Marokkos Bürger formalrechtlich alle demokratischen Freiheitsrechte genießen, sind dem Staatsoberhaupt, d.h. dem König, so viele Machtbefugnisse zugestanden (...), daß er de facto absolutistisch regieren kann." (Ders. 1996, S. 63).

Recht ausführlich widmet sich Ludwig den Machtbefugnissen des Königs sowie der Struktur der marokkanischen Parteienlandschaft und den Gewerkschaften. Der Autor stellt einzelne Regierungs- und Oppositionsparteien des Landes vor, wobei er bei den bedeutendsten Parteien auch auf ihre politische Ausrichtung eingeht. Besticht der Baedeker Allianz Reiseführer durch eine beachtliche Informationsfülle in bezug auf das politische System Marokkos, so wird die Außenpolitik des Landes in diesem Kapitel nur am Rande gestreift. Auch dieser Reiseführer erwähnt im Zusammenhang mit der Außenpolitik – wie die meisten untersuchten Reiseführer – das kluge und geschickte Agieren Hassans II. auf dem diplomatischen Parkett. Bedauerlicherweise erstrecken sich die weiteren Ausführungen hinsichtlich der Außenpolitik lediglich auf das kursorische Aufzählen einiger bilateraler Beziehungen zu ausgewählten Staaten sowie auf die Erwähnung der zweijährigen Staatsunion zwischen Marokko und Libyen in den Jahren von 1984 bis 1986.

Eine der fundiertesten und ausführlichsten Darstellungen zum Thema Politik enthält der von Buchholz und Köhler verfaßte Reiseführer aus der DuMont Reihe „Richtig Reisen", der diesen Aspekt unter dem Kapitel „Marokko heute" explizit aufgreift und sich dezidiert mit der politischen Situation des Landes in den neunziger Jahren auseinandersetzt (BUCHHOLZ/KÖHLER 1996, S. 36ff.). Die Darstellung umfaßt neben den Rubriken Innen- und Außenpolitik auch einen Themenkasten, der unter der Überschrift „Hassan II. – ein absoluter Monarch?" die Rolle der Monarchie im politischen System Marokkos beleuchtet. Unter der Rubrik Innenpolitik rollen die Autoren die politische Entwicklung des Landes in den neunziger Jahren auf; sie gehen unter anderem auf die Kommunal- und Parlamentswahlen von 1992 bzw. 1993 ein, behandeln die Demonstrationen, die zum Jahreswechsel 1990/1991 aufgrund sozialer Mißstände und des militärischen Engagements Marokkos während des Irakkrieges stattfanden, und kommen auf fundamentalistische Ansätze im Land zu sprechen.

Die Darstellung der Innenpolitik ist nicht nur vielschichtig, sondern auch durchaus kritisch ausgefallen. So weisen Buchholz und Köhler ihre Leser beispielsweise darauf hin, daß trotz formaler Zugeständnisse Marokko weit von einer parlamentarischen Demokratie westlichen Musters entfernt ist und daß die marokkanische Regierung immer wieder aus Anlaß von Menschenrechtsverletzungen von amnesty international kritisiert wird. Sicherlich begrüßenswerte Hinweise, die die Leser hinsichtlich des politischen Systems Marokkos sensibilisieren können. In hohem Maße problematisch hingegen erscheint im Kontext der Thematisierung von Menschenrechtsverletzungen der Hinweis auf ein „Konzentrationslager" in der Nähe von Ouarzazate, das nach Angaben der Autoren inzwischen nicht mehr existent ist. Da der Terminus „Konzentrationslager" untrennbar mit der deutschen Geschichte des Nationalsozialismus verbunden ist, sollte er auf keinen Fall für etwas nicht genauer Bekanntes verwendet werden, auch wenn es in diesem Land zu teilweise gravierenden Menschenrechtsverletzungen kommt. Im Abschnitt über die Außenpolitik Marokkos greifen die Autoren unter anderem die bilateralen Beziehungen zwischen Marokko und Algerien, den ehemaligen Kolonialmächten Frankreich und Spanien sowie den USA und der Bundesrepublik Deutschland auf. Ferner erwähnen sie den sicherlich, zumindest aus internationaler Sicht, bedeutendsten außenpolitischen Konflikt Marokkos um die „Westsahara" sowie das Ansinnen der marokkanischen Regierung, die spanischen Enklaven Ceuta und Melilla einzuverleiben.

Die Darstellung des Aspekts Politik in den *„Alternativ"* Reiseführern

Von den drei *„Alternativ"* Reiseführern (vgl. Tab. 20) weisen nur die zwei von Därr verfaßten Reiseführer eine gesonderte Darstellung des Aspekts Politik auf. In beiden Bänden Därrs bildet dieser Aspekt zusammen mit dem Aspekt Geschichte ein eigenständiges Kapitel. Der Reiseführer aus der Reihe „Selbst entdecken" behandelt die Politik lediglich unter historischen Gesichtspunkten im Fließtext des Geschichtskapitels; auf eine nähere Thematisierung dieser Darstellung wird bei den nachfolgenden Ausführungen verzichtet.

Die beiden von Därr verfaßten Reiseführer subsumieren den Aspekt Politik jeweils unter den vorwiegend historisch ausgerichteten Kapiteln „Geschichte und Zeitgeschehen" im Marokkoreiseführer ohne regionalen Schwerpunkt bzw. unter „Geschichte und Politik" im Marokkoreiseführer mit regionalem Schwerpunkt (DÄRR 1996 b, S. 283ff. bzw. DÄRR

1996 a, S. 41ff.). Zu den zentralen Themenkomplexen zählen jeweils unter anderem die Staatsform, das Staatsoberhaupt, die Volksvertretung, die politischen Parteien sowie die Gewerkschaften, wobei der Marokkoreiseführer ohne regionalen Schwerpunkt in seiner Darstellung noch einmal wesentlich ausführlicher ist und zusätzlich eigene Abschnitte über die Innen- und Außenpolitik des Landes umfaßt. Die Autorin integriert in ihre Darstellungen zusätzlich eigene Themenkästen, die dem Leser vertiefte Informationen über ausgewählte politische Konflikte bieten. So weist beispielsweise der Marokkoreiseführer ohne regionalen Schwerpunkt eine fünfseitige Dokumentation über den Konflikt in der „Spanischen Sahara" auf und der Marokkoreiseführer mit regionalem Schwerpunkt enthält einen Ausschnitt aus der „Süddeutschen Zeitung", der über Demokratisierungsbestrebungen von Seiten marokkanischer Oppositionsparteien aus dem Jahr 1996 berichtet (Dies. 1996 b, S. 292ff. bzw. Dies. 1996 a, S. 45).

Tabelle 20: Überblick über die Darstellungen des Aspekts Politik in den „Alternativ" Reiseführern

	Reihe	Autor bzw. Herausgeber	Titel	Verlag	Ort	Auflage/ Jahr	Politik
1	Reise Know-How	E. Därr	Agadir, Marrakesch und Südmarokko	Reise Know-How	Hohentann	1/1996 a	S. 41-45
2	Reise Know-How	E. Därr	Marokko. Vom Rif zum Antiatlas	Reise Know-How	Hohentann	7/1996 b	S. 283-300
3	„Selbst entdecken"	N. Machelett C. Machelett	Nordmarokko selbst entdecken	Regenbogen	Zürich	-/1990	Fließtext

Quelle: Eigene Erhebung 1998

Auffallend ist vor allem in dem Marokkoreiseführer ohne regionalen Schwerpunkt, auf den sich auch die nachfolgenden Ausführungen konzentrieren, eine dezidiert kritische Auseinandersetzung Därrs mit der politischen Entwicklung des Landes unter Hassan II. In diesem Zusammenhang greift die Autorin auch immer wieder Aufbegehren oppositioneller Strömungen heraus, wie sie sich insbesondere in den Putschversuchen von Seiten des Militärs Anfang der siebziger Jahre, in den Unruhen nach Preiserhöhungen Anfang der achtziger Jahre und in den von Gewerkschaften im Dezember 1990 organisierten Demonstrationen manifestiert haben. Därr weist des weiteren auf das in Marokko heftig umstrittene Buch Perraults über Hassan II. hin, das starke Kritik an der Amtsführung des verstorbenen Monarchen übt, und erwähnt die der marokkanischen Regierung wiederholt vorgeworfenen Menschenrechtsverletzungen. So skizziert Därr in einer

Rubrik, die sich mit Armee und Polizei beschäftigt: „Amnesty International berichtet immer wieder von Menschenrechtsverletzungen bei inhaftierten Saharauis und auf dem Gebiet der Westsahara." (Dies. 1996 b, S. 285). Gleichwohl attestiert die Autorin in einem eigenen Themenkasten, der sich mit Vita und politischem Werk Hassans II. auseinandersetzt, dem Regenten politische Fortune: „Der König hat sich in seiner 35-jährigen Amtszeit aus vielen brenzligen Situationen herausmanövriert, er gilt als Meister der Taktik." (Dies. 1996 b, S. 288).

Die Darstellung des Aspekts Politik in den „*Spezial*" Reiseführern

Zwei der drei „*Spezial*" Reiseführer, und zwar der Polyglott Land & Leute Reiseführer sowie das Sympathie Magazin, widmen sich in eigenständigen Kapiteln dem Aspekt Politik (vgl. Tab. 21). Keine gesonderte Darstellung der Politik weist der DuMont Kunstreiseführer auf, der seinen Lesern lediglich sehr spärliche – vor allem historisch ausgerichtete – Informationen hinsichtlich dieses Aspekts in seinem Geschichtskapitel liefert, die in den nachfolgenden Ausführungen nicht berücksichtigt werden.

Einen sehr profunden Einblick in die politischen Strukturen des Königreichs Marokko vermittelt das Sympathie Magazin. Der marokkanische Autor setzt sich in einem Essay mit dem Titel „Gott, das Vaterland und der König" ausführlich mit dem politischen Leben des Maghrebstaats auseinander (Studienkreis für Tourismus und Entwicklung 1997, S. 10f.). Dabei wird der Leser ausführlich über die zentrale Rolle des Monarchen im politischen System des Landes informiert. Der Autor beläßt es jedoch nicht nur – wie viele andere Autoren – bei einer Beschreibung der Machtfülle des marokkanischen Königs, er geht auch auf die Anfang der siebziger Jahre verübten Putschversuche ein. Einen wichtigen Part im Essay nimmt das für Marokko so wichtige außenpolitische Thema der okkupierten „Westsahara" ein, über die der Autor schreibt: „Die Westsahara hat meine Landsleute immer gelockt, nicht zuletzt wegen ihrer Bodenschätze." (Ders. 1997, S. 10). Der Autor erwähnt in diesem Zusammenhang die große Akzeptanz der Westsaharapolitik in allen Schichten der Bevölkerung, der Parteienlandschaft und des Militärs. Er verschweigt aber auch nicht die negativen sozialen Folgen des militärischen Engagements Marokkos in der „Westsahara" und führt geringere Investitionen im Bildungssektor, im Bereich der Trinkwasserversorgung und im Wohnungsbau an. Zu einer Sensibilisierung der Leser hinsichtlich dieses Konflikts, der aufgrund einer in den letzten Jahren sukzessive abnehmenden Berichterstattung in den Medien weitgehend aus dem Bewußtsein vieler Menschen gerückt ist, trägt sicherlich auch folgende Aussage bei: „Seit dem Waffenstillstand wartet die Weltöffentlichkeit auf die Durchführung einer Volksabstimmung, bei der die Bevölkerung der Westsahara über die Zugehörigkeit zu Marokko oder die Gründung eines eigenen Staates entscheiden soll. In letzter Zeit ist die Westsaharafrage aber kaum noch ein Thema der internationalen Presse." (Ders. 1997, S. 11).

Tabelle 21: Überblick über die Darstellungen des Aspekts Politik in den „Spezial" Reiseführern

Reihe	Autor bzw. Herausgeber	Titel	Verlag	Ort	Auflage/ Jahr	Politik
1 DuMont Kunstreiseführer	A. Betten	Marokko. Antike, Berbertraditionen u. Islam - Geschichte, Kunst und Kultur im Maghreb	DuMont	Köln	1/1998	Fließtext
2 Polyglott Land & Leute	W. Knappe	Marokko	Polyglott	München	2/1994/ 1995	S. 66-67 S. 72-75 S. 111-112
3 Sympathie Magazin	Studienkreis für Tourismus und Entwicklung	Marokko verstehen	Studienkreis für Tourismus und Entwicklung	Ammerland	-/1997	S. 10-11

Quelle: Eigene Erhebung 1998

Der Polyglott Land & Leute Reiseführer greift den Aspekt Politik im wesentlichen unter den Stichworten „Grüner Marsch", „Hassan II" und „Politik" auf. Interessanterweise ist das eigentliche Stichwort „Politik" am kürzesten gehalten und enthält vor allem Informationen allgemeiner Art wie Hinweise auf Verfassung, Parteienlandschaft und Gewerkschaften (KNAPPE 1994/1995, S. 111f.). Wesentlich ausführlicher wird der Leser über den Aspekt Politik unter dem Stichwort „Hassan II" unterrichtet, das einzelne Gesichtspunkte der Innen- und Außenpolitik seit der Unabhängigkeit des Maghrebstaats im Jahr 1956 vorstellt (Ders. 1994/1995, S. 72ff.).

Knappe erwähnt unter diesem Stichwort unter anderem die Doppelfunktion des marokkanischen Herrschers als weltlicher und geistlicher Führer, er skizziert die schwierige Rolle der Opposition und spricht einzelne innenpolitische Probleme Marokkos, wie Bevölkerungsexplosion, Arbeitslosigkeit, Korruption und sinkenden Lebensstandard, an. Im Zusammenhang mit der Thematisierung der Außenpolitik greift der Autor die problematischen bilateralen Beziehungen Marokkos zu den nordafrikanischen Staaten Algerien bzw. Libyen heraus und erwähnt die wichtige diplomatische Rolle des Landes im Nahostkonflikt. Abschließend rückt Knappe den Maghreb in seiner Gesamtheit in den Mittelpunkt der Betrachtung und sinniert über die Zukunft dieses Raums: „Die Entwicklung Tunesiens nach dem Ableben der großen Führerfigur Habib Bourgiba, die politische Entwicklung Algeriens durch wirtschaftliche Rezession und die Terroraktionen des immer mehr erstarkenden islamischen Fundamentalismus sowie die Zukunft der Monarchie in Marokko lassen es ratsam erscheinen, sich mit der politischen Entwicklung des gesamten Maghreb zu beschäftigen und sie im Auge zu behalten." (Ders. 1994/1995, S. 75).

Das dritte von Knappe behandelte Stichwort, das sich mit dem Aspekt Politik beschäftigt, setzt sich unter der Überschrift „Grüner Marsch" mit der marokkanischen Okkupation der „Westsahara" auseinander (Ders. 1994/1995, S. 66f.). Der Autor weist seine Leser in diesem Zusammenhang auf die ambivalenten politischen Konsequenzen für Marokko hin, die sich durch die Annexion dieses Raums ergaben: einerseits – trotz der immensen finanziellen Belastung für den Staatshaushalt – eine innenpolitische Stabilisierung der Position des Königs, andererseits aber auch eine zunehmende internationale Isolierung innerhalb der Staatengemeinschaft.

5.3 Artefakte

5.3.1 Die marokkanische Stadt

Wie kein anderer Maghrebstaat blickt Marokko auf eine reiche und differenzierte städtische Tradition zurück, die sich insbesondere, aber nicht nur, in den berühmten Königsstädten Fès, Marrakech, Meknès und Rabat widerspiegelt. Das touristische Potential dieser Städte ist enorm, sie sind ein fester Bestandteil des marokkanischen Rundreisetourismus und für viele Urlauber zählen sie zu *den* Highlights ihres Marokkoaufenthalts. Anlaß genug, die Darstellung der marokkanischen Stadt in den einzelnen Reiseführern einer näheren Betrachtung zu unterziehen. Von besonderer Relevanz erscheint in diesem Zusammenhang, daß der Leser in bezug auf die marokkanische Stadt Informationen erhält, die, wie Popp formuliert, über die typischen „Assoziationen von städtebaulicher Kultur, orientalischer Pracht und quirlig-lebendigen Basargassen" (MÜLLER-HOHENSTEIN/POPP 1990, S. 124) hinausgehen. In erster Linie zählen dazu Darstellungen zur Struktur einer orientalischen Stadt, die den Leser in wichtigen Gesichtspunkten mit ihr vertraut machen, um ihm die Orientierung vor Ort zu erleichtern, sowie Ausführungen, die nicht nur die Schönheit marokkanischer Städte hervorheben, sondern auch kritische Hinweise auf mögliche Probleme vermitteln.

Die Darstellung des Aspekts marokkanische Stadt in den *„Einsteiger"* Reiseführern

Von den acht *„Einsteiger"* Reiseführern widmet kein einziger dem Aspekt der marokkanischen Stadt ein eigenständiges Kapitel. Dennoch stößt der Rezipient hinsichtlich dieses Aspekts immer wieder auf einzeln verstreute, meist kursorische Skizzierungen im Fließtext unterschiedlicher Kapitel und Rubriken. Die dabei dem Leser vermittelten Informationen, vielleicht sollte man besser von Impressionen oder Assoziationen sprechen, erschöpfen sich fast ausnahmslos in verklärenden und pittoresken Darstellungen, deren Informationswert für den Leser äußerst gering ist. Nachfolgende Ausführungen beziehen sich exemplarisch auf die „*Einsteiger*" Reiseführer der Reihen Viva Twin, Hayit Urlausbsberater, Berlitz, Polyglott und ADAC.

Tabelle 22: Darstellungen des Aspekts marokkanische Stadt in den „*Einsteiger*" Reiseführern

Reihe	Autor bzw. Herausgeber	Titel	Verlag	Ort	Auflage/ Jahr	Marokkanische Stadt
1 ADAC Reiseführer	J.-P. Roger	Marokko	ADAC	München	1/1998	Fließtext
2 APA Pocket Guides	D. Stannard	Marokko	RV	Berlin et al.	1/1993	-----------
3 Berlitz Reiseführer	N. Wilson	Marokko	Berlitz	London	1/1996	Fließtext
4 Hayit Urlaubsberater	R. Botzat	Marokko	Hayit	Köln	-/1995	Fließtext
5 Marco Polo	I. Lehmann	Marokko	Mairs Geogr.	Ostfildern	7/1997	Fließtext
6 Merian live	I. Lehmann	Marokko	Gräfe u. Unzer	München	1/1998	-----------
7 Polyglott	I. Lehmann	Marokko	Polyglott	München	1/1996	Fließtext
8 Viva Twin	A. Sattin S. Franquet	Marokko	Falk	München	-/1998	Fließtext

Quelle: Eigene Erhebung 1998

Im Viva Twin Reiseführer stößt man unter der plakativen Überschrift „Erlebnis Marokko" auf folgende Passage: „Zu den bedeutendsten Städten gehören Marrakesch und Fès, die besterhaltene Medina der Welt sowie die wunderschöne Bastion von Essaouira an der Atlantikküste und das im Rif gelegene Chechaouen, das mit seinen blauen Häusern an Andalusien erinnert." (SATTIN/FRANQUET 1998, S. 8). Leser, die sich neben dieser rein additiven Auflistung touristisch interessanter Städte differenziertere Informationen wünschen, werden enttäuscht, da die Autoren bereits in den zwei darauffolgenden Sätzen auf inspirierende Erlebnisse in den Tälern des Hohen Atlas bzw. in der Sahara hinweisen.

Insbesondere die *Medina*, die traditionelle islamische Stadt, verleitet viele Autoren von „*Einsteiger*" Reiseführern immer wieder zu pittoresken Darstellungen, die das Stereotyp „Faszinosum Orient" verklären. So schreibt Botzat im Hayit Urlaubsberater: „Er (der Reisende, Anmerkung des Verfassers) sollte in den Medinas, den Altstädten, umherstreifen und in den schattigen Souks, den meist überdachten Bazarstraßen, den Zauber des Orients genießen." (BOTZAT 1995, S. 4).

Die Stadt als exotische, uns Mitteleuropäern nicht mehr vertraut und deshalb entrückt erscheinende, mittelalterlich anmutende (Markt-)Kulisse, diesen Eindruck gewinnt man, wenn man folgende zwei Passagen aus dem Polyglott bzw. Berlitz Reiseführer heranzieht. Zunächst der Polyglott in seinem Editorial: „Im Labyrinth der Altstädte von Fès, Marrakesch oder Meknès fesseln die fremden Eindrücke alle Sinne. Da liegt der Duft von Gewürzen, Pfefferminzbüscheln, von frischem Brot und gedrechseltem Holz in der Luft. Intensive Farben beleben die Szenen und der Klang der Schmiedehämmer dröhnt durch die engen Gassen." (LEHMANN 1996, S. 7). Nur um Nuancen unterscheidet sich ein Ausschnitt aus dem Berlitz Reiseführer: „Dazu kommt das Parfüm der Orangenblüten in den Straßen, die herben Düfte von Leder und Sandelholz auf den Märkten von Marrakesch, das würzige Aroma von Kreuzkümmel und Koriander und der stete Hauch von Weihrauch, der aus den offenen Türen in der Medina weht. Leuchtende Farben, geheimnisvolle Gerüche und wunderliche Klänge schließen sich zu einer mysteriösen Märchenwelt zusammen, die kaum vermuten läßt, daß dieses Land nur 20 km vom europäischen Festland entfernt liegt." (WILSON 1996, S. 5).

Nicht nur die in der *Medina* angebotenen Waren, sondern auch die dort lebenden und arbeitenden Menschen können in dieser „Märchenwelt" gar nicht exotisch genug sein, wie ein Beispiel aus dem ADAC Reiseführer illustriert, der in einem Kurzessay über den Platz *Djemaa el-Fna* in Marrakech unter anderem die Wahrsagerin und den Wunderheiler, den Schlangenbeschwörer und den Zahnzieher sowie den fast schon obligatorischen Märchenerzähler herausgreift (ROGER 1998, S. 105). Die Nennung dieser Personen- bzw. Berufsgruppen ist genauso wenig repräsentativ für die marokkanische Stadt, wie es für die deutsche Stadt unter Bezugnahme Münchens der Schuhplattler, die Maßkrug stemmende Kellnerin oder der Lederhosenverkäufer wäre.

Die Darstellung des Aspekts marokkanische Stadt in den *„Generalist"* Reiseführern

Während sich die *„Einsteiger"* Reiseführer vor allem in pittoresken Idealisierungen in bezug auf die marokkanische Stadt ergehen, ist bei einigen *„Generalist"* Reiseführern durchaus das Bemühen erkennbar, daß sie ihre Leser umfassender und kritischer über diesen Aspekt informieren wollen (vgl. Tab. 23). So weisen immerhin sechs der neun untersuchten *„Generalist"* Reiseführer eigenständige Kapitel auf, die dem Leser interessante, teilweise auch recht differenzierte Informationen über die marokkanische Stadt vermitteln. Nachfolgend werden die Darstellungen der Reiseführer aus den Reihen Goldstadt, Apa Guides und DuMont Reisetaschenbücher näher analysiert.

Tabelle 23: Darstellungen des Aspekts marokkanische Stadt in den „*Generalist*" Reiseführern

Reihe	Autor bzw. Herausgeber	Titel	Verlag	Ort	Auflage/ Jahr	Marokkanische Stadt
1 APA Guides	D. Stannard (Hrsg.)	Marokko	Langenscheidt	München	-/1996	S. 188
2 Baedeker Allianz Reiseführer	G. Ludwig	Marokko	Mairs Geogr.	Ostfildern	3/1996	----------
3 DuMont Reisetaschenbücher	H. Buchholz	Südmarokko mit Agadir und Königsstädten	DuMont	Köln	3/1997	S. 110-112 S. 122-124
4 DuMont „Richtig Reisen"	H. Buchholz M. Köhler	Marokko	DuMont	Köln	-/1996	S. 156-158
5 DuMont Visuell	B. Lanzerath et al.	Marokko	DuMont	Köln	2/1996	S. 92-93
6 Goldstadt Reiseführer	D. Höllhuber W. Kaul	Marokko	Goldstadt	Pforzheim	-/1996	S. 76-83
7 Nelles Guides	G. Nelles (Hrsg.)	Marokko	Nelles	München	4/1997	Fließtext
8 Rau's Reisebücher	E. Kohlbach	Quer durch Marokko	Werner Rau	Stuttgart	2/1995	----------
9 Thomas Cook Reiseführer	J. Keeble	Marokko	Droemer Knaur	München	-/1997	S. 54-55

Quelle: Eigene Erhebung 1998

Der Goldstadt Reiseführer setzt sich in einem eigenen Kapitel dezidiert mit der marokkanischen Stadt auseinander; die in diesem Reiseführer in Hinsicht auf die marokkanische Stadt vermittelten Informationen gehen sowohl quantitativ als auch qualitativ weit über den üblichen Standard hinaus (HÖLLHUBER/KAUL 1996, S. 76ff.). So gehen die beiden Autoren auf wichtige Elemente der traditionellen islamisch-orientalischen Stadt, wie etwa die Moschee, den Basar, die *Kasbah*, die *Kissaria* oder das *Hammam*, ein. Die dabei dem Leser vermittelten Hintergrundinformationen sind durchaus beachtlich. Im Zusammenhang mit der Thematisierung des Basars wird der Leser beispielsweise auf die typische Branchensortierung hingewiesen, und er erfährt, daß die einzelnen Branchen sich entsprechend ihrer Wertschätzung hierarchisch um die Große Moschee gruppieren. Des weiteren informiert der Goldstadt Reiseführer über die segregative Viertelsgliederung in traditionell geprägten marokkanischen Städten sowie die Privatsphäre, die in der orientalischen Kultur eine besondere Rolle spielt.

Eine sehr interessante Themenseite, die sich mit der Zukunft der marokkanischen *Medina* am Beispiel der Königsstadt Fès auseinandersetzt, präsentiert der APA Guide seinen Lesern (STANNARD 1996, S. 188). Inhaltliche Schwerpunkte des Artikels bilden die Städtebaupolitik der französischen Protektoratsmacht unter Lyautey sowie die Bemühungen der UNESCO, die Integrität der vorkolonialen Stadtanlage von Fès vor dem Verfall zu bewahren. Sicherlich sensibilisierende Hinweise, um Touristen auf die bedeutende städtebauliche Kultur dieses Maghrebstaats aufmerksam zu machen. Überdies erörtert der Artikel die Problematik der Übervölkerung aufgrund des Zuzugs zahlreicher vom Land stammender Bewohner in die *Medina*.

Zu den informativsten und kritischsten Darstellungen in bezug auf den Aspekt marokkanische Stadt zählen zwei Themenseiten in dem von Buchholz verfaßten DuMont Reisetaschenbuch. Eine Themenseite widmet sich der arabischen *Medina* im allgemeinen, die andere dem UNESCO Projekt zur Rettung der Altstadt von Fès (BUCHHOLZ 1997, S. 122ff. bzw. S. 110ff.). Buchholz rückt in seiner Position zur *Medina* dezidiert von den so häufig in Reiseführern anzutreffenden verklärenden Idealisierungen ab: „Die Medina, obschon hartnäckig als alterslos schön gepriesen, verrottet derweil in stiller Würde. Man sollte sich davor hüten, sie und das alltägliche Leben in ihr allzusehr zu romantisieren." (Ders. 1997, S. 124). Der Autor weist seine Leser ergänzend auf das im Vergleich zu den Medinen hohe soziale Prestige der *Villes nouvelles* hin und geht auf die Problematik der Instandhaltung von Bausubstanz in den Altstadtquartieren ein. Ein weiterer inhaltlicher Schwerpunkt der Themenseite bildet das städtische Haus in der orientalischen Stadt; dabei erwähnt Buchholz den für diesen Haustyp so charakteristischen privaten Charakter, der sich auch in der Architektur widerspiegelt. Die Themenseite, die sich mit dem UNESCO Projekt beschäftigt, schildert sehr detailliert die in den letzten Jahren durchgeführten Maßnahmen zur Rettung der *Medina* in Fès. Buchholz weist seine Leser darauf hin, daß es in diesem Projekt nicht einzig um die Erhaltung touristisch relevanter Highlights, sondern vielmehr um die Verbesserung der Lebensbedingungen in der Altstadt an sich geht: „Deutlich erkennbar ist das Bemühen der UNESCO, die eigentliche Sanierung der Altstadt in den Kontext eines umfassenden städtebaulichen Planungssystems zu stellen, also die Misere zu überwinden, indem an der Aufhebung ihrer Ursprünge gearbeitet wird. Es geht offenkundig gerade nicht darum, die Medina als kunsthistorisches Schmuckkästchen zu restaurieren, sondern ihr (kunst)geschichtliches Erbe als urbanes Gesamtkunstwerk wieder bewohnbar zu machen." (Ders. 1997, S. 110f.). Die Darstellung des Autors ist sicherlich zu begrüßen, da sie nicht primär die museale Seite der *Medina* unterstreicht, sondern auch auf die beachtlichen Anstrengungen hinweist, die nötig sind, um das bedeutende kulturelle Erbe dieser Städte zu erhalten.

Die Darstellung des Aspekts marokkanische Stadt in den „Alternativ" Reiseführern

Die Thematisierung des Aspekts marokkanische Stadt erfolgt in den „Alternativ" Reiseführern nur randlich. Alle drei untersuchten Bände dieses Reiseführertyps (vgl. Tab. 24) widmen sich diesem Aspekt lediglich im Fließtext von Einleitung bzw. von Kunstkapitel.

Der Aspekt marokkanische Stadt dient dem Band aus der Reihe „Selbst entdecken" in seiner Einleitung ausschließlich als willkommener Aufhänger, der dem Leser die Exotik einer orientalischen Märchenwelt schmackhaft macht: „Ein Spaziergang aus der Neustadt in die Medina, die Altstadt, ist wie ein Schritt in die Vergangenheit. Dicke Wallmauern, reichverzierte Monumentaltore, mosaikglitzernde Minarette, orientalisch gestaltete Moscheen und ein Warenangebot von unglaublicher Vielfalt verleihen der Medina ein Gepräge, das an orientalische Märchenwelt erinnert." (MACHELETT/ MACHELETT 1990, S. 7). So mancher literarische Vertreter aus der Romantik mit ihrer ausgeprägten Sehnsucht nach der „guten alten Zeit" des Mittelalters hätte diese Passage wohl ähnlich formuliert. Leser, die sich hingegen weitergehende Hintergrundinformationen zu dieser Thematik wünschen, werden in diesem Reiseführer nicht mehr fündig.

Tabelle 24: Darstellungen des Aspekts marokkanische Stadt in den „Alternativ" Reiseführern

	Reihe	Autor bzw. Herausgeber	Titel	Verlag	Ort	Auflage/ Jahr	Marokkanische Stadt
1	Reise Know-How	E. Därr	Agadir, Marrakesch und Südmarokko	Reise Know-How	Hohentann	1/1996 a	Fließtext
2	Reise Know-How	E. Därr	Marokko. Vom Rif zum Antiatlas	Reise Know-How	Hohentann	7/1996 b	Fließtext
3	„Selbst entdecken"	N. Machelett C. Machelett	Nordmarokko selbst entdecken	Regenbogen	Zürich	-/1990	Fließtext

Quelle: Eigene Erhebung 1998

Auch in den beiden von Därr publizierten Reiseführern sind die spärlichen Darstellungen zur marokkanischen Stadt eher enttäuschend. So wird im Vorwort des Reiseführers mit regionalem Schwerpunkt in Bezugnahme auf Marrakech die Thematik Stadt mit der orientalischen Faszination in Verbindung gebracht, um dann anschließend primär das Einkaufsinteresse beim Leser zu wecken: „Bunte lebhafte Märkte locken ebenso wie verschachtelte Altstädte, in denen dicht aneinandergereiht die Buden der Händler und Handwerker das Interesse wecken und zum Einkauf animieren." (DÄRR 1996 a, S. 5).

Inhaltsanalyse 125

In beiden Bänden der Reihe Reise Kow-How wird dann noch einmal auf den Aspekt der marokkanischen Stadt im Kapitel „Islamische Kunst" unter der Rubrik „Das städtische Haus" eingegangen; der jeweilige Inhalt ist, was angesichts der Zuordnung in ein Kunstkapitel nicht sonderlich überraschen dürfte, vor allem kunsthistorisch ausgerichtet (Dies. 1996 a, S. 74ff. bzw. Dies. 1996 b, S. 354ff.). Die Autorin betont in ihren Ausführungen die Bedeutung islamischer Städte als Markt- und Produktionsorte sowie als religiöse und administrative Zentren und weist auf deren seit dem Mittelalter herausragende Stellung in administrativer und kultureller Hinsicht hin. Leider beläßt die Autorin die Darstellung allein auf diesem primär historisch-genetischen Gesichtspunkt und geht nicht weiter auf die Stadtstruktur bzw. auf aktuelle Probleme marokkanischer Städte ein.

Die Darstellung des Aspekts marokkanische Stadt in den „*Spezial*" Reiseführern

Tabelle 25: Darstellungen des Aspekts marokkanische Stadt in den „*Spezial*" Reiseführern

Reihe	Autor bzw. Herausgeber	Titel	Verlag	Ort	Auflage/ Jahr	Marokkanische Stadt
1 DuMont Kunstreiseführer	A. Betten	Marokko. Antike, Berbertraditionen u. Islam - Geschichte, Kunst und Kultur im Maghreb	DuMont	Köln	1/1998	Fließtext
2 Polyglott Land & Leute	W. Knappe	Marokko	Polyglott	München	2/1994/ 1995	S. 122-123
3 Sympathie Magazin	Studienkreis für Tourismus und Entwicklung	Marokko verstehen	Studienkreis für Tourismus und Entwicklung	Ammerland	-/1997	Fließtext

Quelle: Eigene Erhebung 1998

Von den drei untersuchten „*Spezial*" Reiseführern setzt sich nur der Polyglott Land & Leute Reiseführer in einem eigenständigen Kapitel mit der marokkanischen Stadt auseinander. Dennoch findet der Rezipient in allen drei Bänden dieses Reiseführertyps Abhandlungen über die marokkanische Stadt.

Der Polyglott Land & Leute Reiseführer thematisiert in einem eigenen, jedoch sehr knapp gehaltenen Stichwortkapitel mit dem Namen „Stadt- und Landleben" einige funktionale und soziale Gesichtspunkte einer marokkanischen Stadt (KNAPPE 1994/1995, S. 122f.). So weist der Autor auf die funktionale Zweigliederung marokkanischer Städte in eine *Medina* und in eine *Ville nouvelle* hin; in diesem Kontext erwähnt er die vorwiegende Konzentration von Mittel- bzw. Oberschichten in den ehemaligen Europäervierteln und von Unterschichten in den Altstädten. Knappe skizziert des weiteren die Attraktivität der Großstädte auf die Landbevölkerung und ihre Bedeutung in bezug auf Industrialisierung und Modernisierung von Produktionstechniken. Besonders lobenswert erscheint der Umstand, daß der Autor auch auf die in Marokko vorhandene Problematik marginaler Viertel (*Bidonvilles*) hinweist, in denen sich vor allem Landflüchtige konzentrieren. Mögen die Ausführungen Knappes hinsichtlich der marokkanischen Stadt auch relativ kurz gehalten sein, so eröffnen sie dem Leser gleichwohl Einblicke jenseits der in zahlreichen Marokkoreiseführern gepflegten Orientromantik.

Bedauerlicherweise sind auch die Darstellungen des Sympathie Magazins zu Aspekten der marokkanischen Stadt recht knapp geraten. Ähnlich wie beim Polyglott Land & Leute Reiseführer sind die entsprechenden Ausführungen bemerkenswert kritisch ausgefallen. Der Schwerpunkt im Sympathie Magazin liegt auf infrastrukturellen Defiziten; in einem kleinen Essay über „Umweltprobleme in Fès" liest man: „Mitten durch die Altstadt strömt das Oued (Fluß) Fès. Ein alter Mann leert den übelriechenden Inhalt eines Kübels von der Brücke in das Wasser des kleinen Flüßchens. Tausende entsorgen so täglich ihren Hausmüll. Die weitaus gefährlicheren Abwässer der unzähligen Handwerksbetriebe fließen ebenfalls in das Oued, ständige „bunte", giftige und stinkende Rinnsale, die sich zu einem für die Umwelt tödlichen Strom vereinigen." (Studienkreis für Tourismus und Entwicklung 1997, S. 24). Ein frappierender Kontrast im Vergleich zu den zahlreichen pittoresken Darstellungen in den meisten *„Einsteiger"* Reiseführern. In einem anderen Artikel mit dem programmatischen Titel „Hinter touristischen Kulissen" wird neben der Müllentsorgung auch noch das Problem der Wasserknappheit exemplarisch an den vor allem durch den Tourismus geprägten Städten Agadir und Marrakech aufgezeigt (Ders. 1997, S. 40f.). Für Touristen, die während ihres Marokkoaufenthalts in diesen Städten verweilen, bleiben die vom Sympathie Magazin skizzierten Probleme nicht selten verborgen. Um so wichtiger erweist sich diesbezüglich eine entsprechende Sensibilisierung.

Der DuMont Kunstreiseführer gliedert den Aspekt der marokkanischen Stadt in sein Kapitel über die islamische Kunst Marokkos ein. Entsprechende Hinweise finden sich unter dem Unterkapitel „Profane Architektur", in dem eine Rubrik die *Medina* behandelt (BETTEN 1998, S. 92ff.). Der Autor nennt in seinen Ausführungen die Aufteilung der *Medina* in Wohn- und Geschäftsbereiche und weist auf den besonderen Stellenwert der Privatsphäre hin. Als weiteres Charakteristikum der *Medina* nennt Betten die Branchensortierung im Basar und den damit für den Kunden verbundenen Vorteil des Preis- und Qualitätsvergleichs. Im Zusammenhang mit der Thematisierung verwinkelter Straßengrundrisse macht der Autor seine Leser auf den dadurch implizierten Vorteil der Lichtbrechung aufmerksam und erwähnt die Nachteile für den modernen Straßenverkehr. Bedauerlicherweise verzichtet der DuMont Kunstreiseführer auf eine Thematisierung der *Villes nouvelles*, die gerade aufgrund ihrer bemerkenswerten städtebaulichen Konzeption auch für einen Kunstreiseführer von besonderem Interesse sein sollten.

5.3.2 Kunst und Architektur

Die vom Islam geprägten Länder erfreuen sich bei Touristen nicht selten einer besonderen touristischen Attraktivität, wobei sich die prägenden Eindrücke im wesentlichen in der Architektur und dem Kunstschaffen dieser Länder offenbaren. Gosciniak vermerkt in diesem Kontext: „Die Faszination des islamischen Kulturkreises erschließt sich gerade durch das künstlerische Schaffen, das einen weiten Bogen von Ostasien bis Spanien, von Europa bis Afrika spannt und bei aller ethnischen und geografischen Verschiedenheit den einzelnen Völkern und Ländern einen prägenden Stempel aufdrückt." (GOSCINIAK 1991, S. 8). Der Islam übt dabei einen nachhaltigen Einfluß auf die Kunst und Architektur in seinen jeweiligen Verbreitungsgebieten aus. Eine wichtige Grundlage bildet das Gottesbild dieser Religion, für die Gott als das Wesen der Welt nicht personifizierbar ist. Daraus erklärt sich ein zentraler Leitgedanke der islamischen Kunst, das Bilderverbot, das teils völlig, teils aber auch nur in Ansätzen befolgt wurde. Reiseführer können dem Reisenden eine Brücke zur fremden Kultur bauen, wenn nicht nur die Sehenswürdigkeiten an sich, sondern auch – zumindest in Ansätzen – Grundstrukturen und Techniken der jeweiligen Kunst bzw. Architektur erläutert werden. Wie wichtig diese Grundstrukturen sind, hat Brentjes in seinem Werk *Kunst der Mauren* betont: „Die Grundstrukturen der Kunst, die in allen Kulturen eine Reflektion menschlichen Fühlens und Denkens ist, ergeben sich aus dem System der vorherrschenden Anschauungen über den Menschen und seine Stellung in Natur und Gesellschaft, dem Menschenbild der jeweiligen Kultur." (BRENTJES 1992, S. 70). Die folgenden Ausführungen zum Aspekt Kunst und Architektur berücksichtigen in den Darstellungen über das Kunsthandwerk auch die angewandte Kunst.

Die Darstellung des Aspekts Kunst und Architektur in den *„Einsteiger"* Reiseführern

Ein Schattendasein nimmt der Aspekt Kunst und Architektur in den *„Einsteiger"* Reiseführern ein. Lediglich zwei Bände dieses Reiseführertyps widmen der Kunst und Architektur eigenständige Kapitel, die restlichen Bände streifen diesen Aspekt allenfalls kursorisch in Kapiteln mit anderem thematischen Schwerpunkt oder gehen erst gar nicht darauf ein. Die nachfolgenden Untersuchungen beziehen sich auf die Darstellungen des Aspekts Kunst und Architektur in den Reiseführern der Reihen Marco Polo, Polyglott und Hayit Urlaubsberater.

Tabelle 26: Darstellungen des Aspekts Kunst und Architektur in den „*Einsteiger*" Reiseführern

	Reihe	Autor bzw. Herausgeber	Titel	Verlag	Ort	Auflage/ Jahr	Kunst und Architektur
1	ADAC Reiseführer	J.-P. Roger	Marokko	ADAC	München	1/1998	S. 68 S. 82 S. 87
2	APA Pocket Guides	D. Stannard	Marokko	RV	Berlin et al.	1/1993	----------
3	Berlitz Reiseführer	N. Wilson	Marokko	Berlitz	London	1/1996	----------
4	Hayit Urlaubsberater	R. Botzat	Marokko	Hayit	Köln	-/1995	S. 19-22
5	Marco Polo	I. Lehmann	Marokko	Mairs Geogr.	Ostfildern	7/1997	Fließtext
6	Merian live	I. Lehmann	Marokko	Gräfe u. Unzer	München	1/1998	----------
7	Polyglott	I. Lehmann	Marokko	Polyglott	München	1/1996	Fließtext
8	Viva Twin	A. Sattin S. Franquet	Marokko	Falk	München	-/1998	----------

Quelle: Eigene Erhebung 1998

Die inhaltlich dürftigsten Ausführungen in bezug auf Kunst und Architektur bietet der Marco Polo Reiseführer, der diesen Aspekt in seinem Kapitel „Marokko-Stichworte: Von den Berbern bis zu den Souks" unter dem Stichwort „Kunstdenkmäler" abhandelt (LEHMANN 1997, S. 16). Lehmann nennt zwar additiv einzelne Besuchsobjekte, ohne jedoch näher auf die einzelnen Kunstdenkmäler als solche einzugehen: „Auf Ihrer Kunstreise in den islamischen Westen werden Sie Moscheen, Medersen (maghreb. für Medresen), Mausoleen, Paläste und Bürgerresidenzen besichtigen, auch Wandbrunnen, Stadttore und Portale". Ergänzend erwähnt die Autorin noch kursorisch, allerdings ohne ihren Lesern nähere Hintergrundinformationen zu bieten, einige signifikante Charakteristika islamischer Kunst bzw. Architektur wie Kuppel, Hufeisenbogen und die in enger Verbindung zum Bilderverbot des Islam stehende abstrakte Flächenornamentik. Lehmann verortet in diesem Kontext – wie übrigens zahlreiche Autoren der untersuchten Marokkoreiseführer – die Ursprünge des Hufeisenbogens bei den Westgoten, wobei das Hauptvorbild für dieses im Islam so charakteristische Architekturelement jedoch im syrischen Raum zu suchen sein dürfte (GOSCINIAK 1991, S. 71).

Bereits wesentlich ausführlicher und informativer sind die Darstellungen zum Aspekt Kunst und Architektur im ebenfalls von Lehmann verfaßten Polyglott Reiseführer (LEHMANN 1996, S. 16f.). Einer der Schwerpunkte liegt dabei auf den *Ksour*, den traditionellen befestigten Siedlungsformen in vorwiegend von Berbern besiedelten Gebieten, die sich bei Touristen großer Beliebtheit erfreuen. Lehmann weist auf den Verteidigungscharakter der *Ksour* hin und nennt wichtige Elemente dieser Siedlungsform. Der sicherlich dankenswerte Hinweis der Autorin, daß insbesondere die *Kasbahs* vom Verfall bedroht sind, macht die Leser mit der komplexen Problematik der Bewahrung dieser Architekturdenkmäler vertraut. Ein weiterer Schwerpunkt der Ausführungen Lehmanns liegt auf der maurischen Baukunst. Leider bleiben in diesem Kontext die entsprechenden Darstellungen recht allgemeiner und kursorischer Natur, auch wenn die Autorin einige charakteristische Ausprägungen wie Innenhöfe, Flächenschmuck und Kalligraphie nennt, ohne allerdings näher auf die angesprochenen Erscheinungsformen einzugehen. Der angegliederte Abschnitt „Kunsthandwerk – Souvenirs", in dem in erster Linie die Schönheiten einzelner Kunsthandwerksprodukte gepriesen werden, trägt eher touristische als informative Züge.

Die ausführlichste Darstellung des Aspekts Kunst und Architektur innerhalb der *„Einsteiger"* Reiseführer weist der Hayit Urlaubsberater auf, der diesen Aspekt in seinem Kapitel „Kunst in Marokko" thematisiert (BOTZAT 1995, S. 19ff.). Der Schwerpunkt des Kapitels liegt auf der Architektur, wobei die in Marokko anzutreffenden römischen Ausgrabungen ebenso erwähnt werden wie die *Kasbahs* oder charakteristische Ausprägungen der maurischen Architektur. Unter der Rubrik, die sich mit der islamischen Baukunst des Maghreb beschäftigt, konstatiert Botzat in bezug auf die Entstehungsgeschichte: „Die Araber, Nomaden ohne festen Wohnsitz, hatten keine eigene Architektur. Die Elemente ihrer Baukunst holten sie sich erst im Verlauf ihrer Eroberungszüge bei den unterworfenen Völkern. Die Entstehung der islamischen Kunst ist demgemäß mehreren Kulturen zu verdanken, vor allem der römisch-hellenistischen, der persisch-sassanidischen und der christlich-byzantinischen." (Ders. 1995, S. 20). Unbestreitbar erhielt die islamische Architektur wichtige Impulse von anderen Kulturen, ein Faktum, das in der wissenschaftlichen Auseinandersetzung unumstritten ist (HOAG 1986, S. 5), jedoch impliziert Botzats allzu simplifizierende Aussage, daß der arabische Raum vor der Ausbreitung des Islam keine eigene Architektur aufwies und sich das Leben quasi in Zelten abspielte. Leider erwähnt der Autor jedoch nicht, daß der arabische Raum durchaus, obgleich aufgrund der physiogeographischen Ausstattung dieses Raums relativ punktuell verteilt, städtische Siedlungen mit einer eigenständigen städtischen Kultur aufweisen konnte, wie es etwa auf Mekka oder Medina zutrifft.

Die Darstellung des Aspekts Kunst und Architektur in den „Generalist" Reiseführern

Das Spektrum der Darstellungen über Kunst und Architektur in den „Generalist" Reiseführern (vgl. Tab. 27) reicht von einer völligen Außerachtlassung dieses Aspekts über eine Behandlung im Fließtext thematisch anders ausgerichteter Kapitel hin zu eigenständigen Kapiteln. Beschränken sich etliche „Einsteiger" Reiseführer hinsichtlich des Aspekts Kunst und Architektur, wie bereits aufgezeigt, vornehmlich auf kursorische – nicht selten oberflächliche – Darstellungen, so wird der Leser in den meisten „Generalist" Reiseführern wesentlich ausführlicher und profunder informiert. Teilweise zeichnen sich die einzelnen Darstellungen sogar durch eine bemerkenswerte Detailliertheit aus. Die folgenden Ausführungen beziehen sich auf die Darstellungen des Aspekts Kunst und Architektur in den Reiseführern der Reihen Thomas Cook, Goldstadt und Baedeker Allianz.

Tabelle 27: Darstellungen des Aspekts Kunst und Architektur in den „Generalist" Reiseführern

	Reihe	Autor bzw. Herausgeber	Titel	Verlag	Ort	Auflage/Jahr	Kunst und Architektur
1	APA Guides	D. Stannard (Hrsg.)	Marokko	Langenscheidt	München	-/1996	S. 91-95
2	Baedeker Allianz Reiseführer	G. Ludwig	Marokko	Mairs Geogr.	Ostfildern	3/1996	S. 110-122 S. 585-588
3	DuMont Reisetaschenbücher	H. Buchholz	Südmarokko mit Agadir und Königsstädten	DuMont	Köln	3/1997	S. 75-80
4	DuMont „Richtig Reisen"	H. Buchholz M. Köhler	Marokko	DuMont	Köln	-/1996	S. 23-36
5	DuMont Visuell	B. Lanzerath et al.	Marokko	DuMont	Köln	2/1996	S. 61-102
6	Goldstadt Reiseführer	D. Höllhuber W. Kaul	Marokko	Goldstadt	Pforzheim	-/1996	S. 84-88 S. 108-115
7	Nelles Guides	G. Nelles (Hrsg.)	Marokko	Nelles	München	4/1997	Fließtext
8	Rau's Reisebücher	E. Kohlbach	Quer durch Marokko	Werner Rau	Stuttgart	2/1995	-----------
9	Thomas Cook Reiseführer	J. Keeble	Marokko	Droemer Knaur	München	-/1997	S. 60-61

Quelle: Eigene Erhebung 1998

Ein relativ kursorisches Bild hinsichtlich des Aspekts Kunst und Architektur zeichnet der Thomas Cook Reiseführer, der sich auf einer Themenseite der islamischen Architektur widmet (KEEBLE 1997, S. 60f.). Der Autor legt seinen Schwerpunkt auf die sakrale Architektur, in diesem Fall auf die Moschee. Pauschal bemerkt Keeble zu der vor allem in kunsthistorischen Werken ausführlich diskutierten *Ikonoklasie* (Bilderverbot), einem zentralen Leitgedanken der islamischen Kunst und Architektur: „Der Islam verbietet bildliche Darstellungen, schwelgt dafür jedoch in Verzierungen." Zumindest ein Hinweis auf entsprechende Quellen, aus denen sich das Bilderverbot herleiten läßt, wäre angebracht gewesen, um dem Leser eine kulturgeschichtliche Einordnung dieser kunst-historischen Besonderheit zu erleichtern. Problematisch ist auch der Umstand, daß der Autor in seinen Ausführungen teilweise mit Begriffen hantiert, die er dem Leser dann nicht näher erklärt. So erwähnt Keeble beispielsweise die Begriffe „kufische Kalligraphie", „Medersa" oder „Gottes Spinnennetze", die – zumindest für den kunsthistorisch nicht vorgebildeten Leser – ohne nähere Erläuterungen nicht verständlich sein dürften.

Wesentlich profunder sind die Darstellungen des Aspekts Kunst und Architektur im Goldstadt Reiseführer (HÖLLHUBER/KAUL 1996, S. 108ff.). „Man kann die Kunst des islamischen Marokko nicht verstehen, wenn man nicht die religiösen Randbedingungen, die der Islam stellt, zumindest in den Grundzügen kennt", so skizzieren treffend die beiden Autoren dieses Bandes die enge Verflechtung von Religion und Kunst im islamisch-orientalischen Kulturkreis (Dies. 1996, S. 110). In diesem Zusammenhang greifen die Autoren das Bilderverbot auf, nennen auch die Quellen, aus denen sich das Bilderverbot ableiten läßt (Koran bzw. Hadith), und verweisen auf ähnliche ikonoklastische Strukturen, die im frühen Christentum anzutreffen waren. Höllhuber und Kaul informieren über wichtige Grundstrukturen der islamischen Kunst, wie sie sich besonders in der Ornamentik, der Arabeske und der Kalligraphie manifestieren. Als charakteristische marokkanische Architekturelemente nennen sie im Kontext mit der Thematisierung der Moschee ihre T-Form sowie das vorkragende, konkav-zellenartige Dekorationselement *Mukarnas*. Des weiteren listen Höllhuber und Kaul in einem chronologischen Abriß das kunsthistorische Erbe Marokkos unter den einzelnen Dynastien auf. Bedauerlicherweise verzichtet der Goldstadt Reiseführer jedoch in seinem Kunstkapitel auf eine eigenständige Darstellung der spezifisch berberischen Kunst- und Architekturtradition, wie sie sich vor allem in den Siedlungsformen der südlichen Landesteile widerspiegelt.

Ein besonders gelungenes Beispiel für die Behandlung des Aspekts Kunst und Architektur findet sich im Kapitel „Kunst und Kultur" des Baedeker Allianz Reiseführers. Der untersuchte Aspekt wird in diesem Kapitel unter den Rubriken „Kunstgeschichtlicher Überblick" sowie „Islamisch-arabische Bauten" aufgegriffen (LUDWIG 1996, S. 110ff.). Einen der inhaltlichen Schwerpunkte bildet eine ausführliche Thematisierung der Baukunst und Ornamentik in der islamisch-arabischen Kunst. Der Leser wird in diesem Kontext von Ludwig über essentielle Strukturen der islamisch-arabischen Kunst informiert, etwa das Bilderverbot, die Kalligraphie, die Arabeske, das Dekorationselement *Mukarnas* sowie die Geometrik, die ein eingehenderes Verständnis dieses äußerst komplexen Sujets ermöglichen. Ludwig erwähnt die Durchdringung der islamischen Kunst durch andere Stilrichtungen und fügt einschränkend hinsichtlich des Bilderverbots hinzu, daß dieses – zumindest in der Anfangsphase der islamischen Kunst – nicht immer so streng gehandhabt wurde. Unter der Rubrik „Islamisch-arabische Bauten" stellt der Autor vor allem die Sakralbauten Moschee und Medersa sowie unter den Profanbauten die Paläste vor. Auch Ludwig weist auf den für Marokko charakteristischen T-Grundriß des Sakralbauwerks Moschee hin und nennt wichtige Erscheinungen wie Minarett und Minbar.

Dem Kunsthandwerk wendet sich Ludwig im Reiseführerteil, der die praktischen Informationen umfaßt, zu, wohl auch deshalb, um der Beliebtheit kunsthandwerklicher Produkte bei Touristen Rechnung zu tragen (Ders. 1996, S. 585ff.). Der Autor, der unter anderem auf Lederwaren, Teppiche, Holzarbeiten und Schmuck zu sprechen kommt, schlägt dabei durchaus kritische Töne an, wie folgende Aussage belegt: „Viele heute als Andenken verkaufte Textilien, Teppiche und Keramikprodukte wurden in dieser Form niemals vom traditionellen Handwerk Marokkos hergestellt. Originale Arbeiten des Kunsthandwerks muß man heute abseits der von Touristen überschwemmten Hauptstraßen der Souks in Nebengassen oder auf den Souks des Binnenlandes bzw. direkt beim Erzeuger suchen." (Ders. 1996, S. 585).

Die Darstellung des Aspekts Kunst und Architektur in den „*Alternativ*" Reiseführern

Alle drei untersuchten Bände der „*Alternativ*" Reiseführer weisen eigenständige Kapitel über den Aspekt Kunst und Architektur auf; dabei offenbaren die jeweiligen Darstellungen in diesem Reiseführertyp eine ausgesprochen unterschiedliche Behandlung dieser Thematik durch die Autoren, wie die nachfolgenden Ausführungen eindrucksvoll belegen (vgl. Tab. 28).

Die Darstellung des Aspekts Kunst und Architektur schränkt der Reiseführer aus der Reihe „Selbst entdecken" einzig auf das bei Touristen in der Regel besonders beliebte Kunsthandwerk ein (MACHELETT/MACHELETT 1990, S. 48f.). Dabei bedienen sich die Autoren einer derartig blumigen Ausdrucksweise, die Reminiszenzen an Werbeprospekte weckt, wie folgendes Zitat illustriert: „Marokko kann mit vollen Händen aus den Schätzen einer ruhmreichen Vergangenheit schöpfen. In Holz, Metall, Wolle oder Leder werden Werke von außerordentlich vielfältiger, lebendiger Schönheit geschaffen. Teppiche aus Rabat oder aus dem Atlasgebirge, Pelz- oder Lederwaren aus Fès, Tongefäße aus Safi, Stickereien aus Meknès, Bronze- und Goldarbeiten aus Marrakech und aus den Oasen der Sahara belegen den Werkfleiß der Bevölkerung." Mag man die einseitige Beschränkung dieses Reiseführers, was Kunst und Architektur betrifft, auf das Kunsthandwerk bedauern, so gerät die weitere Darstellung dieses Aspekts zu einem regelrechten Ärgernis. Das Kapitel geht in den sich anschließenden Ausführungen exemplarisch auf Teppiche, Stickereien und Mobiliar ein, wobei die Beschreibungen, was die Verklärungen betreffen, teilweise nicht mehr zu überbieten sind: „Was die Qualität weiblicher Handarbeiten in Marokko ausmacht, das ist jener persönliche Einschlag, den jedes Erzeugnis unverwechselbar zeigt. So erzählen die Mädchen mit Nadel und Faden in jedem ihrer Tücher romantische Geschichten und sticken auf ihre Schleier und Seidentücher ihre schönsten Träume und Erinnerungen." Zum Schmunzeln hingegen ist folgende Aussage über Möbelaufsätze: „Möbelaufsätze aus Bronze und Silber scheinen alle Sonne Afrikas in sich gespeichert zu haben." Solche plakativen Aussagen bedürfen keiner weiteren Kommentierung; zu bedauern sind hingegen die Leser, die mit solchen nichtssagenden Darstellungen konfrontiert werden.

Tabelle 28: Darstellungen des Aspekts Kunst und Architektur in den „*Alternativ*" Reiseführern

Reihe	Autor bzw. Herausgeber	Titel	Verlag	Ort	Auflage/ Jahr	Kunst und Architektur
1 Reise Know-How	E. Därr	Agadir, Marrakesch und Südmarokko	Reise Know-How	Hohentann	1/1996 a	S. 72-83
2 Reise Know-How	E. Därr	Marokko. Vom Rif zum Antiatlas	Reise Know-How	Hohentann	7/1996 b	S. 349-375
3 „Selbst entdecken"	N. Machelett C. Machelett	Nordmarokko selbst entdecken	Regenbogen	Zürich	-/1990	S. 48-49

Quelle: Eigene Erhebung 1998

Kontrastierend zu der enttäuschenden Darstellung des Aspekts Kunst und Architektur in dem Band der Reihe „Selbst entdecken" bestechen die beiden von Därr verfaßten Reiseführer sowohl hinsichtlich des Facettenreichtums der ausgewählten Themen als auch der Informationstiefe (DÄRR 1996 a, S. 72ff. bzw. DÄRR 1996 b, S. 349ff.). Die nachfolgenden Ausführungen beziehen sich auf den Marokkoreiseführer ohne regionalen Schwerpunkt; beide Reiseführer weisen bezüglich des untersuchten Aspekts starke inhaltliche Parallelen auf, wobei der von mir vorgestellte Band noch einmal wesentlich ausführlicher ist. Besonders positiv ist anzumerken, daß die Autorin – im Gegensatz zu dem oben vorgestellten Reiseführer – auch kritische Töne anschlägt. So thematisiert

Därr in ihren beiden Marokkoreiseführern die Volkskunst und das Kunsthandwerk des Landes, verzichtet aber auf eine idealisierende Darstellungsweise und modifiziert touristische Images, wie folgende Aussage der Autorin über das Kunsthandwerk belegt: „Vieles, was uns als Kunsthandwerk erscheint (z.B. Textilien, Metall-, Lederarbeiten), ist für den Marokkaner Gebrauchsgegenstand." (Dies. 1996 b, S. 361).

Ebenfalls nicht selbstverständlich ist der kritische Hinweis Därrs, daß der Tourismus vielfach zu einer Vereinheitlichung im Bereich des handwerklichen Schaffens geführt hat: „Der Touristenstrom nach Marokko hat zu einer gewissen Vereinheitlichung im handwerklichen Schaffen geführt, so daß ursprüngliche marokkanische Handwerksstücke oft nicht mehr auf dem Markt zu finden sind, sondern nur noch direkt bei den Handwerkern oder in Geschäften, die außerhalb der von Touristen überschwemmten Gegenden liegen." (Dies. 1996 b, S. 361).

Das anschließend vorgestellte Spektrum der Kunsthandwerkszweige ist äußerst diversifiziert und umfaßt, um nur einige Beispiele zu nennen, Lederwaren, Kunstschmiede, Schmuck, Holzschnitzerei, Keramik, Stickereien und Teppiche. Im Zusammenhang mit der Behandlung von Keramik gibt die Autorin ihren Lesern noch weiterführende Literaturhinweise, was als ein nicht unbedingt selbstverständlicher Service bei Reiseführern zu bewerten ist. Die Autorin greift den Aspekt Kunst und Architektur jedoch nicht nur unter der Sparte Volkskunst und Kunsthandwerk auf, sie setzt sich auch dezidiert mit charakteristischen Ausprägungen islamischer Kunst, der Baukunst der Berber sowie modernen Erscheinungen marokkanischer Kunst auseinander. Unter der Rubrik „Die islamische Kunst" informiert Därr ihre Leser über die Einflüsse anderer Kulturen auf die Entwicklung der islamischen Kunst. Sie geht des weiteren auf typische Erscheinungsformen wie Hufeisenbogen, Tropfsteinverzierungen und Arabesken ein, stellt die kalligraphischen Schrifttypen *Kufi* und *Nesschi* vor und nennt einige bedeutende Bauwerke, die unter der Regentschaft marokkanischer Dynastien entstanden sind (Dies. 1996 b, S. 352f.). Eine weitere Rubrik setzt sich ausführlich mit der „Baukunst der Berber" auseinander; inhaltlicher Schwerpunkt bildet die Struktur der *Ksour*. Eine eigene Rubrik widmet Därr der modernen Kunst (Dies. 1996 b, S. 374f.). Dies ist sicherlich ein besonders lobenswerter Ansatz der Autorin, denn sie veranschaulicht damit ihren Lesern, daß in Marokko nicht nur in der Vergangenheit bedeutende künstlerische Leistungen vollbracht wurden, sondern, daß dieses Land – trotz spärlicher finanzieller Förderung staatlicherseits – auch in der postkolonialen Phase bedeutende Leistungen auf dem künstlerischen Sektor aufzuweisen hat. Kunst als Mittlerin zwischen den Kulturen: der Hinweis der Autorin auf eine vom Deutsch-Marokkanischen Freundeskreis initiierte Wanderausstellung unter dem Titel „Kunstkarawane Okzident – Orient", die Werke marokkanischer und deutscher Künstler zeigt, vermag einen Beitrag zum Verstehen einer nicht vertrauten Kultur leisten und kann – zumindest beim kunstinteressierten Leser – Neugierde für das Sujet wecken.

Die Darstellung des Aspekts Kunst und Architektur in den „Spezial" Reiseführern

Tabelle 29: Darstellungen des Aspekts Kunst und Architektur in den „Spezial" Reiseführern

Reihe	Autor bzw. Herausgeber	Titel	Verlag	Ort	Auflage/ Jahr	Kunst und Architektur
1 DuMont Kunstreiseführer	A. Betten	Marokko. Antike, Berbertraditionen u. Islam - Geschichte, Kunst und Kultur im Maghreb	DuMont	Köln	1/1998	S. 78-125
2 Polyglott Land & Leute	W. Knappe	Marokko	Polyglott	München	2/1994/ 1995	S. 15-19 S. 93-96 S. 99-100
3 Sympathie Magazin	Studienkreis für Tourismus und Entwicklung	Marokko verstehen	Studienkreis für Tourismus und Entwicklung	Ammerland	-/1997	S. 18-19 S. 34 S. 35-36

Quelle: Eigene Erhebung 1998

Zu den abwechslungsreichsten Darstellungen über Kunst und Architektur zählen die drei „Spezial" Reiseführer, die alle diesem Aspekt eigene Artikel widmen. Daß der Kunstreiseführer auf diesen Aspekt besonders kompetent und ausführlich eingeht, ist aufgrund seines thematischen Schwerpunkts nicht weiter überraschend; umso bemerkenswerter stellt sich jedoch der Umstand dar, daß auch die beiden „Spezial" Reiseführer, deren Schwerpunkt auf der Vermittlung von Kenntnissen über Land und Leute liegt, diesen Aspekt in mehreren Artikeln aufgreifen.

Im Sympathie Magazin findet man drei Essays über den Aspekt Kunst und Architektur. Das Essay „Auch im Lehmhaus läßt sich's leben" thematisiert die *Ksour* unter besonderer Berücksichtigung ihrer Entstehung und macht mit einigen Vor- und Nachteilen der Lehmarchitektur vertraut (Studienkreis für Tourismus und Entwicklung 1997, S. 18f.). Bemerkenswerter, da auch ansonst in keinem der untersuchten Marokkoreiseführer anzutreffen, ist die informative und kritische Auseinandersetzung mit der marokkanischen Schmucktradition im Essay mit dem Titel „Fadda wa Thahab" (Ders. 1997, S. 34). Auch in diesem Essay kommt – wie so oft in den Darstellungen des Sympathie Magazins – die einheimische Bevölkerung zu Wort, in diesem Fall eine Designerin für modernen Schmuck. Die Designerin räumt dabei mit der von Touristen oft vermuteten Authentizität der Schmuckstücke auf: „Für den Tourismussektor wird hauptsächlich internationaler, vor allem preisgünstiger Silberschmuck hergestellt. Trotz häufig sehr guter Qualität sind dies aber nicht immer orientalische und schon gar nicht berberische Schmuckstücke." Der Leser erfährt im Essay weiterhin, daß die marokkanische Schmucktradition bis in die sechziger Jahre insbesondere von der jüdischen Bevölkerungsminderheit getragen wurde und die traditionellen Schmuckformen in der heutigen Zeit nicht selten von Bechern, Tabletts und diversen Geschenkartikeln verdrängt werden. Das dritte Essay setzt sich mit der Keramikherstellung in Ifrane-Ali auseinander (Ders. 1997, S. 35f.). Im Mittelpunkt des Essays steht dabei weniger die ästhetische Komponente der Keramik, sondern vielmehr der aufwendige Produktionsvorgang, für den vor allem Frauen unter nicht immer einfachen Bedingungen verantwortlich zeichnen.

Der Polyglott Land & Leute Reiseführer behandelt den Aspekt Kunst und Architektur unter den Stichworten „Architektur", „Kunsthandwerk" und „Lehmbau". Unter dem Stichwort „Architektur" wird der Leser in erster Linie über die maurische Kunst und Architektur informiert (KNAPPE 1994/1995, S. 15ff.). Knappe weist in diesem Zusammenhang auf das Bilderverbot im Islam hin und betont die dadurch implizierte unterschiedliche Schwerpunktsetzung islamischer gegenüber abendländischer Architektur. Als charakteristische künstlerische und architektonische Erscheinungen führt er insbesondere die Ornamentik, die Kalligraphie sowie die *Mukarnas* an. In Grundzügen stellt der Autor als Beispiele für die Sakralarchitektur die Moschee, die Medersa und die *Koubba* vor. Entsprechend ihrer Bedeutung als wichtigstem religiösen Bautyp des Islam nennt Knappe noch einige wichtige Elemente der Moschee, wie *Sahn*, *Mihrab* und *Minbar*. Leider ist die Auseinandersetzung mit den Profanbauten weniger gut gelungen als bei der Sakralarchitektur, da sich der Autor bei deren Thematisierung von einer allzu idealisierten Darstellung leiten läßt, in der die Information in den Hintergrund tritt: „Privathäuser und Paläste sind wie die Sakralbauten mit Innenhöfen ausgestattet. Oft plätschern Brunnen unter schattenspendenden Bäumen. Es duftet nach Orangenblüten, Jasmin und in der Nacht verströmen die Blüten des Hammerstrauches ihren betörenden Duft." (Ders. 1994/1995, S. 19). Ein Hinweis, daß das Innenhofhaus primär eine ideale Wahrung der Privatsphäre ermöglicht, wäre mit Sicherheit verständnisfördernder gewesen als die oben zitierte Darstellung, deren atmosphärischer Gehalt die Information verdrängt. Unter dem Stichwort „Kunsthandwerk" vermittelt Knappe seinen Lesern einen Überblick über die vielfältige Produktpalette des marokkanischen Kunsthandwerks (Ders. 1994/1995, S. 93ff.). Angesprochen werden unter anderem die Bereiche Leder, Teppich, Keramik und Schmuck. Der Autor vermeidet dabei weitgehend die verklärende Darstellung vieler anderer Reiseführer und schlägt durchaus kritische Töne an: „Beim Gang durch die Souks der großen Medinas stößt man noch auf viele andere kunsthandwerkliche Produkte. Heute sind sie oft schon auf Touristengeschmack getrimmt. Die meisten allerdings sind nach wie vor für den marokkanischen Haushalt gemacht." (Ders. 1994/1995, S. 94f.). Unter dem Stichwort „Lehmbau" greift Knappe Siedlungsformen und Siedlungselemente in den berberischen Gebieten Marokkos auf; kurz abgehandelt werden die Begriffe *Kelâa*, *Ksar*, *Agadir*, *Tighremt* und *Kasbah* (Ders.

1994/1995, S. 99f.). Der Autor erwähnt weiterhin die Stampflehmtechnik und die Ornamentik der berberischen Siedlungsformen und weist auf das Problem der Witterungsanfälligkeit von Lehmbaukonstruktionen hin.

Die ausführlichste und facettenreichste Thematisierung, die sich dem Aspekt Kunst und Architektur widmet, findet der Leser im DuMont Kunstreiseführer. Aufgegriffen wird der Aspekt jeweils in zwei Kapiteln: eines setzt sich mit der islamischen Kunst des Landes auseinander, das andere beschäftigt sich mit der Kunst und Kultur der Berber (BETTEN 1998, S. 78ff. bzw. S. 109ff.). Die Fülle der dem Leser gebotenen Informationen gereicht schon fast einem reinen Kunstführer zu Ehren, weshalb sich die nachfolgenden Ausführungen auf das erstgenannte Kapitel beschränken, da es hinsichtlich der dem Leser vermittelten Informationen besonders gelungen ist. Einen hervorragenden Einblick vermittelt Betten in das für die Kunst des Islam so zentrale Charakteristikum des Bilderverbots. Der Autor weist bei seinen Ausführungen darauf hin, daß auch in der frühchristlichen Kunst die bildliche Darstellung eine Ausnahme war und erwähnt in diesem Zusammenhang, daß sich in der für das Christentum so bedeutenden Quelle des Alten Testaments abbildungskritische Aussagen finden. Die beachtliche Differenziertheit der Darstellung Bettens bezüglich des Bilderverbots zeigt sich darüber hinaus in dem Hinweis, daß in der Anfangsphase des Islam durchaus bildhafte Darstellungen angefertigt wurden und nennt in diesem Kontext die omajadische Dynastie im Vorderen Orient. Betten wendet sich in seinen weiteren Ausführungen der religiösen und profanen Architektur in Marokko zu. Im Rahmen der religiösen Architektur thematisiert Betten sehr ausführlich die Moschee, die Medersa und die Grabbauten; bei der profanen Architektur setzt er sich unter anderem mit *Medina*, Plätzen, Gärten, Festungs- und Palastbauten sowie der städtischen Wohnarchitektur auseinander. Die weiteren Darstellungen beziehen sich auf die Materialien und das Formenrepertoire islamischer Architektur sowie das Kunstgewerbe. Besonders bemerkenswert bei der Darstellung des Aspekts Kunst und Architektur im DuMont Kunstreiseführer ist die eingehende Auseinandersetzung des Autors mit den Materialien und dem reichen Formenrepertoire islamischer Architektur. Wie kaum ein anderer der untersuchten Reiseführer vermittelt der DuMont Kunstreiseführer seinen Lesern ein tiefergehendes Verständnis für den komplexen Aspekt Kunst und Architektur. Aufgrund seiner betont auf Kunst fokussierten Ausrichtung sollte jedoch beim Leser auch ein gewisses Interesse für dieses Sujet vorhanden sein, da ansonsten die Darstellungen mit großer Wahrscheinlichkeit zu speziell sein dürften.

6 Resümee

Gegenstand der vorliegenden Studie war die Darstellung kultureller Aspekte in aktuellen deutschsprachigen Marokkoreiseführern und ihr Beitrag zur Interkulturellen Kommunikation. Die Arbeit gliederte sich in drei kürzere theoretisch ausgerichtete Kapitel, die wichtige Gesichtspunkte der behandelten Thematik, des thematisierten Raums und des untersuchten Mediums vorstellten. Es schloß sich ein angewandtes empirisches Kapitel an, das sich im Rahmen einer Inhaltsanalyse mit den Darstellungen von sechs ausgewählten kulturellen Aspekten in aktuellen deutschsprachigen Marokkoreiseführern beschäftigte.

Nachfolgend soll zunächst – ungeachtet der komplexen Thematik und der Heterogenität der einzelnen Reiseführer – der Versuch unternommen werden, einige zentrale Ergebnisse der inhaltsanalytischen Untersuchung darzulegen. Im Anschluß daran wird ein Katalog von Empfehlungen zur Diskussion gestellt, die sich explizit unter Bezugnahme auf das fremdkulturelle Medium Reiseführer an die Autoren und Leser solcher Publikationen richten.

Die Inhaltsanalyse machte in zahlreichen Beispielen deutlich, daß Reiseführer als Gegenstand fremdkultureller Literatur ihrer Funktion, „Verständnis für andere Länder und Kulturen zu wecken", oft nur unzureichend nachkommen. In jedem der sechs untersuchten kulturellen Aspekte waren Darstellungen anzutreffen, deren Beitrag zur Interkulturellen Kommunikation bezweifelt werden muß. Problematisch erwies sich nicht nur das im Sinne der Interkulturellen Kommunikation besonders diffizile Phänomen stereotyper Systeme, das insbesondere beim Aspekt Menschenbild zu tragen kam, sondern auch die selektive Standardisierung, die sich durch Reduktion, nicht selten durch völlige Ausklammerung, aber auch durch einseitige Hervorhebung bestimmter Informationen manifestierte.

Die Darstellungen kultureller Aspekte sind – bezogen auf die sechs für diese Studie berücksichtigten Beispielaspekte – in den einzelnen Marokkoreiseführern von sehr unterschiedlicher Qualität. Wie die Inhaltsanalyse mehrfach zeigte, dokumentieren sich die qualitativen Unterschiede nicht nur zwischen den Reiseführertypen mit ihrer jeweils unterschiedlichen Konzeption und Zielgruppenansprache, sondern auch zwischen den einzelnen Reiseführern innerhalb der vier Typen, die für die Untersuchung gebildet wurden.

Als besonders unbefriedigend in ihren jeweiligen Darstellungen erwiesen sich die meisten *„Einsteiger"* Reiseführer. Gerade bei diesem Reiseführertyp wurden viele der untersuchten Aspekte nur am Rande, teilweise überhaupt nicht thematisiert. Die zu den jeweiligen Aspekten vermittelten Informationen zeichneten sich vor allem durch Reduktionen und Ausklammerungen aus, die dem Leser allenfalls kursorische Einblicke in die marokkanische Kultur ermöglichten. In diesem Kontext seien beispielsweise die dürftigen – meist tabellarischen – Geschichtsdarstellungen erwähnt. Vielfach wurden auch innerhalb der untersuchten Aspekte Informationen hervorgehoben, die dem Leser „verdauliche Kost" boten, etwa das Königshaus beim Aspekt Politik oder die vermeintlich so "volkstümlichen" *Moussems* beim Aspekt Religion. Bedauerlicherweise erwiesen sich insbesondere bei diesem Reiseführertyp viele Darstellungen als außerordentlich anfällig für stereotype Systeme. Als Beispiele seien die pittoresken Beschreibungen der marokkanischen Stadt oder die nicht selten vorurteilsbeladene Rezeption der marokkanischen Bevölkerung erwähnt.

Von besserer Qualität präsentierten sich einige der „*Generalist*" Reiseführer, auch wenn es innerhalb der untersuchten Bände teilweise beträchtliche Unterschiede gab. In keinem anderen Reiseführertyp waren die einzelnen Darstellungen von so verschiedener Qualität. Jedoch insbesondere im Vergleich mit den „*Einsteiger*" Reiseführern wurden die einzelnen Aspekte nicht nur wesentlich ausführlicher dargestellt, sondern sie gewährten – in Ansätzen – auch recht fundierte Einblicke in die marokkanische Kultur. So beinhalteten einige Reiseführer beispielsweise Informationen über die marokkanische Stadt, die über verklärend-pittoreske Impressionen hinausgingen, oder lieferten vergleichsweise umfangreiche Beiträge zu Religion, Politik, Geschichte bzw. Kunst und Architektur des Landes. Doch auch bei diesem Reiseführertyp wurden stereotype Systeme kolportiert, was bei einigen Passagen zum Aspekt Menschenbild deutlich zum Ausdruck kam.

Die „*Alternativ*" Reiseführer, die sich gerne als kritische Gegenentwürfe zu den herkömmlichen Reiseführern präsentieren, konnten bei der Darstellung kultureller Aspekte nicht immer überzeugen. In diesem Zusammenhang sei vor allem auf die Behandlung des Aspekts Menschenbild verwiesen, bei dem man – trotz einiger gut gemeinter Ansätze – leicht den Eindruck gewinnen konnte, daß einerseits stereotype Systeme weitergegeben wurden, andererseits eine nicht mehr zu rechtfertigende Anbiederung an die Leser sowie an die marokkanische Bevölkerung stattfand. Besonders eindrucksvoll zeigten sich die qualitativen Unterschiede in der Darstellung kultureller Aspekte bei der Vermittlung von Informationen über Kunst und Architektur. So beschränkte sich einer der untersuchten „*Alternativ*" Reiseführer bei diesem Aspekt einzig auf das bei Touristen besonders beliebte Kunsthandwerk und betonte in diesem Zusammenhang in verklärenden Worten vor allem die ästhetische Komponente. Die beiden anderen Reiseführer hingegen setzten sich durchaus vielschichtig und kritisch mit diesem Aspekt auseinander.

Die drei untersuchten „*Spezial*" Reiseführer zeichneten sich insbesondere bei ihren jeweiligen inhaltlichen Schwerpunkten aus. In bezug auf den Aspekt Menschenbild boten die „sozialpsychologischen" Reiseführer ihren Lesern Informationen, wie sie in sonst keinem der berücksichtigten Reiseführer anzutreffen waren. Positiv war dabei zu werten, daß die Darstellungen auch Einblicke in die Alltagskultur der Bevölkerung Marokkos vermittelten, die gängigen stereotypen Systemen so gut wie keinen Platz einräumten. Teilweise kamen bei den untersuchten Aspekten auch Marokkaner in eigenen Essays zu Wort, die ihre ganz persönlichen Eindrücke von Land und Leuten schilderten. Wesentlich häufiger als in den übrigen Reiseführern waren die Beiträge zu den einzelnen Aspekten kritisch gehalten, so etwa bei den Hinweisen auf Umweltprobleme in marokkanischen Städten oder bei der Behandlung fundamentalistischer Tendenzen im Islam. Der Kunstreiseführer brillierte in erster Linie bei der Darstellung der Aspekte Geschichte bzw. Kunst und Architektur. Dafür spielten bei diesem Reiseführer – sieht man einmal von der Behandlung der einzelnen Bevölkerungsgruppen Marokkos ab – die Menschen und ihre Alltagskultur nur eine untergeordnete Rolle.

Zwischen dem postulierten Anspruch an Reiseführer, „Verständnis für andere Länder und Kulturen zu wecken", und der Realität besteht, wie die inhaltsanalytische Untersuchung deutlich machte, nach wie vor eine erhebliche Diskrepanz. Das ist umso bedauerlicher, wenn man sich vor Augen hält, daß in dem Maße, in dem Entfernungen zunehmend bedeutungsloser werden, in dem alle Welt selbst reist und Medien, insbesondere das Fernsehen, Weltbilder wie selbstverständlich ausspucken, die Qualitäten anspruchsvoller Reiseführer, die einen aktiven Beitrag zur Interkulturellen Kommunikation leisten wollen, erst recht gefordert sind.

Dabei manifestiert sich die Qualität eines Reiseführers untrennbar in der geistigen Aufgeschlossenheit und der persönlichen Handschrift der jeweiligen Autoren. Ihnen fällt im Kontext der Vermittlung fremdkultureller Aspekte eine nicht zu unterschätzende Verantwortung für die Leser zu. Für letztere rückt angesichts des zunehmend unübersichtlicheren Reiseführermarkts die Frage in den Vordergrund, wie sie ihren „Wegweiser in die Fremde" finden und letztendlich mit ihm auch kritisch umgehen. Gerade für jene Leser, die Wert darauf legen, daß Reiseführer in ihren Darstellungen über das konventionelle Abhandeln von Sehenswürdigkeiten hinausgehen und möglichst umfassend und differenziert über die fremde Kultur berichten, dürfte diese Frage von eminent wichtiger Bedeutung sein.

Vor dem Hintergrund dieser Überlegungen basieren die nachfolgend in bezug auf das fremdkulturelle Medium Reiseführer entworfenen zehn anwendungspraktischen Empfehlungen, von denen sich die ersten acht an Autoren sowie die letzten zwei an Leser von Reiseführern wenden.

Reiseführer als fremdkulturelles Medium: Empfehlungen für Autoren und Leser

Autoren sollten in bezug auf Reiseführer...

...für Begegnung und Verständigung zwischen Reisenden und Bereisten werben!
Die Wahrscheinlichkeit, in einem fremdkulturellen Umfeld Realitäten wahrzunehmen und mit tradierten Stereotypen und Vorurteilen aufzuräumen, steigt mit der aktiven Bereitschaft des Urlaubers, sich auf das Fremde einzulassen. Reiseführerautoren, denen an der Vermittlung interkultureller Kompetenz gelegen ist, werben deshalb explizit für Begegnung und Verständigung zwischen Reisenden und Bereisten. Dies erfordert von Reiseführerautoren die Motivation, Destinationen nicht nur als Ansammlungen von Sehenswürdigkeiten zu präsentieren, sondern vielmehr Einblicke in die Alltagskultur der Menschen zu gewähren.

...konkrete Hilfestellungen aufzeigen, die das Eingewöhnen in fremden Kulturen erleichtern!
Das sich Annähern an eine fremde Kultur ist nicht alleine auf der Basis einer abstrakten Toleranz möglich. Je größer die kulturellen Unterschiede zwischen Herkunftsland und Tourismusdestination sind, desto wichtiger werden konkrete Hilfestellungen, die dem Leser interkulturelle Kompetenz vermitteln. Insbesondere das Wissen um divergierende Wert- und Normensysteme, die Menschen nicht vertrauter Kulturen prägen, erleichtert eine Eingewöhnung in der Fremde. Des weiteren können verständnisfördernde Hinweise, etwa in Hinblick auf einen sensiblen Umgang mit kulturellen Besonderheiten vor Ort, einen Beitrag leisten, die eigene Kultur besser zu verstehen sowie möglichen Fehlinterpretationen vorzubeugen.

...einen verantwortungsvollen Umgang mit Sprache pflegen!
Reiseführerautoren wollen bei ihren Lesern Vorfreude auf die Destination wecken. Dabei trägt ein unkritischer Umgang mit Sprache eher zur Mythenbildung als zur differenzierten Information bei. Das Primat des „Typischen" entpuppt sich in diesem Kontext nur zu häufig als eine unkritische Ansammlung von Stereotypen und Vorurteilen, die ein verzerrtes Bild von Land und Leuten vermitteln. Kein Autor ist bei der Auseinandersetzung mit einer fremden Kultur vollständig vor der Problematik stereotyper Systeme gefeit. Er sollte sich diese jedoch immer wieder ins Bewußtsein rufen, denn, so ein sudanesisches Sprichwort, „Worte sind wie Vögel, die man nicht mehr einfangen kann."

...der einheimischen Bevölkerung eine Stimme verleihen!
Die häufig in Reiseführern anzutreffende ethnozentrische Monoperspektivität resultiert nicht selten daraus, daß die Menschen der jeweiligen Destination allenfalls beschrieben werden, selbst jedoch selten zu Wort kommen. Somit ist es nicht verwunderlich, daß der Bevölkerung nur zu gerne eine Statistenrolle zugeschrieben wird, die nicht im geringsten dazu geeignet ist, dem Leser die Alltagskultur zu erschliessen. Gerade durch

eine dezidierte Einbeziehung der Bevölkerung, etwa mittels eingeflochtener Zitate oder in Form eigener Beiträge, ließen sich – zumindest in Ansätzen – kultursensibel fremdkulturelle Lebenswirklichkeiten einfangen.

...einen kritischen Blick hinter die touristischen Kulissen werfen!
Es gibt immer noch Autoren, die meinen, kritische Anmerkungen jenseits der heilen Urlaubswelt haben nichts in Reiseführern zu suchen. Sicherlich kann es in einem touristischen Medium nicht primär darum gehen, den Leser mit Belehrungen zu traktieren, dennoch sollten kritische Töne, die Mißstände dekuvrieren, kein Tabu sein. Reiseführerautoren, die ihren Lesern Themenkomplexe wie Umweltzerstörung oder marginalisierte Bevölkerungsgruppen vorenthalten, laufen Gefahr, ihre Publikationen zu idealisierenden Werbebroschüren zu degradieren, die wichtige fremdkulturelle Aspekte aus der Wirklichkeit ausblenden.

...Kulturen jenseits ausgetretener Pfade erschließen!
Wie touristische Ströme immer wieder die gleichen ausgetretenen touristischen Pfade einschlagen, so findet man in Reiseführern – häufig mit dem Primat der Zielgruppenorientierung begründet – eine ausgesprochene Konformität in Hinblick auf präsentierte Sehenswürdigkeiten und thematisierte Aspekte. Fremde Kulturen sind in der Regel jedoch ungemein vielschichtiger als so mancher Reiseführer seinen Lesern suggeriert. Oftmals erschließen sie sich abseits klassischer Routen und Themenkomplexe. Manchmal mag auch einfach nur ein neuer Blickwinkel auf Altbekanntes genügen, um Land und Leute in einem anderen Licht darzustellen. Eines ist sicher: Die Schatten in Platons Höhle als Abbilder der Wirklichkeit sind niemals deckungsgleich, variieren sie doch nach der subjektiven Qualität unseres geistigen Auges.

...Mut zu thematischen Beschränkungen aufbringen!
Die Vorstellung, Reiseführer sollten kompetente Ratgeber für möglichst *alle* Facetten einer fremden Kultur sein, ist unrealistisch. Hier setzen bereits die meist geringen Seitenumfänge der einzelnen Bände einen engen Rahmen. Ebenso wenig kann man von Reiseführerautoren erwarten, daß sie mit allen Bereichen von Land und Leuten gleich gut vertraut sind. Gerade der Anspruch, dem Leser so viel wie möglich an Informationen über die jeweilige Destination zu vermitteln, führt häufig zu oberflächlichen und unseriösen Darstellungen. Eine inhaltliche Beschränkung mit Tiefgang ist sinnvoller als eine Überfrachtung mit zu vielen Themenkomplexen.

...Informationen über weiterführende Literatur bereitstellen!
Nach wie vor halten sich viele Reiseführerautoren mit Hinweisen auf weiterführende Literatur zurück. Ein Umstand, der sehr bedauerlich ist, bieten doch Reiseführer in der Regel zunächst nur einen ersten Einstieg in die fremde Kultur. Landeskunden, Spezialmonographien und nicht zuletzt belletristische Werke können weitergehende Hinter-

grundinformationen erschließen, die dem interessierten Leser eine vertiefte Auseinandersetzung mit Land und Leuten ermöglichen.

Leser sollten in bezug auf Reiseführer...

...ihre spezifischen Erwartungshaltungen abklopfen und kritisch überprüfen!
So mancher Käufer verläßt sich beim Erwerb eines Reiseführers rein auf das Gefühl, wobei häufig insbesondere eine ansprechende Optik die Kaufentscheidung beeinflußt. Bei der konkreten Benutzung des Reiseführers erfolgt dann oft die Enttäuschung auf den Fuß, wenn der Leser seine Erwartungen nicht erfüllt sieht. Umso wichtiger ist, daß man sich bereits *vor* dem Kauf Gedanken macht, welche spezifischen persönlichen Anforderungen der Reiseführer erfüllen soll. Vergleichendes Schmökern in unterschiedlichen Reiseführerexemplaren hilft Fehleinkäufe zu vermeiden und ist zudem anregend, da es Vorfreude auf den Urlaub weckt. Eine sinnvolle Hilfeleistung können auch einschlägige Reiseführertests bieten, die eine erste Orientierung auf dem unübersichtlichen Markt ermöglichen. Leser, die sich vertieft mit ausgewählten Aspekten einer fremden Kultur vertraut machen wollen, finden heute in Buchhandlungen in zunehmender Zahl Reiseführer, die sich auf eine dezidierte Behandlung von Land und Leuten spezialisiert haben.

...das kritische Rezipieren nicht vergessen!
Reiseführer mögen in vielerlei Hinsicht ihren Lesern den Einstieg in eine nicht vertraute Kultur erleichtern, sie können bzw. sollen aber nicht die eigenständige Auseinandersetzung mit ihr ersetzen. Nach wie vor gilt: Sekundärerfahrung ist kein Äquivalent zur Primärerfahrung! Hinzu kommt, daß Autoren beim Verfassen von Reiseführern Fehler unterlaufen. Es gibt wohl kaum einen Reisenden, der bei seinen unmittelbaren Beobachtungen vor Ort noch nicht auf Diskrepanzen zwischen Reiseführerdarstellungen und eigenen Eindrücken gestoßen ist. Vor diesem Hintergrund ist eine kritische Rezeption von Reiseführern nicht nur empfehlenswert, sondern unumgänglich.

Dieser Katalog von Empfehlungen versteht sich als angewandter Ratgeber für Autoren und Leser. Darüber hinaus bietet er eine Diskussionsgrundlage, die neuen Schwung in die Reiseführerforschung bringen könnte. Dieses Ansinnen betrifft in erster Linie Fragen zur Bedeutung des Mediums Reiseführer als Gegenstand fremdkultureller Literatur. Nicht zuletzt möchte der Empfehlungskatalog deutlich machen, daß das Verständnis für das Fremde immer wieder bewußt geschaffen werden muß, um die Kommunikation zwischen den Kulturen zu verbessern. Es bleibt zu hoffen, daß Reiseführer, die wie kaum eine andere Literaturgattung in die Dialektik des Verständnisses von Eigenem und Fremdem eingebunden sind, für diese Aufgabe nachdrücklicher als im bisherigen Umfang genutzt werden. Als „Wegweiser in die Fremde" könnte und sollte dieses Medium einen aktiveren Beitrag dazu leisten.

Tabellen- und Abbildungsverzeichnis

Tabelle 1:	Zentrale Bereiche der Interkulturellen Kommunikation sowie ausgewählte Beispiele
Tabelle 2:	Überblick über die „*Einsteiger*" Reiseführer und ihre bibliographischen Strukturdaten
Tabelle 3:	Überblick über die „*Generalist*" Reiseführer und ihre bibliographischen Strukturdaten
Tabelle 4:	Überblick über die „*Alternativ*" Reiseführer und ihre bibliographischen Strukturdaten
Tabelle 5:	Überblick über die „*Spezial*" Reiseführer und ihre bibliographischen Strukturdaten
Tabelle 6:	Überblick über die Darstellungen des Aspekts Menschenbild in den „*Einsteiger*" Reiseführern
Tabelle 7:	Überblick über die Darstellungen des Aspekts Menschenbild in den „*Generalist*" Reiseführern
Tabelle 8:	Überblick über die Darstellungen des Aspekts Menschenbild in den „*Alternativ*" Reiseführern
Tabelle 9:	Überblick über die Darstellungen des Aspekts Menschenbild in den „*Spezial*" Reiseführern
Tabelle 10:	Überblick über die Darstellungen des Aspekts Religion in den „*Einsteiger*" Reiseführern
Tabelle 11:	Überblick über die Darstellungen des Aspekts Religion in den „*Generalist*" Reiseführern
Tabelle 12:	Überblick über die Darstellungen des Aspekts Religion in den „*Alternativ*" Reiseführern
Tabelle 13:	Überblick über die Darstellungen des Aspekts Religion in den „*Spezial*" Reiseführern
Tabelle 14:	Überblick über die Darstellungen des Aspekts Geschichte in den „*Einsteiger*" Reiseführern
Tabelle 15:	Überblick über die Darstellungen des Aspekts Geschichte in den „*Generalist*" Reiseführern
Tabelle 16:	Überblick über die Darstellungen des Aspekts Geschichte in den „*Alternativ*" Reiseführern
Tabelle 17:	Überblick über die Darstellungen des Aspekts Geschichte in den „*Spezial*" Reiseführern
Tabelle 18:	Überblick über die Darstellungen des Aspekts Politik in den „*Einsteiger*" Reiseführern
Tabelle 19:	Überblick über die Darstellungen des Aspekts Politik in den „*Generalist*" Reiseführern
Tabelle 20:	Überblick über die Darstellungen des Aspekts Politik in den „*Alternativ*" Reiseführern
Tabelle 21:	Überblick über die Darstellungen des Aspekts Politik in den „*Spezial*" Reiseführern
Tabelle 22:	Darstellungen des Aspekts marokkanische Stadt in den „*Einsteiger*" Reiseführern
Tabelle 23:	Darstellungen des Aspekts marokkanische Stadt in den „*Generalist*" Reiseführern
Tabelle 24:	Darstellungen des Aspekts marokkanische Stadt in den „*Alternativ*" Reiseführern
Tabelle 25:	Darstellungen des Aspekts marokkanische Stadt in den „*Spezial*" Reiseführern
Tabelle 26:	Darstellungen des Aspekts Kunst und Architektur in den „*Einsteiger*" Reiseführern
Tabelle 27:	Darstellungen des Aspekts Kunst und Architektur in den „*Generalist*" Reiseführern
Tabelle 28:	Darstellungen des Aspekts Kunst und Architektur in den „*Alternativ*" Reiseführern
Tabelle 29:	Darstellungen des Aspekts Kunst und Architektur in den „*Spezial*" Reiseführern
Abbildung 1:	Die Informationsquelle Reiseführer bei der Reiseentscheidung (1991)
Abbildung 2:	Ausgewählte Urlaubsaktivitäten der Leser von Reiseführern (1985)

Anhang

Literaturverzeichnis

Primärliteratur

BETTEN, A.: Marokko. Antike, Berbertraditionen und Islam – Geschichte, Kunst und Kultur im Maghreb. Köln 1998. (DuMont Kunst-Reiseführer)
BOTZAT, R.: Marokko. Köln 1995. (Hayit Urlaubsberater)
BUCHHOLZ, H.: Südmarokko mit Agadir und Königsstädten. 3., aktualisierte Auflage. Köln 1997. (DuMont Reise-Taschenbücher)
BUCHHOLZ, H./KÖHLER, M.: Marokko. Köln 1996. (DuMont „Richtig Reisen")
DÄRR, E.: Agadir, Marrakesch und Südmarokko. Hohentann 1996 a. (Reise Know-How)
DÄRR, E.: Marokko. Vom Rif zum Antiatlas. 7. Auflage. Hohentann 1996 b. (Reise Know-How)
HÖLLHUBER, D./KAUL, W.: Marokko. Reisen zwischen Mittelmeer und Sahara. Pforzheim 1996. (Goldstadt Reiseführer)
KEEBLE, J.: Marokko. München 1997. (Thomas Cook Reiseführer)
KNAPPE, W.: Marokko. München 1994/1995. (Polyglott Land & Leute)
KOHLBACH, E.: Quer durch Marokko. 2., erweiterte Auflage. Stuttgart 1995. (Rau's Reisebücher, Bd. 25)
LANZERATH, B. et al. (Deutsche Textfassung): Marokko. 2., aktualisierte Auflage. Köln 1996. (DuMont Visuell)
LEHMANN, I.: Marokko. 7. aktualisierte Auflage. Ostfildern 1997. (Marco Polo Reiseführer)
LEHMANN, I.: Marokko. München 1998. (Merian live)
LEHMANN, I.: Marokko. München 1996. (Polyglott Reiseführer)
LUDWIG, G.: Marokko. 3. Auflage. Ostfildern 1996. (Baedeker Allianz Reiseführer)
MACHELETT, N./MACHELETT, C.: Nordmarokko selbst entdecken. Zürich 1990. („Selbst entdecken", Bd. 45)
NELLES, G. (Hrsg.): Marokko. 4. aktualisierte Auflage. München 1997. (Nelles Guides)
ROGER, J.-P.: Marokko. München 1998. (ADAC Reiseführer)
SATTIN, A./FRANQUET, S.: Marokko. München 1998. (Viva Twin)
STANNARD, D.: Marokko. Berlin et al. 1993. (APA Pocket Guides)
STANNARD, D. (Hrsg.): Marokko. München 1996. (APA Guides)
Studienkreis für Tourismus und Entwicklung (Hrsg.): Marokko verstehen. Ammerland 1997. (Sympathie Magazin, Nr. 14)
WILSON, N.: Marokko. London 1996. (Berlitz Reiseführer)

Sekundärliteratur

ABUN-NASR, J.-M.: A History of the Maghrib. Cambridge 1971.
ABUN-NASR, J.-M.: A History of the Maghrib in the Islamic period. Cambridge 1982.
ALLPORT, G.-W.: The Nature of Prejudice. Cambridge (Massachusetts) 1954.
ALPARSLAN, G.: Typologie deutschsprachiger Reiseführer in die Türkei, konzentriert auf den Untersuchungszeitraum 1975-1995. Bayreuth 1996. (Magisterarbeit)
BARATTA, M. von (Hrsg.): Der Fischer Welt Almanach. Zahlen, Daten, Fakten '98. Frankfurt am Main 1997.
BARTHEL, G./NÖTZOLD, G. (Hrsg.): Die arabischen Länder. Eine wirtschaftsgeographische Darstellung. 3., überarbeitete Auflage. Gotha 1987.

BAUSINGER, H.: Name und Stereotyp. In: Gerndt, H. (Hrsg.): Stereotypvorstellungen im Alltagsleben. Beiträge zum Themenkreis Fremdbilder – Selbstbilder – Identität. Festschrift für Georg R. Schroubek zum 65. Geburtstag. München 1988, S. 13-19. (=Münchner Beiträge zur Volkskunde, Bd. 8)

BAUSINGER, H.: Zur Problematik des Kulturbegriffs. In: Wierlacher, A. (Hrsg.): Fremdsprache Deutsch. Grundlagen und Verfahren der Germanistik als Fremdsprachenphilologie (Bd. 1). München 1980, S. 57-69.

BAUSINGER, H./BEYRER, K./KORFF, G.: Reisekultur: von der Pilgerfahrt zum modernen Tourismus. München 1991.

BERGLER, R.: Psychologie stereotyper Systeme. Ein Beitrag zur Sozial- und Entwicklungspsychologie. Bern 1966.

BERGLER, R./SIX, B.: Stereotype und Vorurteile. In: Graumann, Carl-Friedrich (Hrsg.): Handbuch der Psychologie. (Bd. 7, 2. Halbband). Göttingen 1972, S. 1371-1432.

BERRIANE, M.: Fremdenverkehr im Maghreb. Tunesien und Marokko im Vergleich. Geographische Rundschau 42 (1990) H. 2, S. 94-99.

BERRIANE, M.: Tourisme national et migrations de loisirs au Maroc (étude géographique). Rabat 1992. (= Serie Theses et Memoires, Nr. 16)

BERRIANE, M./HOPFINGER, H.: Informeller Handel an internationalen Grenzen. Schmuggelwirtschaft in Marokko am Beispiel der Provinzhauptstadt Nador und der Enklave Melilla. Geographische Rundschau 49 (1997) H. 9, S. 529-534.

BMZ (Hrsg.): Tourismus in Entwicklungsländer. Bonn 1993.

BOGENG, G. A. E.: Aus der Geschichte des Reiseführers. Börsenblatt für den Deutschen Buchhandel –Frankfurter Ausgabe- (1952) Nr. 42, S. 206-208.

BOULDING, K.: National Images and International Systems. In: Rosenau, J.-N. (Hrsg.): International Politics and Foreign Policy. 13. Auflage. New York 1969, S. 422-431.

BOULDING, K.: The Image. Knowledge in Life and Society. 11. Auflage. Ann Arbor 1977.

BRAUN, O.-L./LOHMANN, M.: Die Reiseentscheidung. Einige Ergebnisse zum Stand der Forschung. Starnberg 1989. (= Schriftenreihe zur Tourismusforschung)

BRENNER, P.-J.: Die Erfahrung der Fremde. Zur Entwicklung einer Wahrnehmungsform in der Geschichte des Reiseberichts. In: Brenner, P.-J. (Hrsg.): Der Reisebericht. Die Entwicklung einer Gattung in der deutschen Literatur. Frankfurt am Main 1989, S. 14-49.

BRENTJES, B.: Die Kunst der Mauren. Islamische Traditionen in Nordafrika und Südspanien. Köln 1992.

BRUCKER, A., et al.: Diercke Länderlexikon. Braunschweig 1983.

CASMIR, F.-L./ASUNCION-LANDE, N.: Intercultural Communication revisited: conceptualization, paradigm building, and methodological approaches. In: J.-A. Anderson (Hrsg.): Communication Yearbook 12. Newbury Park/London/New Delhi 1989, S. 278-309.

CLAUSEN, U.: Marokko. In: Steinbach, U./Hofmeier, R./Schönborn, M. (Hrsg.): Politisches Lexikon Nahost/Nordafrika. 3., neubearbeitete Auflage. München 1994, S. 185-199. (= Beck'sche Reihe, Bd. 850)

COHEN, E.: The tourist guide. The origins, structure and dynamics of a role. Annals of Tourism Research 12 (1985) Nr. 1, S. 5-29.

DATZER, R.: Informationsverhalten von Urlaubsreisenden. Starnberg 1983. (= Schriftenreihe zur Tourismusforschung)

DÜRR, H.: Kulturerdteile: Eine „neue" Zehnweltenlehre als Grundlage des Geographieunterrichts? Geographische Rundschau 39 (1987) H. 4, S. 228-232.

EHLERS, E.: Kulturkreise – Kulturerdteile – *Clash of Civilizations*. Plädoyer für eine gegenwartsbezogene Kulturgeographie. Geographische Rundschau 48 (1996) H. 6, S. 338-344.

ELIAS, N.: Über den Prozess der Zivilisation. Soziogenetische und psychogenetische Untersuchungen, (Bd. 1) Wandlungen des Verhaltens in den weltlichen Oberschichten des Abendlandes. 2., um eine Einleitung vermehrte Auflage. Bern/München 1969.

ENZENSBERGER, H.-M.: Vergebliche Brandung der Ferne. Eine Theorie des Tourismus. Merkur XII (1958), H. 8, S. 701-720.

ESCHER, A.: Studien zum traditionellen Handwerk der orientalischen Stadt. Wirtschafts- und sozialgeographische Strukturen und Prozesse anhand von Fallstudien in Marokko. Sonderabdruck aus den Mitteilungen der Fränkischen Geographischen Gesellschaft. Erlangen 1986.

ESS, J. van: Islam. In: Brunner-Traut, E. (Hrsg.): Die fünf großen Weltreligionen. 7. Auflage der durchgesehenen, korrigierten Neuausgabe. Freiburg 1991, S. 67-87.

FAATH, S.: Marokko. Die innenpolitische- und außenpolitische Entwicklung seit der Unabhängigkeit. Kommentar und Dokumentation, Bd. 1: Kommentar. Hamburg 1987. (= Mitteilungen des Deutschen Orient-Instituts, Nr. 31)

FINDLAY, A. M./FINDLAY, A. M.: Morocco. Revised Edition. Oxford/Santa Barbara/Denver 1995. (= World Bibliographical Series, Vol. 47)

GAGERN, C. von: Reisen in die Karibik. Wie sich Kontakt mit anderer Kultur in Reisebeschreibungen darstellt. Frankfurt am Main 1994. (= Europäische Hochschulschriften, R. 18 Vergleichende Literaturwissenschaft, Bd. 76)

GAST-GAMPE, M.: Einstellungen, Stereotype und Vorurteile. In: Hahn, H./Kagelmann, H.-J. (Hrsg.): Tourismuspsychologie und Tourismussoziologie: ein Handbuch zur Tourismuswirtschaft. München 1993, S. 127-131.

GEERTZ, C.: The Interpretation of Cultures. New York 1973.

GEERTZ, C.: Religiöse Entwicklungen im Islam. Beobachtet in Marokko und in Indonesien. Frankfurt am Main 1988.

GERNDT, H.: Kultur als Forschungsfeld. Über volkskundliches Denken und Arbeiten. 2., erweiterte Auflage. München 1986. (= Münchner Beiträge zur Volkskunde, Bd. 5)

GERNDT, H. (Hrsg.): Stereotypvorstellungen im Alltagsleben. Beiträge zum Themenkreis Fremdbilder – Selbstbilder – Identität. Festschrift für Georg R. Schroubek zum 65. Geburtstag. München 1988. (= Münchner Beiträge zur Volkskunde, Bd. 8)

GLOBO EXTRA: Reiseführer: 50 Reihen im Test. München 1998. (Beilage zu GLOBO 10/98)

GOHLIS, T.: Im Lehnstuhl in die weite Welt. Ein neuer Trend zur literarischen Reisebegleitung. Die Zeit, Nr. 11, 5. März 1998, S. 58.

GOODENOUGH, W.-H.: Description and Comparison in Cultural Anthropology. Cambridge 1970.

GORSEMANN, S.: Bildungsgut und touristische Gebrauchsanweisung: Produktion, Aufbau und Funktion von Reiseführern. München/New York 1995. (= Internationale Hochschulschriften, Bd. 151)

GOSCINIAK, H.-T. (Hrsg.): Kleine Geschichte der islamischen Kunst. Köln 1991.

GREVERUS, I.-M.: Kultur und Alltagswelt. Eine Einführung in Fragen der Kulturanthropologie. Frankfurt am Main 1987.

GYR, U.: Touristenkultur und Reisealltag. Volkskundlicher Nachholbedarf in der Tourismusforschung. Zeitschrift für Volkskunde 84 (1988), S. 224-239.

HABICHT, C.: Pausanias und seine „Beschreibung Griechenlands". München 1985.

HAHN, H./HARTMANN, K.-D.: Reiseinformation, Reiseentscheidung, Reisevorbereitung. Starnberg 1973. (= Schriftenreihe für Tourismusforschung)

HAHN, H./KAGELMANN, H.-J. (Hrsg.): Tourismuspsychologie und Tourismussoziologie: ein Handbuch zur Tourismuswirtschaft. München 1993.

HARTMANN, K.-D.: Auslandsreisen. Dienen Urlaubsreisen der Völkerverständigung? 2. Auflage. Starnberg 1982. (= Schriftenreihe für Tourismusforschung)

HARTMANN, K.-D.: Wirkungen von Auslandsreisen junger Leute. Ein Überblick über Ergebnisse der sozialpsychologischen Forschung. Starnberg 1981. (= Schriftenreihe für Tourismusforschung)

HEINE, P.: Kulturknigge für Nichtmuslime. Ein Ratgeber für alle Bereiche des Alltags. 2. Auflage. Freiburg 1996.

HERBERS, K.: Unterwegs zu heiligen Stätten – Pilgerfahrten. In: Bausinger, H./Beyrer, K./Korff, G. (Hrsg.): Reisekultur: von der Pilgerfahrt zum modernen Tourismus. München 1991, S. 23-31.

HERZOG, W.: Der Maghreb: Marokko, Algerien, Tunesien. München 1990. (= Beck'sche Reihe, Bd. 834, Aktuelle Länderkunden)

HESS-LÜTTICH, E. W.-B.: Fremdverstehen durch Funk und Fernsehen. Interkulturelle Kommunikation und Massenmedien. In: Wierlacher, A. et al. (Hrsg.): Jahrbuch Deutsch als Fremdsprache (Bd. 15). München 1989, S. 50-66.

HETTNER, A.: Der Gang der Kultur über die Welt. 4., unveränderte Auflage, reprografischer Nachdruck der 2. umgearbeiteten und erweiterten Auflage von 1929. Darmstadt 1973.

HILLERS, E.: Afrika in europäischer Sicht. Eine vergleichende Untersuchung zur Behandlung außereuropäischer Völker und Kulturen am Beispiel Afrikas in ausgewählten europäischen Erdkundelehrbüchern. Braunschweig 1984. (= Studien zur Internationalen Schulbuchforschung, Bd. 38)

HINNENKAMP, V.: Interkulturelle Kommunikation. Heidelberg 1994. (= Studienbibliographien Sprachwissenschaft, Bd. 11)

HINRICHSEN, A.-W.: Zur Entstehung des modernen Reiseführers. In: Spode, H. (Hrsg.): Zur Sonne, zur Freiheit! Beiträge zur Tourismusgeschichte. Berlin 1991, S. 21-32. (= Berichte und Materialien des Instituts für Tourismus der FU Berlin, Nr. 11)

HOAG, J.-D.: Weltgeschichte der Architektur: Islam. Stuttgart 1986.

HUNFELD, H.: Zur Normalität des Fremden: Voraussetzungen eines Lehrplanes für interkulturelles Lernen. In: BMW AG (Hrsg.): LIFE – Ideen und Materialien für interkulturelles Lernen. Lichtenau 1996, S. 1-10.

HUNTINGTON, S.-P.: Der Kampf der Kulturen. Die Neugestaltung der Weltpolitik im 21. Jahrhundert. 5. Auflage. München 1997.

HUNTINGTON, S.-P.: The Clash of Civilizations? Foreign Affairs 72 (1993), S. 22-49.

HUXLEY, J.: Der Mensch in der modernen Welt. Nürnberg 1950.

HUXLEY, J.: Evolution. The modern synthesis. London 1948.

ISENBERG, W.: Geographie ohne Geographen. Laienwissenschaftliche Erkundungen, Interpretationen und Analysen der räumlichen Umwelt in Jugendarbeit, Erwachsenenwelt und Tourismus. Osnabrück 1987. (= Osnabrücker Studien zur Geographie, Bd. 9)

JUNG, N.: Reiseführer, Kulturführer? Eine Analyse der in deutschsprachigen Reiseführern auftretenden Beschreibung von Gegenwartskultur am Beispiel der Toskana. Trier 1997 (Diplomarbeit)

KAGELMANN, H.-J.: Touristische Medien. In: Hahn, H./Kagelmann, H.-J. (Hrsg.):Tourismuspsychologie und Tourismussoziologie: ein Handbuch zur Tourismuswirtschaft. München 1993, S. 469-478.

KEITZ, C.: Reisen zwischen Kultur und Gegenkultur – „Baedeker" und die ersten Arbeitertouristen in der Weimarer Republik. In: Spode, H. (Hrsg.): Zur Sonne, zur Freiheit! Beiträge zur Tourismusgeschichte. Berlin 1991, S. 47-60. (= Berichte und Materialien des Instituts für Tourismus der FU Berlin, Nr. 11)

KHOURY, A.-Th.: Einführung in die Grundlagen des Islam. Graz/Wien/Köln 1978. (= Islam und westliche Welt, Bd. 3)

KIDRON, M./SEGAL, R.: Der Fischer Atlas zur Lage der Welt. Globale Trends auf einen Blick. Frankfurt am Main 1996.

KLEINSTEUBER, H.-J.: Reisejournalismus. Eine Einführung. Opladen 1997.

KOBERNUSS, J.-F.: Reiseführer als raum- und zielgruppenorientiertes Informationsangebot. Konzeption und Realisierung am Beispiel Kulturlandschaftsführer Lüneburger Heide. Göttingen 1989. (= Praxis Kultur- und Sozialgeographie, H. 4)

KOLB, A.: Ostasien. China – Japan – Korea. Geographie eines Kulturerdteils. Heidelberg 1963.

KRETZENBACHER, H.-L.: Der „erweiterte Kulturbegriff" in der außenkulturpolitischen Diskussion der Bundesrepublik Deutschland. Ein Vergleich mit der öffentlichen/innenkulturpolitischen und kulturwissenschaftlichen Begriffsentwicklung von den sechziger bis zu den achtziger Jahren. In: Wierlacher, A. et al. (Hrsg.): Jahrbuch Deutsch als Fremdsprache (Bd. 18). München 1992, S. 170-196.

KROEBER, A.L./KLUCKHOHN, C.: Culture. A Critical Review of Concepts and Definitions. Cambridge (Massachusetts) 1952. (= Papers of the Peabody Museum of American Archaeology and Ethnology, Vol. 47, 1)

KROHN, O.: Reiseführer im Aufwind. Knappe Information statt langer Belehrung. Die Zeit, Nr. 6, 29. Januar 1998, S. 61.

KÜHLEWIND, C.: Reiseführer nach Spanien (1985-1995). Eine xenologische Untersuchung einer vernachlässigten Textsorte. Bayreuth 1996. (Magisterarbeit)

KUHR, J.: Konzeption eines Geographischen Reiseführers als zielgruppenorientiertes Bildungsangebot. Potsdam 1997. (= Praxis Kultur- und Sozialgeographie, H. 17)

KUTTER, U.: Der Reisende ist dem Philosophen, was der Arzt dem Apotheker – Über Apodemiken und Reisehandbücher. In: Bausinger, H./Beyrer, K./Korff, G. (Hrsg.): Reisekultur: von der Pilgerfahrt zum modernen Tourismus. München 1991, S. 38-47.

LAUTERBACH, B.: Baedeker und andere Reiseführer. Eine Problemskizze. Zeitschrift für Volkskunde 85 (1989), S. 206-234.

LAUTERBACH, B.: Berlin-Reiseführer heute. Zum Umgang mit Geschichte in einem touristischen Gebrauchsmedium. In: Bönisch-Brednich, B./Brednich, R.-W./Gerndt, H.: Erinnern und Vergessen. Vorträge des 27. Deutschen Volkskundekongresses Göttingen 1989. Göttingen 1991, S. 381-391. (= Schriftenreihe der Volkskundlichen Kommission für Niedersachsen e.V., Bd. 6)

LAUTERBACH, B.: Thesen zur kulturwissenschaftlichen Reiseführer-Forschung. In: Kramer, D./Lutz, R. (Hrsg.): Reisen und Alltag. Beiträge zur kulturwissenschaftlichen Tourismusforschung. Frankfurt am Main 1992. S. 55-69. (= Kulturanthropologie-Notizen, Bd. 39)

LAUTERBACH, B.: „Von den Einwohnern" – Alltagsdarstellungen im Spiegel des Reiseführers. Zeitschrift für Volkskunde 88 (1992), S. 49-66.

LIPPMANN, W.: Die öffentliche Meinung. München 1964.

MALETZKE, G.: Interkulturelle Kommunikation: zur Interaktion zwischen Menschen verschiedener Kulturen. Opladen 1996.

MARCUSE, H.: Bemerkungen zu einer Neubestimmung der Kultur. In: Marcuse, H.: Kultur und Gesellschaft (Bd. 2). 7. Auflage. Frankfurt am Main 1968, S. 147-171. (= edition Suhrkamp, Bd. 135)

MARCUSE, H.: Über den affirmativen Charakter von Kultur. Zeitschrift für Sozialforschung VI (1937), S. 54-94.

MATTHES, J.: Verständigung über kulturelle Grenzen hinweg: Gelingen und Scheitern. Erlangen 1993. (= Erlanger Universitätsreden, Nr. 41, 3. Folge)

MAUTE, K.: Wer zählt die Reihen, wer kennt die Namen...? Börsenblatt für den Deutschen Buchhandel vom 14/17. Februar 1995, S. 38-43.

MENSCHING, H./WIRTH, E.: Nordafrika und Vorderasien. Der Orient. Frankfurt am Main 1989.

MEYER, W.: Untersuchung zur psychologischen Wirkungsweise von Sympathie-Magazinen bei Fernreisenden. Starnberg 1977. (= Schriftenreihe für Tourismusforschung)

MOOSMÜLLER, A.: Kulturen in Interaktion. Deutsche und US-amerikanische Firmenentsandte in Japan. Münster/New York/München 1997. (= Münchener Beiträge zur Interkulturellen Kommunikation, Bd. 4)

MÜLLENMEISTER, H.-M.: Länderkundliche Animationen. Anregungen zur Beschäftigung mit der natürlichen, sozialen, kulturellen Umwelt im Urlaub. In: Thomas-Morus-Akademie (Hrsg.): Wege in den Alltag. Umwelterkundung in Freizeit und Weiterbildung. Perspektiven für die Geographie? Bensberg 1988, S. 91-106. (= Bensberger Protokolle, Nr. 54)

MÜLLENMEISTER, H.-M.: Sehenswürdigkeiten oder die Reise in die Vergangenheit. Bildungstourismus zwischen Gestern und Morgen. In: Denkmalpflege und Tourismus II. Mißtrauische Distanz oder fruchtbare Partnerschaft. Trier 1989, S. 100-127. (= Materialien zur Fremdenverkehrsgeographie, H. 18)

MÜLLER, H.: Das Phänomen Tourismus mit seinen Triebkräften. In: Klingenberg, K.-H./Trensky, M./Winter, G. (Hrsg.): Wende im Tourismus. Vom Umweltbewußtsein zu einer neuen Reisekultur. Stuttgart 1991, S. 8-20. (= Schriftenreihe des Evangelischen Arbeitskreises Freizeit – Erholung – Tourismus in der EKD, Bd. 2)

MÜLLER-HOHENSTEIN, K./POPP, H.: Marokko. Ein islamisches Entwicklungsland mit kolonialer Vergangenheit. Stuttgart 1990. (= Klett Länderprofile)

Munzinger-Archiv (Hrsg.): Internationales Handbuch – Länder aktuell Marokko. Ravensburg 1997/1998.

MURRAY, O.: Das frühe Griechenland. 5. Auflage. München 1995.

NEUNLINGER, L.: Reiseführer im Wandel der Zeit. Wien 1982. (196. Wechselausstellung der Wiener Stadt- und Landesbibliothek)

NEWIG, J.: Drei Welten oder eine Welt: Die Kulturerdteile. Geographische Rundschau 38 (1986) H. 5, S. 262-267.

NICKLAS, H./OSTERMANN, Ä.: Die Rolle von Images in der Politik. Die Ideologie und ihre Bedeutung für die Imagebildung am Beispiel des Ost-West-Konflikts. In: Bundeszentrale für politische Bildung (Hrsg.): Völker und Nationen im Spiegel der Medien. Bonn 1989, S. 22-35.

NIEDERBERGHAUS, T.: Im Reiseführerdschungel. Die Zeit, Nr. 7, 11. Februar 1999, S. 59.

OPASCHOWSKI, H.-W.: Tourismus. Systematische Einführung – Analysen und Prognosen. 2., völlig neu bearbeitete Ausgabe. Opladen 1996. (= Freizeit- und Tourismusstudien, Bd. 3)

OSSENBRÜGGE, J./SANDNER, G.: Zum Status der Politischen Geographie in einer unübersichtlichen Welt. Geographische Rundschau 46 (1994) H. 12, S. 676-683.

POPP, H.: Das Bild der Königsstadt Fès (Marokko) in der deutschen Reiseführer-Literatur. In: Popp, H. (Hrsg.): Das Bild der Mittelmeerländer in der Reiseführer-Literatur. Passau 1994, S. 113-132. (= Passauer Mittelmeerstudien, H. 5)

POPP, H. (Hrsg.): Das Bild der Mittelmeerländer in der Reiseführer-Literatur. Passau 1994. (= Passauer Mittelmeerstudien, H. 5)

POPP, H.: Das Marokkobild in den gegenwärtigen deutschsprachigen Reiseführern. In: Popp, H. (Hrsg.): Die Sicht des Anderen – Das Marokkobild der Deutschen, das Deutschlandbild der Marokkaner. Passau 1994, S. 161-170. (= Maghreb Studien, H. 4)

POPP, H.: Die Berber. Zur Kulturgeographie einer ethnischen Minderheit im Maghreb. Geographische Rundschau 42 (1990) H. 2, S. 70-75.

POPP, H. (Hrsg.): Die Sicht des Anderen – Das Marokkobild der Deutschen, das Deutschlandbild der Marokkaner. Passau 1994. (= Maghreb Studien, H. 4)

POPP, H.: Kulturgeographie ohne Kultur? In: Hansen, K.-P. (Hrsg.): Kulturbegriff und Methode. Der stille Paradigmenwechsel in den Geisteswissenschaften. Tübingen 1993, S. 115-131.

POPP, H.: Reiseführer-Literatur und geographische Landeskunde. Geographische Rundschau 49 (1997) H. 3, S. 173-179.

PRETZEL, U.: Die Literaturform Reiseführer im 19. und 20. Jahrhundert. Untersuchungen am Beispiel des Rheins. Frankfurt am Main 1995.

PRINZ, G.: Heterostereotype durch Massenkommunikation. Publizistik 15 (1970), H. 3, S. 195-210.

PÜTZ, W.: Das Italienbild in der deutschen Presse. Eine Untersuchung ausgewählter Tageszeitungen. München 1993. (= Forschungsfeld Kommunikation, Bd. 4)

PUTSCHÖGL-WILD, A.-M.: Untersuchungen zur Sprache im Fremdenverkehr. Durchgeführt an den Ferienkatalogen einiger deutscher Touristikunternehmen. Frankfurt am Main/Bern/Las Vegas 1978. (= Europäische Hochschulschriften Reihe 1, Deutsche Literatur und Germanistik, Bd. 236)

QUANDT, S.: Zur Wahrnehmung der Deutschen im Ausland. Images als Produkt und Faktor der Geschichte. In: Bundeszentrale für politische Bildung (Hrsg.): Völker und Nationen im Spiegel der Medien. Bonn 1989, S. 36-42.

RICHTER, D.: Tourismus und Kulturkontakt oder Über die kulturelle Produktivität des Tourismus. Loccum 1998. (Thesenpapier zur Loccumer Tourismustagung vom 28. 01 bis 30. 01. 1998)

ROTH, K. (Hrsg.): Mit der Differenz leben. Europäische Ethnologie und Interkulturelle Kommunikation. Münster/New York/München 1996. (= Münchener Beiträge zur Interkulturellen Kommunikation, Bd. 1)

RUF, W.: Marokko. In: Steinbach, U./Robert, R. (Hrsg.): Der Nahe und Mittlere Osten. Politik, Gesellschaft, Wirtschaft, Geschichte, Kultur, (Bd. 2) Länderanalysen. Opladen 1988, S. 269-284.

RUFIN, J.-C.: Das Reich und die neuen Barbaren. Berlin 1993.

SCHÄFER, B./SIX, B.: Sozialpsychologie des Vorurteils. Stuttgart/Berlin/Köln 1978.

SCHERER, B.: Tourismus. Hamburg 1995. (= rororo special)

SCHMITTHENNER, H.: Lebensräume im Kampf der Kulturen. Heidelberg 1951.

SCHULTZEN, S.: Länderkundliche Informationen für Auslandsreisende. Eine Untersuchung der Wirkung von Sympathie Magazinen. München 1994. (Diplomarbeit)

SPENCER, W.: Historical Dictionary of Morocco. New York/London 1980.

SPENGLER, O.: Der Untergang des Abendlandes. Umrisse einer Morphologie der Weltgeschichte, (Bd. 1) Gestalt und Wirklichkeit. 82. Auflage. München 1923.

SPODE, H.: Zur Sonne, zur Freiheit! Beiträge zur Tourismusgeschichte. Berlin 1991. (= Berichte und Materialien des Instituts für Tourismus der FU Berlin, Nr. 11)

STAGL, J.: Apodemiken. Eine räsonnierte Bibliographie der reisetheoretischen Literatur des 16., 17. und 18. Jahrhunderts. Paderborn/München/Wien 1983. (= Quellen und Abhandlungen zur Geschichte der Staatsbeschreibung und Statistik, Bd. 2)

STAGL, J.: Die Methodisierung des Reisens im 16. Jahrhundert. In: Brenner, P.-J. (Hrsg.): Der Reisebericht. Die Entwicklung einer Gattung in der deutschen Literatur. Frankfurt am Main 1989, S. 140-177.

Statistisches Bundesamt (Hrsg.): Länderbericht Marokko. Wiesbaden 1994.

STEINBACH, U./HOFMEIER, R./SCHÖNBORN, M. (Hrsg.): Politisches Lexikon Nahost/Nordafrika. 3., neubearbeitete Auflage. München 1994. (= Beck'sche Reihe, Bd. 850)

STEINBACH, U./ROBERT, R. (Hrsg.): Der Nahe und Mittlere Osten: Politik, Gesellschaft, Wirtschaft, Geschichte, Kultur, (Bd. 2) Länderanalysen. Opladen 1988.

STEINBACHER, F.: Kultur: Begriff, Theorie, Funktion. Stuttgart 1971.

STEINECKE, A.: Der bundesdeutsche Reiseführer-Markt. Ein Überblick unter besonderer Berücksichtigung der Mallorca-Reiseführer. In: Popp, H.: Das Bild der Mittelmeerländer in der Reiseführer-Literatur. Passau 1994, S. 11-34. (= Passauer Mittelmeerstudien, H. 5)

STEINECKE, A.: Der bundesdeutsche Reiseführer-Markt. Leseranalyse – Angebotsstruktur – Wachstumsperspektiven. Starnberg 1988.

STEINECKE, A.: Die Urlaubswelt im Buch. Eine Übersicht über den Reiseführer-Markt. In: Thomas-Morus-Akademie (Hrsg.): Wegweiser in die Fremde? Reiseführer, Reiseratgeber, Reisezeitschriften. Bensberg 1990, S. 33-80. (= Bensberger Protokolle, Nr. 57)

STEINECKE, A.: Reiseführer – Wegweiser in das Paradies... oder Begleiter in das Land der Vernunft. Sonderdruck für den Studienkreis für Tourismus. e.V. aus der Fachzeitschrift Animation (1988), S. 58-61.

THIEM, M.: Tourismus und kulturelle Identität. Die Bedeutung des Tourismus für die Kultur touristischer Ziel- und Quellgebiete. Bern/Hamburg 1994. (= Berner Studien zu Freizeit und Tourismus, Bd. 30)

THOMAS, A. (Hrsg.): Kulturvergleichende Psychologie. Eine Einführung. Göttingen 1993.

THOMAS, A. (Hrsg.): Psychologie interkulturellen Handelns. Göttingen/Bern/Toronto 1996.

THOMAS, A. (Hrsg.): Psychologie und multikulturelle Gesellschaft. Problemanalysen und Problemlösungen. Göttingen/Stuttgart 1994.

Thomas-Morus-Akademie (Hrsg.): Wege in den Alltag. Umwelterkennung in Freizeit und Weiterbildung. Wege für die Geographie? Bensberg 1988. (= Bensberger Protokolle, Nr. 54)

Thomas-Morus-Akademie (Hrsg.): Wegweiser in die Fremde? Reiseführer, Reiseratgeber, Reisezeitschriften. Bensberg 1990. (= Bensberger Protokolle, Nr. 57)

THUM, B.: Gegenwart als kulturelles Erbe. Ein Beitrag der Germanistik zur Kulturwissenschaft deutschsprachiger Länder. München 1985. (= Publikationen der Gesellschaft für Interkulturelle Germanistik, Bd. 2)

TÜTING, L.: Die Menschen sind Nebensache. Über die Bedeutung von Reiseführern. In: Thomas-Morus-Akademie (Hrsg.): Wegweiser in die Fremde? Reiseführer, Reiseratgeber, Reisezeitschriften. Bensberg 1990, S. 108-111. (= Bensberger Protokolle, Nr. 57)

VESTER, H.-G.: Kollektive Identitäten und Mentalitäten. Von der Völkerpsychologie zur kulturvergleichenden Soziologie und interkulturellen Kommunikation. Frankfurt am Main 1996. (= Beiträge zur sozialwissenschaftlichen Analyse interkultureller Beziehungen, Bd. 1)

WAGNER, F.-A.: Anleitungen zur Kunst des Reisens. Zur Kulturgeschichte des Reiseführers. In: Thomas-Morus-Akademie (Hrsg.): Wegweiser in die Fremde? Reiseführer, Reiseratgeber, Reisezeitschriften. Bensberg 1990, S. 9-31. (= Bensberger Protokolle, Nr. 57)

Weltbank: Weltentwicklungsbericht 1997. Bonn 1997.

WIDMER-MÜNCH, R.: Der Tourismus in Fès und Marrakech. Strukturen und Prozesse in bipolaren Urbanräumen des islamischen Orients. Basel 1990. (= Basler Beiträge zur Geographie, Bd. 39)

WIERLACHER, A.: Kulturthema Fremdheit. Leitbegriffe und Problemfelder kulturwissenschaftlicher Fremdheitsforschung. München 1993. (= Kulturthemen, Bd. 1)

WIERLACHER, A.: Magisterstudiengang Interkulturelle Germanistik an der Universität Bayreuth. Zur Architektur eines neuen grundständigen Faches. In: Wierlacher, A. et al. (Hrsg.): Jahrbuch Deutsch als Fremdsprache (Bd. 15). München 1989, S. 385-419.

WIERLACHER, A./WANG, Z.: Zum Aufbau einer Reiseführerforschung interkultureller Germanistik. Zugleich ein Beitrag zur Themenplanung wissenschaftlicher Weiterbildung. In: Wierlacher, A. et al. (Hrsg.): Jahrbuch Deutsch als Fremdsprache (Bd. 22). München 1996, S. 277-297.

WIESE, E.: Vergleich von Reiseführern anhand inhaltlicher und formaler Kriterien unter Berücksichtigung des sanften Tourismus. Dargestellt am Beispiel von Ostfriesland-Reiseführern. Trier 1995. (Diplomarbeit)

WILKE, J.: Imagebildung durch Massenmedien. In: Bundeszentrale für politische Bildung (Hrsg.): Völker und Nationen im Spiegel der Medien. Bonn 1989, S. 11-21.

WILPERT, G. von: Sachwörterbuch der Literatur. 7., verbesserte und erweiterte Auflage. Stuttgart 1997.

ZIMMERS, B.: Geschichte und Entwicklung des Tourismus. Trier 1995. (Trierer Tourismusbibliographien, Bd. 7)